L'interruption
volontaire de grossesse

À Emma Eloke, ma petite soeur!

L'interruption volontaire de grossesse

État de la question,
suivi du problème de stérilisation

Basile Ekanga

iUniverse LLC
Bloomington

L'interruption volontaire de grossesse
État de la question, suivi du problème de stérilisation

iUniverse books may be ordered through booksellers or by contacting:

iUniverse LLC
1663 Liberty Drive
Bloomington, IN 47403
www.iuniverse.com
1-800-Authors (1-800-288-4677)

Because of the dynamic nature of the Internet, any web addresses or links contained in this book may have changed since publication and may no longer be valid. The views expressed in this work are solely those of the author and do not necessarily reflect the views of the publisher, and the publisher hereby disclaims any responsibility for them.

Any people depicted in stock imagery provided by Thinkstock are models, and such images are being used for illustrative purposes only. Certain stock imagery © Thinkstock.

ISBN: 978-1-4917-1227-6 (sc)
ISBN: 978-1-4917-1228-3 (ebk)

Printed in the United States of America.

iUniverse rev. date: 10/16/2013

TABLE DES MATIÈRES

Introduction générale

Les attitudes que nous pouvons adopter face à la grossesse d'une femme sont inexorablement liées à la manière dont la société considère le sexe, la femme, et particulièrement la femme enceinte. La grossesse, et la naissance d'un enfant qui s'en suit, ne sont pas des problèmes de santé mineurs comme la toux. Elles constituent un événement majeur de la vie qui, pour certaines femmes, leur causent des problèmes sérieux. L'avortement n'est pas une affaire que l'on entreprend de manière discrète. On ne fait pas un avortement dans le seul but de tuer un fœtus. On ne saurait séparer l'acte de l'avortement aux circonstances qui entourent la vie de la femme, lorsque celle-ci prend la décision d'avorter, quelle que soit la valeur morale que l'on accorde au fœtus. L'avortement se présente comme un problème moral. La présence d'un problème moral présuppose un conflit des valeurs, des buts ou d'intérêts. Une solution à un problème moral est une réponse à un tel conflit ; le but des principes moraux est de nous dire comment résoudre les conflits moraux. Le paradigme d'un conflit moral est la rencontre entre le bien ou le bien-être de différentes personnes. Si l'avortement est un problème moral, nous devons nous attendre à ce que nous puissions rencontrer cette dimension du conflit interpersonnel.

La grossesse dans notre espèce humaine se fonde sur une relation spéciale entre un membre de l'espèce qui a atteint la maturité sexuelle, et jusqu'ici au moins une femme, et un autre membre de l'espèce qui est immature, c'est-à-dire un enfant. La relation consiste en ce que, grosso modo, que l'enfant a trouvé résidence dans le ventre d'une femme et dépend du corps de cette dernière pour sa survie. Cette condition commence normalement avec la conception et se termine lorsque le fœtus sort du ventre à la naissance. Le résultat normal d'une grossesse est la naissance d'un enfant. En général, un processus ou l'enchaînement des événements avorte lorsqu'il est interrompu avant d'atteindre son résultat naturel ou normal. Dans le sens le plus large donc, on peut dire qu'il y a avortement lorsque la grossesse est interrompue avant d'atteindre son résultat normal. Nous parlons d'avortement dans deux cas particuliers : spontané et causé. L'avortement spontané est l'expulsion d'un fœtus avant terme par des causes naturelles, c'est-à-dire que l'expulsion est provoquée non pas d'une manière intentionnelle ou par un agent, mais par une cause naturelle. L'avortement causé est la fin intentionnelle d'une grossesse avant la viabilité du fœtus.

La viabilité peut avoir deux sens : Le premier est que le fœtus est viable parce qu'il est en vie pour le moment et continuera à vivre à moins que quelque chose ne modifie son environnement. La viabilité dans ce sens dépend de la relation continue et inchangée qui existe entre la mère et l'enfant. Le deuxième sens en ce qui concerne la viabilité du fœtus se trouve dans la capacité du fœtus à vivre en dehors de l'utérus. D'une manière conventionnelle, on part du principe que le fœtus est viable à partir du sixième mois de la grossesse.[1] De cette façon, la viabilité est une notion statistique faible : un fœtus est viable s'il a quelques chances de survie. Le taux de survie à partir du sixième mois est faible, et ce taux va monter fermement jusqu'au neuvième mois de la grossesse.

Il faudrait ainsi faire une distinction entre un avortement et une naissance prématurée ou une mort avant la naissance. Et ici lorsque nous parlons d'avortement, il s'agit à coup sûr d'avortement provoqué.

---

[1] L'Organisation mondiale de la santé (OMS) apprécie maintenant comme viables, et donc d'inventorier, les enfants qui naissent à partir de vingt-deux semaines de grossesse, ou cinq cents grammes de poids de naissance ou encore de vingt-cinq centimètres de taille. On déclare ces enfants nés vivants si à la naissance ils extériorisent le moindre signe de vitalité comme le battement du Cœur, une secousse musculaire, un spasme respiratoire.

Avant d'atteindre sa viabilité, le fœtus dépend totalement pour sa survie du ventre de la mère. Par définition, l'avortement prive le fœtus de façon abrupte d'un soutien à la vie dont il a jusque-là bénéficié de la part de la mère. Parmi les techniques d'avortement, il faut signaler le fait de tuer le fœtus directement dans l'utérus. Il existe une proche relation causale entre l'avortement provoqué et la mort du fœtus, une relation assez proche au risque de supposer que l'avortement entraîne nécessairement par définition la mort du fœtus. Si cela s'avérait juste, alors l'avortement serait nécessairement un acte de mise à mort. Mais il n'en est pas ainsi. On peut le constater lorsque l'on utilise la technique d'avortement par hystérectomie. Il s'agit d'enlever l'utérus avant de procéder à la mise à mort du fœtus. Comme l'hystérectomie est habituellement réalisée à l'approche de l'étape de viabilité, on peut avoir un fœtus qui reste en vie avec la chance de survie extra-utérine ou de naissance prématurée.

La relation entre l'avortement et la mort du fœtus n'est donc pas logique mais bien causale. Ce fait conceptuel mis à part, il reste néanmoins que les trois techniques les plus utilisées pour l'avortement aboutissent à la mise à mort du fœtus : la dilatation et le curetage, le nettoyage par l'aspiration, et l'injection du sérum. La quatrième technique qui est la moins utilisée – l'hystérectomie – aboutit presque toujours à la mort du fœtus.

Les deux parties qui sont en conflit ici sont deux individus dont la relation spéciale constitue la grossesse. Ce qui est en jeu pour le fœtus c'est la vie elle-même. Dans des circonstances normales où le fœtus se trouve en bonne santé, nous supposons que si cette vie continue à grandir, elle vaut la peine d'être vécue. Avorter le fœtus à ce moment, c'est lui priver justement de cette vie. Mais ce qui est en jeu pour la femme, c'est l'autonomie ; le droit de contrôler et d'utiliser son corps. La grossesse est une relation parasite. Alors que la mère continue à alimenter le fœtus avec des nutriments essentiels et dispose de déchets du fœtus, celui-ci de son côté ne fait rien de comparable pour le bien-être de la mère. Et pendant neuf mois durant que dure la gestation normale une créature étrangère vit aux dépens du corps d'une femme. Non seulement la grossesse viole l'intégrité de la femme, mais elle produit également des effets secondaires, allant des plus désagréables comme la prise de poids, les dommages causés aux muscles de la tonalité, la nausée, la fatigue et la dépression, à travers des effets qui sont positivement pénibles comme l'enfantement, jusqu'aux effets les plus dangereux comme les complications qui peuvent survenir au moment de l'accouchement. Certains de ces effets secondaires sont, en plus, permanents et même irréversibles.

Chez les mammifères, la grossesse reste jusqu'ici le moyen indispensable pour produire une progéniture. Si son but normal est désiré ou évalué, alors porter la grossesse peut avoir ses propres récompenses qui sont uniques. Ces récompenses dépendent cependant des liens qui sont créés avec l'enfant. Il serait vraiment étrange de rencontrer une femme qui donne de la valeur à la grossesse comme expérience et qui ne donnerait pas des soins ou serait même indifférente à l'approche de l'accouchement. Si une femme ne désire en aucune manière avoir un enfant (pour le moment), il serait absurde de porter une grossesse qui n'aura aucun intérêt pour elle. Une fois que l'on porte une grossesse non désirée, l'avortement est le seul moyen de s'en défaire est.

Mais une fois que la grossesse est installée, alors la vie du fœtus peut entrer en conflit avec l'autonomie de la femme qui la porte. Dans ces conditions, un bien devra être sacrifié au détriment d'un autre bien : c'est là justement le dilemme moral de l'avortement. Ce dilemme ne peut être évité qu'en échappant à la grossesse non désirée. Malgré les recherches entreprises pour trouver des techniques contraceptives efficaces, on trouve que les techniques disponibles aujourd'hui ont presque toutes des imperfections. À moins que les femmes diminuent leur activité sexuelle ou augmentent leur désir de porter les enfants, nous constatons que la fréquence des grossesses non désirées reste constante. Dans ces conditions, nous avons besoin des principes moraux qui nous aideront à prendre en compte les vies des fœtus contre l'autonomie des femmes.

Le conflit qu'engendre le problème moral de l'avortement est particulièrement déconcertant parce qu'il a deux traits principaux. Le premier est la relation unique qui existe entre la mère et le fœtus. Nous ne trouvons dans aucun contexte humain une situation dans laquelle le corps d'une personne est servi durant une longue période comme un soutien pour la vie d'une autre personne. La relation mère - fœtus manque d'analogie exacte et même proche ailleurs dans la vie humaine.

Le second trait spécial du conflit concernant l'avortement est la nature unique du fœtus. Le conflit interpersonnel est le conflit parmi les personnes. Notre paradigme d'une personne est un être humain qui a atteint la maturité ; bien que la mère satisfasse gentiment ce paradigme, on ne saurait dire la même chose pour le fœtus. Ici encore nous ne disposons d'aucune analogie dans le contexte humain. Un fœtus humain n'est pas un animal non humain ; il est plutôt une étape de l'être humain. Mais il n'est pas tout à fait comme n'importe quelle autre étape, bien qu'il soit plus proche des enfants que des adultes. En plus, le terme fœtus masque le fait que nous ayons affaire à un être qui passe par plusieurs changements durant une période de neuf mois.

Nous trouvons deux problèmes moraux avec l'avortement. Lorsqu'une femme décide oui ou non de faire un avortement, et un médecin de son côté décide, oui ou non d'entreprendre cet avortement, le problème ici se situe au niveau du statut moral de l'avortement. À quelle catégorie morale appartient l'avortement ? Faire un avortement ou contribuer à le faire, est-il bon ou mauvais ? Immoral ? Quel genre d'acte est l'avortement ? Comment faudra-t-il comparer l'avortement par rapport à la contraception et à l'infanticide ? L'avortement est-il obligatoire ? L'avortement viole-t-il les droits du fœtus ?

C'est à partir de toutes ces questions que, lorsqu'une femme cherche à faire l'avortement, nous classons ces questions parmi les problèmes *personnels* de l'avortement. Parfois on peut donner une simple réponse à ces problèmes personnels : ou bien l'avortement est toujours mauvais, ou il n'est jamais mauvais. L'avortement dans ce cas reste une sorte d'acte ayant une qualité morale uniforme qui est entièrement insensible aux circonstances. Les traitements simples du problème évitent de poser d'autres questions plus embarrassantes concernant la portée morale des circonstances. Sous quelles conditions est justifié l'avortement ? Quel rôle va jouer la charge que la continuation de la grossesse risque de faire peser sur la femme – le risque pour sa vie, sa santé, sa carrière, sa situation économique et ses capacités pour remplir ses autres obligations ? Quel rôle joue sa responsabilité dans le fait qu'elle porte une grossesse ? La situation va-t-elle changer si elle avait subi un viol ? Ou s'il y avait une ratée dans sa méthode contraceptive ? Ou si elle avait été déçue par un homme qui prétend être stérile ? Cela aurait-il changé si elle n'avait fait aucun effort pour éviter la grossesse, alors qu'elle était complètement au courant de tous les risques ? Qu'en est-il si elle était ignorante des aspects techniques de la conception ou qu'elle ait été égarée concernant l'efficacité de sa méthode contraceptive ? Quel rôle joue sa capacité à comprendre ce qu'elle était en train de faire ? Est-ce que le statut moral de l'avortement se trouve affecté par le fait que la femme est une adolescente mentalement retardée ? L'âge ou la condition du fœtus jouent-ils ici un quelconque rôle ? Faut-il considérer un avortement précoce comme significativement différent par rapport à ceux qui sont entrepris tardivement ? Peut-on dire que l'avortement est acceptable lorsque le fœtus est défectueux ? S'il en est ainsi, quel genre et quel niveau de déformation faut-il envisager ? Que faudra-t-il faire lorsque l'on n'est pas sûr de la déformation du fœtus ? Si un grand nombre de ces facteurs ne sont pas appropriés pour déterminer le statut moral de l'avortement, comment faudra-t-il les combiner et les tenir en équilibre ? Comment alors peut-on savoir si un avortement est réellement fondé ?

Le deuxième contexte se situe au niveau de la société qui choisit une politique à suivre pour ce qui concerne l'avortement. Est-il nécessaire d'avoir une politique spéciale pour l'avortement ou faudra-t-il tout simplement le régenter comme il en est avec les procédures médicales ? Faudra-t-il traiter l'avortement comme un délit criminel ? S'il en ainsi, comment alors, arriver à l'organisation de la défense ? La femme devra-t-elle être inculpée au même niveau que l'avorteur ? Faudra-t-il donner des fonds publics pour faciliter l'avortement ? Faudra-t-il ériger des cliniques spécialisées pour les avortements ? Étant donné que toutes ces questions ont besoin des décisions sociales et politiques concernant l'avortement, nous pouvons les appeler d'une manière collective le problème *politique*. Des solutions simples peuvent être envisagées : Ou bien l'avortement doit être aboli ou il doit être complètement déréglementé.

Le problème personnel comme aussi le problème politique sont tous les deux des problèmes moraux. Chacun de ces problèmes est enraciné dans le conflit qui fait de l'avortement une question morale. Essayez de résoudre l'un de ces problèmes exige de préciser la manière dont le conflit devra être résolu. Dans les deux cas, les questions que nous pouvons poser resteront des questions morales qui exigent des réponses morales.

Chaque société possède sa politique sur l'avortement. On peut classer en trois groupes les options en présence. Une politique est *restrictive* si elle défend complètement l'avortement ou limite son exécution uniquement dans les cas rares où la poursuite de la grossesse risque de menacer la vie de la femme. Une politique est *modérée* si elle prescrit une grande variété des raisons pour faire l'avortement, entre autres en cas de difformité du fœtus, du risque de la détérioration de la santé de la mère, en cas d'une grossesse due au viol, ainsi de suite. Une politique est *permissive* si elle fournit à tout moment en cas d'avortement une procédure agréée et par la femme et par le médecin. Une politique permissive peut être atteinte par la simple absence d'un traitement légal de l'avortement, de sorte que cette politique soit gouvernée par les mêmes règles que celles qui sont appliquées aux autres procédures médicales. En pratique, les politiques permissives prennent invariablement la forme d'une condition explicite statutaire ou juridique pour l'avortement. Les distinctions entre les trois sortes de politique sont évidemment les distinctions de degré. Il est particulièrement facile de transformer les politiques modérées en politiques permissives en élargissant les indications pour l'avortement ; ainsi, une politique peut être modérée sur papier et permissive en pratique.

D'après John Locke, la raison qu'un homme trouve pour s'établir dans une société n'a rien à voir avec l'amour naturel ou l'affection que nous portons pour les autres êtres humains, mais plutôt dans la manière dont cette société s'engage à conserver notre vie, notre liberté et la sécurité de nos biens matériels.[2] Ce n'est pas du tout difficile à voir de cette façon dans quelle société un enfant qui est encore dans le sein de sa mère pourrait être perçu comme une menace pour la

---

[2]   Cfr. LOCKE, J., *Le second traité du gouvernement civil*, § 123.

liberté et la richesse matérielle que nos sociétés actuelles ont essayé de promouvoir.

Ce travail est divisé en six chapitres. Si nous considérons l'avortement comme une interruption de la grossesse, le premier chapitre essaye de comprendre les motivations qui poussent certaines femmes à l'avortement. Parmi les raisons qui militent pour l'avortement, on retrouve l'ignorance, le manque des contraceptifs, le machisme, la pauvreté, la pression sociale, l'utilisation des drogues. La femme raisonne d'habitude de façon contextuelle avant de prendre une décision. Et lorsqu'elle trouve un risque réel pour son intégrité, la femme peut arrêter une grossesse. Il s'agit entre autres des conditions alimentaires, des conditions physiques et mentales qui entrent le plus souvent en jeu. Pour arrêter une grossesse, on utilise pour la première période de la grossesse, la dilatation et le curetage. Les techniques les plus usitées avant ces techniques modernes étaient l'hystérotomie et l'hystérectomie. Durant la seconde période de la grossesse, on utilise l'injection d'une solution saline ou une prostaglandine intra-amniotique Fa avant de procéder à la dilatation et à l'évacuation.

Le deuxième chapitre décrit les étapes du début biologique de la vie humaine. Celle-ci passe par une série d'étapes qui sont réciproquement spécifiques. La plupart de ces étapes ont lieu dans l'utérus avant la naissance. Tout commence par la rencontre de l'ovule et du sperme. L'ovule fécondé possède des informations génétiques de la mère et du père. Cette union du sperme et de l'œuf conduit à la formation d'un zygote unicellulaire. Après deux semaines de grossesse, le zygote connaît très vite un développement difficile à cause de sa complexité. Il devient à ce moment de l'évolution un embryon. C'est vers la huitième semaine que l'embryon fait la transition vers le jeune fœtus qui possède alors tous les organes à un stade rudimentaire. Il ne deviendra à proprement parler un vrai fœtus qu'à partir de la dixième semaine où il mesure environ sept centimètres et aura achevé sa structure du cerveau. La dernière étape du fœtus commence à partir de la vingt-huitième semaine. C'est à ce moment que se forme la conscience, l'ouverture des yeux et la distinction des stimuli. La naissance normale se passe après 40 semaines de gestation. Cette description du développement biologique du fœtus reste du domaine de la science et n'a rien à voir avec les jugements moraux qu'une société particulière porterait sur la vie du fœtus, la dignité humaine, ou l'inviolabilité de la personne humaine.

Le troisième chapitre examine le statut ontologique du fœtus. Est-il un être humain, une personne ou les deux à la fois ? On peut considérer les deux termes, humain et personne, dans un sens génétique et dans un sens moral. Du point de vue génétique, on est humain ou une personne dès la conception dans la mesure où on est biologiquement déterminé par un code génétique. On est aujourd'hui ce que l'on a toujours été. Du point de vue moral, il faut comprendre le statut ontologique en termes de droits. Le fœtus possède les mêmes droits que ceux qui sont déjà nés. On peut dire qu'il possède certains droits ou qu'il ne possède aucun droit et n'a, par conséquent, aucun statut moral. Dire que le fœtus est une personne, c'est utilisé un concept psychologique qui sous-entend conscience, désirs, croyances, intentions et mémoire. Mais pour certains auteurs, le terme 'personne' se présente comme un 'concept essentiellement contesté'. Cela veut dire que c'est un concept sur lequel on n'a pas encore trouvé une convergence de vues, un terrain d'entente sur sa signification et son utilisation propre. On pourrait par ailleurs considérer le fœtus comme ayant la potentialité de personne. C'est-à-dire que le fœtus est une personne en puissance. Toutes ces positions nous montrent que le débat sur le statut ontologique du fœtus est certainement loin d'être clos.

Le quatrième chapitre est le chapitre central de ce travail. Il analyse les différentes positions qui sont pour ou contre l'avortement. On peut classer ces positions en trois théories principales : la théorie traditionaliste, la théorie libérale et la théorie intermédiaire ou modérée. Ceux qui soutiennent la théorie traditionaliste disent que l'avortement n'est pas convenable. Il ne peut être toléré que durant les premiers mois de la grossesse et dans le cas où la vie de la femme enceinte serait en danger. On ne saurait accepter l'avortement parce qu'il ôte une vie humaine qui débute déjà à la conception. Cette approche conservatrice est particulièrement soutenue par l'Église catholique. Celle-ci est, d'ailleurs, vue comme étant extrémiste en la matière dans la mesure où elle n'accepte aucune exception. Pour ceux qui soutiennent la théorie libérale, l'avortement est autorisé à n'importe quel stade de la grossesse. Les défenseurs des droits de la femme affirment que la femme a droit de prendre des décisions qui ont un rapport avec son propre corps. Pour les moralistes qui défendent des positions intermédiaires ou modérées, l'avortement est acceptable jusqu'à une certaine phase de l'évolution de la grossesse et selon des circonstances déterminées.

Faudra-t-il associer la famille dans tout le processus qui mène à l'avortement ? S'interroge le cinquième chapitre tout en donnant une certaine ouverture à la position utilitariste sur l'avortement. Lorsqu'une femme enceinte prend la décision d'avorter, sa décision touche de manière favorable ou défavorable plusieurs personnes en même temps. Cette situation peut créer un conflit moral parmi les obligations se trouvant en opposition d'intérêts. C'est pourquoi il est souhaitable que toutes ces personnes puissent avoir voix au chapitre. Les raisons souvent avancées par la femme tournent la plupart du temps autour des problèmes économiques et psychologiques. Mais tout compte fait, la dernière décision d'avorter ou de ne pas avorter revient à la femme enceinte. Ce chapitre aborde également la position de l'utilitarisme face à l'avortement. L'homicide est mauvais dans la mesure où il est un meurtre et que les conséquences qui s'en suivent touchent aussi bien la victime que son entourage. C'est causer du tort et c'est en même temps une perte irréversible de la personne qui meurt.

Le sixième chapitre traite exclusivement de la stérilisation. Celle-ci est différente de l'avortement en ceci que la stérilisation empêche et ne donne pas la possibilité d'avoir une grossesse, alors que l'avortement la supprime purement et simplement. L'histoire nous montre que la stérilisation sous ses formes diverses a toujours été pratiquée. Les raisons pour cela sont nombreuses. Il s'agit entre autres des raisons religieuses, pénales, eugéniques, thérapeutiques, contraceptives. Les techniques utilisées sont également multiples. Un moyen banal de stérilisation pour l'homme est de le priver de ses testicules ; pour la femme, c'est de couper ses ovaires et son utérus. À cela s'ajoute pour la femme des méthodes plus modernes comme l'opération Pomeroy, la fimbritectomie, la méthode Uchida, la technique d'Irving, la technique de Packland, l'hystérectomie, l'occlusion tubaire et les méthodes laparoscopiques. Du point de vue éthique, bien qu'elle soit condamnée par l'Église catholique, la stérilisation doit tenir compte du respect dû à la personne humaine et elle doit respecter le bien-être conjugal et familial. Ce dernier chapitre se termine en faisant l'état de la stérilisation durant la période sombre de l'Allemagne nazie.

La conclusion à la fin du travail reprend les grandes lignes que nous avons développées et indique le bien-fondé de l'objection de conscience.

Chapitre I

L'avortement comme interruption de la grossesse

1.1 Quelques indications sur les raisons qui poussent à l'avortement

On entend souvent dire : "Pourquoi a-t-elle accepté la grossesse alors qu'elle savait qu'elle n'était pas prête ? » C'est dire qu'une grossesse non désirée est souvent à la base d'avortement ; et cela pour plusieurs raisons[3] :

- L'*ignorance*. Le manque d'une éducation sexuelle appropriée est une source de mythe sexuel concernant la manière et le moment de la grossesse.
- La *difficulté de se procurer aisément les contraceptifs*. La passion sexuelle est très vigoureuse, et elle n'attend pas la présence des préservatifs pour se déclencher.
- *Les expériences sexuelles prématurées*. Dans une culture où le sexe est constamment exhibé à la portée des jeunes gens sensibles, les grossesses non désirées vont suivre.
- *Le syndrome du fécondateur hostile*. Il s'agit ici du sexisme. Celui-ci est la conviction que l'on a en stigmatisant l'infériorité de la femme. La question que l'on se pose ici, c'est celle de

---

[3] Cfr pour ce qui suit, MAGUIRE, D.C., *Sacred Choices : The Right to Contraception and Abortion in Ten World Religions*, Fortress Press, Minneapolis 2001, pp. 28-29.

savoir comment on fait l'amour à une inférieure. La réponse serait de dire, que l'on le fait négligemment. Le fait que les hommes se désintéressent des contraceptifs, est une forme de violence.

- *Le syndrome de la vierge surprise.* C'est l'incapacité d'admettre qu'une relation approche un point de non-retour où on est obligé d'avoir une relation sexuelle et que l'on fait appel aux choix moraux. On dit parfois que c'est arrivé comme cela, alors que dès le début de la relation, l'ardeur sexuelle était déjà en jeu.

- *La pauvreté.* Celle-ci peut apporter des grossesses non désirées dans la mesure où la pauvreté engendre le chaos et le désespoir et elle n'est pas favorable à un plan réaliste dans la vie sexuelle ou dans d'autres domaines de la vie.

- *La pression sociale.* Cette pression s'exerce surtout entre les semblables et les jeunes qui s'exhortent à avoir le sexe de façon prématurée. La virginité devient alors un tabou. Et le plus souvent, le fait d'avoir le sexe devient pour les jeunes une porte d'acceptabilité sociale. Cette pression peut parfois se traduire par une sorte de viol socialisé. La sélection du sexe en Inde et en Chine est souvent entretenue par une structure sociale restrictive qui refuse aux femmes de réaliser les mêmes rôles que les hommes, et maintient les femmes à un niveau bas de l'échelle sociale.[4]

- *L'utilisation de la drogue et de l'alcool dans les rencontres entre jeunes* diminue la capacité à prendre des précautions nécessaires et dilue le bon sens.

---

[4]   Cfr. Cfr. ZILBERBERG, J., *Sex-Selective Abortion for Social Reasons: Is it ever Morally Justifiable? Sex Selection and Restricting Abortion and Sex Determination*, in: *Bioethics* 21, 9(2007): 517-519. Il y a eu en 2007 en Inde une proposition qui exigeait que les femmes puissent déclarer leur grossesse et devraient désormais chercher une permission officielle du gouvernement avant de faire un avortement. Par ce truchement, les femmes ne seraient autorisées d'avoir un avortement que lorsqu'il y avait des raisons valides et acceptables. Le but de cette proposition était d'endiguer les avortements des fœtus reconnus de sexe féminin. Cfr. NEW YORK TIME du 15 juillet 2007, p. A6 : *India Tries to Stop Sex-Selective Abortions.*

- *La diminution de l'influence de la religion* avec ses contraintes sexuelles, fait que l'on puisse avoir des grossesses non désirées. Beaucoup de religions étaient hostiles envers la sexualité et le plaisir sexuel, et elles ne voyaient pas le sexe comme bon. Elles ont même freiné culturellement et honni l'usage précoce et imprudent du sexe.

Beaucoup d'études indiquent[5] que l'anxiété de devenir mère seule au foyer et les difficultés des relations avec le partenaire sont parmi les motifs que l'on entend le plus souvent chez les femmes qui cherchent à avorter.[6] D'autres raisons que les femmes avancent souvent pour avorter sont, entre autres : - la préoccupation qu'ont certaines femmes qui se disent que conduire une grossesse à terme risque d'entraver une relation intime, des études, une carrière ou des plans personnels,[7]

---

[5]   Cfr. Pour ce qui suit COLEMAN, P.K., REARDON, D.C., STRAHAN, T. & COUGLE, J.R., *The Psychology of Abortion: A Review and Suggestions for Future Research*, in: *Psychology and Health* 20, 2(2005): 237-271.

[6]   Cfr.SODERBERG, H., ANDERSSON, C., JANZON, L. & SLOSBERG, N.-O., *Continued Pregnancy Among Abortion Applicants. A Study of Women Having a Change of Mind*, in : *Act Obsetrica Gynecologica Scandinavia* 76(1997) : 942-947 ; TORRES, A. & FORREST, J. D., *Why do Women Have Abortion ?*, in : *Family Planning Perspectives* 20(1988) : 169-176.

[7]   Cfr. ALLANSON, S. & ASTBURY, J., *The Abortion Decision : Reasons and Ambivalence*, in : *Journal of Psychosomatic Obstetrics and Gynecology* 16(1995) : 123-136 ; FARIA, G., BARRETT, E. & GOODMAN, L.M., *Women and Abortion : Attitudes, Social Networks, Decision-Making*, in : *Social Work in Health Care* 11(1985) : 85-99 ; PATTERSON, M.J., HILL, R.P. & MALOY, K., *Abortion in America :* A Consumer-based Perspective, in : *Journal of Consumer Research* 21(1995) : 677-694. Une étude menée par Bazira en Ouganda donne quelques raisons qui poussent les femmes à avorter : 50 pour-cent voulaient l'avortement en vue de continuer leurs études, 25, 7 pour-cent pour éviter la colère des parents, 8, 3 pour-cent étaient dépourvus des moyens pour s'occuper de l'enfant, 3 pour-cent avaient un mari qui ne voulait pas un enfant à cette période, et 5, 3 pour-cent ne voulaient plus d'autres enfants dans leur foyer. Cfr. BAZIRA, E.R.,

- à cause de l'âge,[8] - on ne se sent pas prêt pour devenir parent,[9] - Insuffisance matérielle pour fonder un foyer,[10] - le désir de retarder la naissance d'un enfant dans le foyer,[11] - et le sentiment que l'on n'a pas assez de temps et d'énergie pour avoir un autre enfant.[12]

La moralité reflète l'obsession de l'homme avec des principes abstraits comme « il est mauvais de voler » et « l'avortement est un meurtre. » Quant au raisonnement moral de la femme, il est plutôt du type holistique. Ce raisonnement prend en compte les différents angles de la morale ainsi que les différentes répercussions pratiques d'une action. Les femmes prennent des décisions avec leurs pieds sur terre et non pas avec des idées en l'air. Lorsqu'une femme se trouve en face d'une grossesse non désirée, elle ne se pose pas la question de savoir si l'avortement est mauvais ou pas. Cela relève d'une question abstraite concernant les principes moraux. Cette femme va plutôt se demander si l'avortement était une bonne chose pour elle dans sa situation à elle pour le moment.

Non seulement plusieurs femmes raisonnent de façon contextuelle, mais elles trouvent qu'il serait immoral de ne pas le faire. Pour elles, il serait malsain de condamner une femme qui avorte ou qui demande à avorter s'il n'existe pas une aide financière substantielle ou une

---

Induced Abortion at Mulago Hospital, Kampala, 1983-1987 : A Case for Contraception and Abortion Law Reform, in : *Tropical Health* 11(1992) : 13-16.

[8] Cfr. FARIA, G. et alii, *op. cit.* 1985.

[9] Cfr. FARIA, G. et alii, *op. cit.*, 1985; KERO, A., HOEGBURG, U., JACOBSSON, L. & LALOS, A., *Legal Abortion: A Painful Necessity*, in: *Social Science and Medicine* 53(2001): 1481-1490.

[10] Cfr. FARIA, G. et alii, *op. cit.*, 1985 ; GLANDER, S.S., MOORE, M.L., MICHIELUTTE, R. & PARSONS, L.H., *The Prevalence of Domestic Violence Among Women Seeking Abortion*, in : *Obestetrics and Gynecology* 91(1998) : 1002-1006.

[11] Cfr. KERO, A. et alii, *op. cit.*, 2001 ; TORNBOM, M., INGELHAMMAR, E., LILJA, H., MOLLER, A. & SVANBERG, B., *Evaluation of Stated Motives for Legal Abortion*, in : *Journal of Psychosomatic Obstetrics and Gynecology* 15(1994) : 27-33.

[12] Cfr. KERO, A., et alii, *op. cit.*, 2001.

aide émotionnelle pour l'enfant qui devra naître. La valeur morale principale que les femmes considèrent dans le cadre de l'avortement est la responsabilité et non les droits. Pour les femmes, la solution morale idéale est celle où personne ne se fait du mal dans la situation.

Pour certaines femmes, il y a un risque réel pour leur santé physique ou mentale si la grossesse va à terme. Pour certaines femmes cela va jusqu'au risque de leur vie. Ces risques sont normalement considérés par le médecin et la femme ou le couple.

En ce qui concerne les risques physiques, cela dépend de chaque cas et du diagnostic médical de la femme enceinte.[13] Nous pouvons ici énumérer quelques conditions :

Les conditions alimentaires : les conditions abdominales graves nécessitant une opération ; une thrombose abdominale ; une recto-colite ulcéro-hémorragique ; une rechute de l'ulcère duodénal ; l'inflammation du petit intestin ou de la glande du pancréas ; Une maladie cœliaque chronique ; l'infection de la vésicule biliaire ; la diverticulose ; maladie du foie ; l'hépatite sous ses formes variées ; les maladies nutritionnelles ; le cancer.

Les conditions cardio-vasculaires : L'insuffisance cardiaque ; une cardiopathie rhumatismale (spécialement le rétrécissement mitral) ; les conditions congénitales du cœur ; hypertension artérielle ; des problèmes cardiaques qui sont associés au dysfonctionnement de la glande thyroïde ; maladie coronarienne et l'angine de poitrine.

Les conditions respiratoires : La tuberculose pulmonaire ; l'emphysème ; la bronchectasie ; l'asthme sévère.

Les conditions des reins : la néphrite dans ses formes variées ; tout problème du rein associé à l'hypertension artérielle.

---

[13] On peut lire avec intérêt le premier chapitre du livre de MILLIEZ, J., *L'Euthanasie du fœtus. Médecine ou eugénisme ?*, Éditions Odile Jacob, Paris 1999, Les moyens de diagnostic, pp. 19-46.

Les conditions neurologiques : la sclérose en plaques ; une épilepsie sévère ; tumeur du cerveau ou de l'épine ; des anomalies des vaisseaux sanguins cérébraux ; les autres maladies neurologiques comme la chorée, la myasthénie, la paraplégie, l'ataxie, la dystrophie.

Les conditions squelettiques : défiguration (malformation) de l'épine dorsale ; fracture ou pathologie du bassin obstétrical.

Les conditions de la peau : un eczéma sévère ; un lupus ; une sclérodermie généralisée, etc…

Les conditions glandulaires : une maladie sévère de la glande thyroïde ; des problèmes supra rénaux ; certains cas de diabète.

Des tumeurs malignes : le cancer, spécialement celui du sein ; le mélanome ; lorsque la radiation a été administrée, car il y a risque d'anomalie fœtale. Comme il est reconnu que certains cancers, spécialement celui du sein, dépendent des hormones et peuvent ainsi être stimulés par des stéroïdes circulant durant la grossesse, la présence d'une maladie maligne est considérée comme une indication possible pour mener un avortement thérapeutique.[14] Le cancer du sein, de l'utérus et le cancer de la peau, tendent à grandir rapidement durant la grossesse.

Les conditions gynécologiques : le cancer du col de l'utérus, du corps de l'abdomen ou des ovaires ; des fibromyomes dégénératifs ; après certaines opérations antérieures.

Les conditions obstétriques : une éclampsie ou un éclampsisme antérieur ; ayant eu lors des accouchements antérieurs un travail répété, long et difficile ; une multiparité – après cinq ou plus de grossesses ; vomissement immodéré.

Malgré cette longue liste, on trouve seulement dix pour cent de femmes qui font l'avortement à cause du risque pour la vie ou pour

---

[14]   Cfr. JEFFCOATE, T.N.A., *Indications for Therapeutic Abortion*, in: *British Medical Journal* (February 27, 1960): 584.

la santé physique. La plupart d'avortements thérapeutiques sont dus aux indications psychiques.

Pour d'autres femmes, il y a un risque pour que leur enfant naisse avec des déformations. Si la mère a déjà contracté la rubéole et que le virus reste encore actif au moment de la conception, il existe un risque élevé pour que l'enfant puisse naître avec des yeux, des oreilles, un cœur et un cerveau défectueux.[15] Le risque diminue si la femme enceinte est atteinte de la rubéole dans un stade avancé de la

---

[15] Le gouvernement français a cédé en 2002 sous la pression de l'opinion publique et renversa une disposition légale très controversée qui reconnaissait le droit à un enfant handicapé de chercher des dommages. Tout est parti de 1982. Cette-là, Josette Perruche découvre des points rouges sur le corps de sa fille de quatre ans. A l'hôpital, on découvrit que la fille souffrait de la rubéole. Madame Perruche demanda alors à son médecin que si jamais elle se trouvait elle-même infectée dans le futur par cette maladie, elle préférerait avorter que de donner naissance à un enfant sérieusement handicapé.

Madame Perruche subira deux tests de sang lors de sa prochaine grossesse en deux semaines. Le médecin rassure madame Perruche en lui disant qu'elle pouvait continuer sa grossesse sans danger. En fait, les tests qu'avait subi madame Perruche étaient contradictoires. Un test de sang qu'on fera plus tard, relèvera que le laboratoire avait fait une erreur.

Nicolas Perruche naîtra en 1983, sourd, à moitié aveugle et avec des lésions cérébrales graves. Ce fut une catastrophe pour madame Perruche qui tomba dans la dépression pendant deux ans. Aujourd'hui, c'est une institution gouvernementale qui s'occupe de Nicolas. Comme ses parents sont divorcés, Nicolas passe ses week-ends alternativement auprès de sa mère ou de son père.

En 2000, la plus haute cour d'appel de France accorda des dédommagements au jeune Nicolas Perruche, alors âgé de 17 ans. Cet arrêt de la cour fut interprété comme une reconnaissance du droit de l'enfant handicapé à chercher des dédommagements prétendument pour avoir été conçu. Avant cela, il n'y avait que les parents qui pouvaient demander un dédommagement. En février 1997, les parents reçurent la compensation, et en novembre 2000, Nicolas lui-même fut dédommagé. La cour considéra qu'il y avait des risques du fait de

grossesse. Il n'y a presque pas de risque pour l'enfant lorsque la mère est atteinte de cette maladie après le troisième mois de la grossesse. Le risque est d'autant plus élevé lorsque la mère contracte la maladie dans les premiers stades de la grossesse. Ce risque est pertinent à trois égards. La mère, elle-même peut être tellement bouleversé et tant inquiète des possibilités de mettre au monde un enfant défectueux que sa propre santé puisse souffrir en conséquence. Deuxièmement, la mère et le père peuvent considérer avec frayeur le fait d'avoir un enfant handicapé, peut-être au détriment de leur famille ou même ils peuvent s'imposer un tel handicap pour se soustraire de l'obligation d'avoir un autre ou d'autres enfants. Troisièmement, il y a l'intérêt même de l'enfant à naître. Serait-il bon de laisser naître cet enfant avec son handicap ? Ces genres de considérations font que la mère ayant contracté la rubéole envisage l'avortement. On peut bien se demander jusqu'où ces considérations peuvent être considérées face à d'autres maladies comme la rougeole et la varicelle. L'avortement pointe à l'horizon lorsqu'il y a une incompatibilité de rhésus. Il en est de même pour les femmes enceintes qui ont pris certains médicaments durant la grossesse comme la thalidomide.

Les femmes non mariées et qui attendent famille peuvent trouver socialement incommode à avoir un enfant et de chercher à avorter. Les femmes mariées sont également confrontées à l'avortement. C'est le cas, si, par exemple, leur régulation des naissances a raté et qu'un enfant non désiré est en route ou qu'un enfant arrive avant ou quand il n'est pas désiré ou même lorsqu'un enfant arrive en l'absence de toute régulation des naissances. Dans tous ces cas, une femme peut se résoudre de manière irrésistible à avorter plutôt que de faire face à une nouvelle charge qui semble pour elle intolérable. La manière de leur recours tant pour les femmes mariées que pour les femmes non mariées dépend de leur moyen et de leur position sociale.

---

dédommager uniquement les parents à cause de la possibilité de la séparation ou de la mort des parents.
On peut lire toute cette controverse dans SPRIGGS, M. & SAVULESCU, J., *The Perruche Judgment and the « Right Not To Be Born »*, in: *The Journal of Medical Ethics* 28(2002): 63-64.

Les jeunes filles ou des femmes qui ont été l'objet de viol ou d'inceste peuvent aussi faire face à l'avortement. La mère peut se trouver dans la détresse suite à son expérience vécue et dans l'idée de porter et même dans l'idée d'élever un enfant qui est le produit de la violence exercée sur elle, et ainsi la compassion à son égard dira qu'il faudrait qu'elle avorte. L'enfant peut souffrir, non seulement des privations qui sont communes pour ces enfants comme le fait de n'avoir pas un père et d'être spécialement un enfant illégitime, mais encore grave, il risque d'être privé d'amour. Et la compassion envers l'enfant dira qu'il faudrait avorter. Les droits de la mère comme personne ayant déjà été envahie une première fois lors du viol, et s'il faut encore accepter une deuxième invasion de ses droits pour porter et élever l'enfant, alors la logique ajoute sa persuasion en disant d'avorter.

Une enquête publiée par une équipe britannique[16] a trouvé que parmi les femmes qui cherchaient un avortement, 35,1 pour cent avaient été abusés par leur partenaire, et 6, 6 pour cent d'entre eux vivaient dans la peur. Dans ce même échantillon, deux pour-cent des demandes d'avortement thérapeutique semblent avoir été suivis des relations sexuelles forcées.[17] Les données américaines montrent que 40 pour-cent des femmes qui cherchent l'avortement disent avoir subi des abus sexuels et sont prêtes à avancer comme raison de l'arrêt de leur grossesse, le fait d'avoir des problèmes dans leurs relations intimes.[18]

On peut bien se poser la question de connaître la nature du lien qui existe entre la victimisation et une grossesse non planifiée. Les femmes ayant par le passé connu la violence, deviennent-elles moins responsables dans l'utilisation des contraceptifs ou veulent-elles tout simplement protéger ou épargner à l'enfant qui va naître de vivre

---

[16] Voir pour ce qui suit PHILLIPS, S.P., *Violence and Abortions: What's a Doctor to Do ?*, in : *Canadian Medical Association Journal* 172, 5(2005) : 653-654.

[17] Cfr. KEELING, J., BIRCH, L. & GREEN, P., *Pregnancy Counseling Clinic: A Questionnaire Survey of Intimate Partner Abuse*, in: *Journal of Family Planning Reproduction & Health Care* 30, 3(2004) : 165-168.

[18] Cfr. GLANDER, S.S., MOORE, M.L., MICHICLUTTE, R. & PARSONS, L.H., *The Prevalence of Domestic Violence Among Women Seeking Abortion*, in: *Obstet. Gynecol.* 91, 6(1998): 1002-1006.

dans un environnement violent dans lequel elles vivent elles-mêmes. Une enquête américaine a démontré que 31 pour-cent de femmes qui cherchent à avorter ont fait l'expérience dans leur vie des abus sexuels ou physiques. Et parmi ces femmes, la moitié a été témoin des violences domestiques dans leur enfance.[19] On peut dire que le fait d'avoir été victime d'abus par le passé peut être considéré comme un facteur déterminant pour ces femmes qui pensent qu'en étant enceinte, elles risquent d'être abusés de nouveau.

Les risques courants à la santé mentale de la femme enceinte représentent presque quatre-vingts pour cent des avortements thérapeutiques. La décision pour un avortement est plus difficile à prendre ici que dans les cas des conditions physiques.

Dépression réactive – particulièrement si elle est sévère avec un risque de suicide ; lorsque la mère est dans un état de sans espoir et dans une détresse inepte.

État d'anxiété : - lorsque cela est accompagné par une dépression prononcée.

Dépression endogène : - c'est une dépression qui n'est pas le résultat des causes externes, mais des causes venant de l'intérieur.

État obsessionnel

Hystérie : lorsqu'elle est accompagnée par une dépression sévère ou autres troubles psychiques sérieux.

La schizophrénie.

Anomalie mentale : ce qui importe c'est la capacité mentale de la femme à s'adapter aux problèmes de la maternité dans des circonstances particulières dans lesquelles elle se trouve.

---

[19]   Cfr. EVINS, G. & CHESCHEIR, N., *Prevalence of Domestic Violence among Women Seeking Abortion Services*, in: *Women's Health Issues* 6, 4(1996): 204-210.

1.2 Les procédures spécifiques pour conduire un avortement

Bien qu'il revienne à l'autorité de l'État de décider si une nation doit tabler sur une politique libérale ou restrictive d'avortement, il revient cependant à la communauté médicale de décider sur le type de procédure à employer après avoir considéré les phases de développement gestationnel. L'État décide si et jusqu'à quel degré une femme a le droit d'arrêter sa grossesse, mais l'exécution de cette politique est laissée entre les mains des médecins.[20]

Il faut aussi dire le nombre élevé des avortements clandestins qui, parfois, prennent la vie des milliers des femmes, surtout dans les pays en développement. Selon l'Organisation Mondiale de la Santé (OMS), la mortalité maternelle due à l'avortement dangereux en Afrique, s'élève à 60% dans l'ensemble et à 65% uniquement pour les avortements causés.[21] Une étude menée au Nigeria sur une période de treize ans en rapport avec la mortalité maternelle, montre que les avortements, parmi lesquels 91% furent des avortements causés, se classaient parmi l'une des causes primaires parmi les trois causes de la mortalité maternelle.[22]

Le type de procédure utilisée par le médecin est conforme à l'état gestationnel de la femme. Les méthodes habituelles d'avortement

---

[20] Cfr. HODGSON, J.E., *Abortion and Sterilization: Medical and Social Aspects*, Academic Press/Grune & Stratton, London/New York 1981.

[21] Cfr. WANJALLA, S.H. et al., *Mortality Due to Abortion at the Kenyatta National Hospital 1974-83. Abortion: Medical Progress and Social Implications*. Proceedings of CIBA Foundation Symposium 115, London 1985, p.41; cité par ASHMA RANA, NEELAM PRADHAM, GEETA GURUNG & MEETA SING, *Induced Septic Abortion: A Major Factor in Maternal Mortality and Morbidity*, in: *Journal of Obstetrics and Gynaecology Research* 30, 1(February 2004): 3-8.

[22] Cfr. UNUIGBE, J.A. et al., *Abortion Related Morbidity and Mortality in Benin City 1973-85*, in: *Nigeria International Journal of Gynecology and Obstetrics* 26(1988): 435-439.

dans la première période de la grossesse furent pendant longtemps la *dilatation et le curetage*. L'IVG (Interruption Volontaire de Grossesse) par aspiration se réfère à la création de la pression négative dans la cavité utérine en vue de produire un plan de clivage entre les produits de la conception et la paroi du muscle de l'utérus. C'est un procédé qui se démarque fortement au procédé de dilatation et de curetage qui implique la dilatation du col de l'utérus, suivi par l'insertion d'une curette aiguë qui gratte doucement le tissu de la grossesse de l'utérus.

Le curetage aspirateur comporte deux étapes. La première consiste en la dilatation du col de l'utérus. Le col peut être dilaté rapidement en y introduisant des cylindres afin d'augmenter sa taille. Une dilatation plus lente peut se faire en utilisant des laminaires qui sont des cannes hygrométriques des algues séchées. Les laminaires prennent des dimensions après leur insertion lorsqu'ils sont exposés à l'humidité.

Après qu'une dilatation suffisante[23] a eu lieu, on peut procéder alors à la seconde phase de la procédure de l'avortement qui consiste dans l'évacuation en aspirant le fœtus. Ceci se fait par l'insertion d'un tube aspirateur connecté à une pompe vide alimentée électriquement. Ce tube est fait pour évacuer les produits de la conception. Il faut ici au médecin beaucoup de dextérité pour trouver le lieu exact où le placenta est attaché à l'intérieur du ventre maternel sans toutefois manquer aucune partie et éviter également la perforation du mur de l'utérine qui peut à certains endroits être aussi mince qu'une feuille de papier. Lorsque le placenta est décoincé, la femme peut recevoir une injection intraveineuse d'ergométrine. Ceci est une aide à la contraction naturelle du ventre de la femme et à l'expulsion en même temps du placenta et du fœtus. Si cela n'est pas le cas, alors on utilise une pince pour ovaire en vue d'extraire les contenus utérins. Les tissus restants peuvent être détectés et évacués au moyen d'une curette aiguë. Le médecin examine le matériel aspiré pour voir s'il y a une présence de tissus fœtaux et pour déterminer la possibilité d'un avortement incomplète ou d'une grossesse extra-utérine.

---

[23] Cette dilatation se fait de façon lente et peut parfois aller jusque douze heures et même au-delà. Il faudrait alors introduire les laminaires le jour précédent.

La dilatation traditionnelle et le curetage étaient le moyen ordinaire pour pratiquer l'avortement avant l'introduction de l'IVG par aspiration. La préparation du patient et la dilatation du col de l'utérus sont semblables aux procédures de curetage aspirateur. Mais au lieu d'utiliser l'aspiration, le médecin évacue les produits de la conception en utilisant l'éponge ou une pince pour ovaires, combiné de curetage aigu. Il faudrait ensuite faire la confirmation d'un avortement réussi lorsque l'on utilise l'une de ces deux méthodes. Il faudrait s'assurer que la paroi utérine contractée a complètement fermé les vaisseaux alimentant le placenta du sang.

L'histoire de l'IGV par aspiration reste tout à fait internationale et date vers les années 1872 avec Sir James Young Simpson d'Edinburgh qui, en 1860, va être l'un des premiers à utiliser la seringue à aspirer à l'intérieur de la cavité utérine. En 1927, le docteur Bykov de la Russie va utiliser une seringue pour occasionner la menstruation ; et en 1935, le docteur Emil Novak de Baltimore aux États-Unis va développer une curette endométriale avec un accessoire électrique d'aspiration. En 1958, trois médecins chinois parlent d'un IVG par aspiration dans la revue *Chinese Journal of Obstetrics and Gynecology*. Un grand nombre de cas d'IGV par inspiration ont été rapportés en 1963 par le docteur E. Melks au 11ᵉ Congrès sur la gynécologie. La technique va se répandre à travers le monde, plus spécialement en Europe de l'Est et au Japon.

On peut énumérer quelques avantages de l'IVG par aspiration sur la dilatation traditionnelle et le curetage : Ce procédé exige peu de temps ; l'enlèvement du tissu est plus ou moins complet ; il y a moins de perte de sang ; moins de complications majeures ; et est plus adaptable à l'anesthésie locale.

Une méthode provenant de la Russie consiste à dilater le col de l'utérus au moyen d'un vibrateur, activé par un moteur électrique. Il a une pièce à la fin de forme conique et émoussée, la taille du cône étant graduellement augmentée jusqu'à la forme de dilatation souhaitée.

Avant l'introduction des techniques plus modernes d'avortement, c'est l'hystérotomie et l'hystérectomie qui étaient des techniques les plus usitées. À cause des taux élevés de morbidité et de mortalité, ces méthodes sont de moins en moins utilisées. L'hystérotomie est une opération abdominale majeure semblable à une section césarienne. Après une incision de laparotomie, le médecin incise l'utérus et enlève les produits de la conception ou bien manuellement ou par curetage. Pour utiliser l'hystérectomie comme méthode d'avortement, il faudrait l'existence de certaines pathologies gynécologiques. C'est aussi une opération majeure qui est coûteuse et qui implique des risques substantiels et une période de récupération.

Les méthodes essentielles d'avortement qui restent se réalisent durant le deuxième trimestre de la grossesse et consistent en induction de travail à travers l'injection d'une solution saline ou une prostaglandine intra-amniotique Fa (PGF2a), ensuite suivent la dilatation et l'évacuation. Avant la plus récente adaptation de dilatation et d'évacuation, on avait introduit auparavant comme procédure usuelle d'avortement au deuxième semestre, des agents abortifs comme la solution saline et le PGF2a. On fait passer une aiguille à l'abdomen, et on enlève le liquide amniotique et on le remplace soit par le PGF2a, soit par une solution saline qui, normalement tue le fœtus, cause les contractions, et stimule un avortement. Dans le cas d'injection à la saline, la mort du fœtus arrive habituellement dans les trois heures qui suivent l'injection. L'avortement durant le trimestre du milieu en utilisant une injection peut être pénible et gênant. La femme fait face à des contractions utérines et à des douleurs comparables à celles qui sont connues durant le travail. Les contractions culminent jusqu'à l'accouchement d'un fœtus mort.

Une complication normale lorsque l'on utilise cette méthode d'avortement est la possibilité d'un avortement incomplet dans la mesure où le placenta reste retenu dans l'utérus. Bien que ces genres de situations soient vraiment rares, le placenta mort peut empêcher la formation de fibrine qui est nécessaire pour la coagulation du sang. On peut avoir des cas d'hémorragie et même d'infection. Comme pour tous les types de procédures d'avortement, les risques pour la femme augmentent avec l'âge du fœtus.

L'avantage primordial du PGF2a par rapport à l'injection de saline est aussi son désavantage majeur. Cela accélère le processus de vidage de l'utérus. Plus le vidage se fait vite, plus on a le risque d'une évacuation incomplète qui augmente la possibilité d'une intervention chirurgicale. Les résultats indiquent que l'avortement par l'injection de saline est plus sûr que le PGF2a même après que des facteurs de contrôle tels que l'âge gestationnel est introduit. Parmi les complications qui ont été plus souvent trouvées pour les femmes qui ont utilisé le PGF2a, on peut citer la fièvre, l'inflammation de la membrane muqueuse couvrant l'utérus, l'hémorragie, retenu des produits de la conception, et les convulsions. Bien qu'aucune mort maternelle ou la présence des fœtus vivants n'aient été trouvés dans les deux groupes, les avortements par PGF2a sont associés à plus de complications et demandent plus de traitements fréquents pour tous les types de complications.

La méthode de dilatation et d'évacuation gagne de plus en plus de popularité parmi les femmes par rapport à l'injection des agents abortifs. La dilatation et l'évacuation peuvent être considérées comme une extension de la méthode de curetage aigu et aspirateur vers le deuxième trimestre de grossesse. La différence majeure est que, une grande partie du tissu peut être enlevée pour terminer la grossesse. Par conséquent, il faut dilater largement le col de l'utérus. Plusieurs laminaires sont habituellement placées dans le col de l'utérus quelques heures avant la procédure. On peut aussi utiliser de manière alternative des dilatants de gros calibres. Le tissu fœtal est enlevé de l'utérus, en tenant compte de la durée de la grossesse, par éponge ou pince intestinale pour écrasement, par curetage aspirateur ou aigu ou une combinaison de ces procédures. Le temps d'opération est d'au moins trente minutes.

Donnons une présentation brève de la procédure utilisée dans l'avortement se passant au premier trimestre de la grossesse.[24] La

---

[24] Pour ce qui suit, voir HODGSON, J.E., *Abortion Procedures and Abortifacients*, in: EDWARDS, R.B.(ed.), *Advances in Bioethics: New Essays on Abortion and Bioethics*, Volume 2, JAI Press Inc., Greenwich, Connecticut/ London, England 1997, pp. 75-106, ici les pages 83 à 85.

patiente se présente dans les installations ou à l'hôpital trois ou quatre heures avant l'intervention. On prend alors soigneusement ses antécédents et son passé médical suivi d'un examen médical et d'une échographie pour faire une confirmation de la période de la grossesse et pour exclure toute complication médicale qui pourrait être une contre-indication pour une malade en consultation externe. Les examens de laboratoire comprennent habituellement un test de grossesse, le genre de Rhésus, l'hématocrite, l'analyse d'urine, les cultures cervicales pour la gonorrhée, la chlamydia, le frottis, si cela est indiqué pour la vaginite, et le frottis vaginal. Il faut ajouter qu'à certains endroits, on ajoute le test du sida.

Après une séance d'assistance socio psychologique, la patiente et le conseiller vont ensemble dans la salle de soins. Si on doit utiliser des antibiotiques, il est préférable de l'administrer aussitôt que possible avant de commencer la procédure thérapeutique. La patiente se met alors sur la table d'examen avec les pieds en étriers, couverte d'une étoffe temporaire non stérile. Le médecin examine à nouveau la patiente pour déterminer les dimensions utérines, la forme, l'axe cervical et les adnéxies. Un paquet des instruments stériles est placé devant la table au niveau des fesses de la patiente. Le chirurgien ouvre le papier stérile et le place sous les fesses de la patiente pour servir de terrain stérile. Après avoir mis des gants stériles, on place alors des essuie-mains stériles au niveau des cuisses de la patiente. On verse 1% de mépivacaïne dans une seringue stérile de 10 ml avec un contrôle du doigt. Un spéculum bivalve ample et moyen de Graves est introduit et le col de l'utérus est maintenant à découvert. En tenant ouvert le spéculum encore détendu avec la main gauche, on injecte la dose initiale de mépivacaïne avec la main droite en utilisant une aiguille d'une capacité d'environ sept cm. On injecte trois ou quatre ml de 1 % de mépivacaïne dans la lèvre antérieure du col de l'utérus vers midi, juste à l'endroit où l'épithélium vaginal est réfléchi par le col de l'utérus.

Après avoir produit une petite papule urticarienne de mépivacaïne, 14,5 cm de longueur, l'érigne tenant la lèvre antérieure du col de l'utérus, avec une pointe augmentant la papule urticarienne de mépivacaïne et l'autre pointe à l'intérieur du canal cervical. L'injection de l'anesthésie locale avant d'attacher l'érigne est importante en vue de minimiser la gêne de la patiente. Pour éviter les déchirures cervicales, l'application de manière verticale plutôt que de manière transversale de l'érigne, est extrêmement important. La traction sur l'érigne va tirer le col de l'utérus vers le bas pour une meilleure vue. C'est à ce moment que le spéculum sera largement ouvert et vissé à cette position. Des injections additionnelles de quatre ou cinq ml de mépivacaïne sont faites vers 5 ou 7 heures de l'après-midi.

Le canal cervical est alors sondé avec douceur pour déterminer la profondeur de l'utérus, l'axe cervico-utérin, et l'os interne. Une fois que l'os interne se trouve décontracté, le son du métal tombe littéralement dans la cavité utérine. Le col de l'utérus est alors dilaté avec douceur avec des dilatateurs de métal en fuseau augmentant sa taille progressivement. Le col de l'utérus est suffisamment dilaté pour laisser passer la canule de matière plastique d'une taille comme il faut. La circonférence extérieure de la canule sera à peu près de même nombre de millimètres que le nombre de semaines de la grossesse. Ainsi, on aura huit millimètres de diamètre de la canule à huit semaines de la grossesse. La canule est attachée au tube qui relie à la machine succion ; et la canule est lentement insérée dans la cavité utérine. L'extrémité de la canule fait une rotation en douceur sur la paroi entière utérine, en enlevant ou en vidant le tissu du fœtus. Il y a un jaillissement initial du liquide amniotique lorsque la poche des eaux pénètre, suivi par le passage de la déciduale, du tissu placentaire et des parties du fœtus. Lorsque l'on constate que l'utérus est vide, on retire la canule.

Une petite curette aiguë est alors introduite dans la cavité utérine pour vérifier la présence de tissus restant sur la paroi utérine. Des succions supplémentaires avec la canule peuvent être nécessaires si on trouvait d'autres tissus. Le tissu, qui a été recueilli dans un sac de gaze, est alors nettoyé à l'aide de l'eau courante à travers le tube. Le tissu est soigneusement pesé et examiné pour être certain que la patiente était réellement enceinte à une étape qui est compatible avec ses dates menstruelles, et que l'enlèvement du tissu est vraiment terminé.

Après la procédure, la patiente remet ses vêtements et va dans la salle de réveil. Elle est couchée pendant que les infirmières contrôlent les pouls, la tension artérielle, et la quantité d'hémorragie. L'infirmière répète les instructions contraceptives et antibiotiques et administre la globuline immunisée RhoD à la patiente au Rhésus négatif, et des analgésiques pour les crampes lorsque c'est nécessaire. La patiente est prête à rentrer chez elle dans environ une heure. La procédure réelle prend seulement dix à quinze minutes. Aux États-Unis, 90 pourcents d'avortements se font durant le premier trimestre de la grossesse. Les procédures pour le second trimestre sont plus variables.

On constate que le taux de morbidité en suivant ces procédures d'avortement sous l'anesthésie locale est extrêmement bas. L'avortement pratiqué durant le premier trimestre présente moins d'un pourcent des risques sérieux de complications. Les complications fréquentes que l'on rencontre habituellement sont, entre autres, le tissu retenu, l'infection pelvienne, la perforation utérine, et la poursuite de la grossesse.

Chapitre II

Le début biologique de la vie humaine : le cycle de vie, les étapes et les phases

2.1 Le fondement biologique

Tout organisme traverse un cycle de vie qui peut être décrit comme une série d'étapes mutuellement exclusives. Toutes ces étapes sont des facettes vivantes d'une espèce donnée. Dans l'organisme humain, beaucoup de ces étapes ont lieu dans l'utérus avant la naissance.[25] Les étapes de l'ontogenèse humaine ont été examinées en utilisant une variété de techniques y compris l'anatomie brute, microscopique et chimique, le développement synaptique et neurotransmetteur, l'électrophysiologie, aussi bien que le comportement spontané et provoqué. Le comportement a été observé dans les embryons et les fœtus vivants spontanément avortés et dans l'utérus au moyen de la sonographie. On a fait également beaucoup d'expériences avec des détails sur le fœtus et le nouveau-né.

Ces étapes divisent le développement en une série des états relativement invariants, structurels, fonctionnels et de comportement ; chacun avec des traits reflétant les jalons durant une période donnée. Le flux du développement est alors considéré comme une série de

---

[25] Nous suivons pour ce qui suit, KOREIN, J., *Ontogenesis of the Brain in the Human Organism: Definitions of Life and Death of the Human Being and Person*, in: EDWARDS, R.B.(ed.), *Advances in Bioethics: New Essays on Abortion and Bioethics*, (Volume 2), jai Press Inc., Greenwich, Connecticut/ London, England 1997, pp. 12-28.

pas microscopiques progressifs à l'intérieur des étapes conduisant vers des propriétés invariantes de l'étape de l'organisme vivant. L'organisme humain vivant fait partie d'une classe des systèmes vivants. Chaque étape se compose des périodes macroscopiques séquentielles, consécutives et mutuellement exclusives (c'est-à-dire, zygote, embryon, fœtus, nouveau-né, etc.). Des changements entre ces étapes sont considérés comme des transitions. Chaque étape possède un ensemble des propriétés invariantes qui la distinguent d'autres étapes.

2.2 Les étapes suivies par l'organisme humain – l'ontogenèse

À moins que l'ovule et le sperme ne se rencontrent ensemble dans un processus de fécondation, sinon ils risquent inévitablement de mourir. Nous pouvons prendre comme première définition de la vie, la capacité à se reproduire. Cette capacité est possédée par l'œuf fécondé, alors que l'ovule et le sperme n'en possèdent pas.

Comment se réalise ce processus de fécondation ? Lors des rapports sexuels environ trois cents millions de spermes sont déposés dans le vagin de la femme. C'est alors que commence le voyage de ces spermes vers le haut à travers l'utérus ou la matrice jusqu'au tube qui conduit de l'utérus vers les ovaires. Si un ovule est relâché de l'ovaire de la femme, il passera vers le bas en passant par le tube vers l'utérus. Le temps de survie pour cet ovule est d'environ vingt-quatre heures. Si la fécondation n'arrive pas durant cette période, l'ovule et le sperme risquent de mourir. À partir de l'observation effectuée auprès de plusieurs espèces de mammifères, on a constaté que les spermes qui sont éjaculés dans le vagin ne sont pas capables de féconder immédiatement l'ovule. Ils doivent tout d'abord subir un changement chimique en vue d'acquérir ce que l'on peut appeler la « capacitation » sans laquelle ils ne peuvent féconder l'ovule. Cela veut dire qu'il existe une substance se trouvant dans l'utérus ou le tube de la femme qui rend les spermes capables de féconder l'ovule. Chez certaines espèces animales ce processus est une affaire de quelques heures ; disons de six à huit heures. Bien que cela n'ait pas encore été observé chez l'homme, on admet pourtant que cela se passe de la même façon. Après les rapports sexuels, suit une période de temps de quelques heures dans laquelle l'interférence avec la fécondation reviendrait généralement à parler de contraception plutôt que d'avortement dans la mesure où aucun ovule n'est fécondé à ce moment précis. La fécondation ne se passera que des heures plus tard après les rapports.

Gamète. La cellule du sexe, le sperme ou l'œuf, est unicellulaire ; chacune possédant la moitié du nombre des chromosomes (haploïde) que l'on retrouve dans les autres cellules humaines normales. Le gamète provient de l'étape adulte et est produit par un processus spécifique de la division cellulaire appelée méiose qui coupe en deux le nombre de chromosomes. La méiose produit une très grande variété de recombinaisons génétiques originales parmi les chromosomes. Cette recombinaison génétique est probablement l'avantage majeur de la reproduction sexuelle. La recombinaison conduit rapidement à la diversité plus grande de l'organisme qui peut être utile pour l'adaptation dans un environnement changeant. Cependant, le processus peut également conduire à des variations ou des mutations délétères. Les chromosomes contiennent les instructions génétiques héritées en forme d'acide désoxyribonucléique. (ADN).

L'ovule fécondé contient des informations génétiques amenées par le père à travers les spermes et par la mère à travers l'ovule ; de telle sorte que se crée une nouvelle combinaison d'informations génétiques. L'œuf fécondé que l'on appelle parfois *zygote* possède à l'intérieur de lui-même des caractères héréditaires venant de moitié de chaque partie (cinquante pour cent de la femme et cinquante pour cent de l'homme). Les caractéristiques proviennent d'un lien génétique que l'on appelle l'ADN. L'union du sperme et de l'œuf conduit à un zygote unicellulaire fécondé avec la reconstitution du nombre normal des chromosomes (diploïdes) requis pour la suite du développement d'un organisme humain.

Un sperme possède 23 chromosomes et ne peut féconder qu'un œuf. Celui-ci à son tour possède 23 chromosomes. Une fois qu'il y a l'union de l'œuf et du sperme, nous trouvons alors 46 chromosomes qui sont réunis dans une cellule. C'est à l'intérieur de cette cellule que nous trouvons tout l'ADN, le code génétique d'une vie humaine différente. Le processus de fécondation, elle-même n'est pas instantanée, mais s'étend sur plusieurs heures. Les processus combinés de méiose et de fécondation assurent la constitution génétique unique de chaque zygote. Bien que chaque gamète contribue plus ou moins à la moitié du matériel génétique dans la forme d'ADN au moyen des chromosomes, il existe des différences significatives dans leur contribution génétique. Le sperme contient le chromosome qui déterminera le sexe du nouvel organisme, X pour la femme ou Y pour l'homme, alors que le chromosome du sexe dans l'œuf est toujours X. Ainsi, dans le zygote, une paire diploïde XX engendre une femme, alors que la paire XY engendre l'homme. Il faut en plus noter que le chromosome Y contient considérablement moins d'ADN que le chromosome X, proportionné à l'avantage biologique de la femme. En outre, l'œuf contient l'ADN cytoplasmique (c'est-à-dire mitochondrie) qui influence le développement. Par conséquent, bien que l'ADN venant de deux gamètes contribuent aux caractéristiques de l'organisme en voie de développement, l'ADN cytoplasmique, non chromosomique provient uniquement du parent maternel à travers l'œuf.

Les étapes multicellulaires. La première division et la suivante du zygote sont produites par mitose qui maintient l'ADN diploïde. Ce processus conduit à une étape qui précède l'embryon qui est un système multicellulaire qui dure jusqu'au 13e jour après la fécondation. Le sort des cellules individuelles n'est pas encore déterminé, et ces cellules ne sont pas différenciées. Les cellules sont en effet équipotentielles dans la mesure où n'importe quelle cellule peut remplacer une autre sans qu'il y ait changement dans le développement. En effet, à cette étape, chaque cellule possède un ADN identique et est capable de produire un organisme entier – un jumeau identique de l'original. L'unique cellule fécondée va continuer à se diviser en deux, en quatre, huit, ainsi de suite, à un rythme d'une division par jour.

C'est durant cette première période de développement que la sphère des cellules peut se diviser en deux parties pour former des jumeaux identiques. Chez la femme, la formation des jumeaux se fait dans les quatorze jours depuis la fécondation. Ce groupe de cellules indifférenciées appelées « blastula » est un conglomérat libre, organisé et fluctuant. Dans une grossesse normale la blastula continue de se développer et va s'implanter dans la paroi utérine une semaine après la fécondation. Associés à l'implantation, les premiers changements chez la femme apparaissent avec les changements hormonaux décelables.

Bien qu'au moment de la fécondation se forme un nouveau groupe génétique à l'intérieur d'une cellule, il est difficile d'affirmer que tout le matériel génétique se trouve activé à cette période et que l'étape irréversible de l'individualité se trouve déjà atteinte.

Il est également important de retenir que durant les premiers jours qui suivent la fécondation, il est tout à fait impossible à la femme de savoir qu'elle est enceinte ou au médecin de diagnostiquer la situation par un test de grossesse.

Le fait que les sept premiers jours du processus de fécondation se déroule entièrement dans le tube et non dans l'utérus lui-même, a des implications sur l'avortement. Si dans les sept jours qui suivent les rapports sexuels ou le viol la couche de l'utérus est enlevé par curettage, on ne pouvait pas dans ces conditions parler d'avortement. Il serait impossible de prouver qu'il y a eu un avortement lorsque tous les tests de grossesse faits à cette période sont négatifs et que la couche de l'utérus ne montre aucun signe de grossesse. Le curettage ne peut se faire que vers la deuxième moitié du cycle menstruel, lorsque l'ovule fécondé peut bien être présent dans le tube.

La prochaine étape critique du développement qui se passe à l'intérieur de l'utérus commence après environ six ou sept jours depuis le début du processus de division de la cellule. La sphère des cellules va maintenant faire son entrée dans l'utérus et s'implanter dans la couche de l'utérus. Ce processus d'implantation est très critique dans la mesure où c'est durant ces jours-là qu'un pôle de la sphère des cellules, le *trophoblaste*, qui constituera plus tard la couche superficielle du placenta, va trouver son chemin dans la couche de l'utérus. Le pôle opposé de cette sphère deviendra plus tard le *fœtus*. La partie qui devient le *placenta* produit les hormones. Ceux-ci font leur entrée dans le sang maternel et ont une fonction critique, c'est-à-dire celle d'empêcher à la mère d'avoir les règles. Comme l'intervalle de temps entre l'ovulation et la menstruation est d'environ quatorze jours et, comme les premiers sept jours de la nouvelle vie se passent dans le tube, il est clair que l'implantation du *trophoblaste* n'a à peu près que sept jours pour produire assez d'hormones qui vont arrêter la menstruation de la femme et ainsi se débarrasser de la vie fœtale. Ces mêmes hormones qui circulent chez la mère forment la base des tests chimiques qui nous permettent de diagnostiquer une grossesse.

L'embryon. Deux semaines après la fécondation, les cellules de la plaque embryonnaire deviennent déterminées et différentiées, indiquant le commencement de l'étape embryonnaire. La différenciation est contrôlée en partie par la production des protéines de réglementation qui réagissent à l'excitation des gènes spécifiques dans les cellules embryonnaires différentes, selon leur environnement et leur emplacement. La formation d'un filet primitif se forme alors. La structure comporte trois couches de cellules – l'ectoderme (précurseur de la peau et du système nerveux), l'endoderme (précurseur du système gastro-intestinal) et le mésoderme (précurseur des muscles et des os) – qui sont orientées vers trois dimensions : l'avant et l'arrière, la droite et la gauche, et la tête longitudinalement coupée en segments vers la queue. Commence alors l'organogenèse qui est la construction des systèmes d'organes. Les contractions cardiaques commencent après trois semaines depuis la fécondation. Les signaux environnementaux deviennent de plus en plus importants dans la différenciation nerveuse. Les neurones de la moelle épinière et le tronc cérébral se développent à partir de la gouttière neurale de l'ectoderme après trois ou quatre semaines depuis la fécondation. Les structures du cerveau supérieur (le diencéphale et le cerveau) commencent vers la cinquième ou la sixième semaine. Cependant, les liens interneuronaux fonctionnels (synapses) ne se trouvent pas dans la moelle épinière et dans le tronc cérébral jusqu'à la septième semaine de l'âge fœtal.

Après cette deuxième semaine de grossesse le *zygote* devient rapidement plus complexe et est maintenant appelé *embryon*. Entre la troisième et la quatrième semaine, bien que le cœur n'ait encore atteint sa configuration finale, nous assistons à la différenciation de l'embryon jusqu'à permettre le battement du cœur. À la fin de six semaines, nous nous trouvons en présence de tous les organes internes du fœtus bien qu'à un stade rudimentaire. Les vaisseaux sanguins venant du cœur vont se déployer complètement quoiqu'ils continuent à grandir avec le développement du fœtus.

Le jeune fœtus. La transition de l'embryon vers le jeune fœtus a lieu vers la huitième semaine après la conception. Vers la fin de la septième semaine, le chatouillement de la bouche et du nez même la pousse des cheveux vont fléchir le cou du fœtus, alors qu'à la fin de la huitième semaine, il sera possible de lire l'activité électrique provenant de son cerveau. À la même période, on pourra clairement reconnaître les doigts et les orteils. On assiste à la croissance et au développement de la moelle épinière et du tronc cérébral, avec la production accrue (et même de la surproduction), et la migration des neurones, et la formation de la synapse à venir. Les neurones sont en concurrence pour avoir des liens, et ceux qui n'arrivent pas à le faire avec les autres neurones, c'est-à-dire pour former des synapses, finissent par mourir. Cette compétition à former des synapses continue durant tout le développement. L'étape de la formation du jeune fœtus est caractérisée de manière fonctionnelle par l'activité interneuronale d'utilisation des synapses dans la moelle épinière et le tronc cérébral. Ces liens neuronaux expliquent les mouvements de réflexe clairement stéréotypés, spontanés et induits que l'on observe durant cette période en examinant directement et par la sonographie le fœtus vivant. Durant cette étape, les éléments neuronaux du cortex cérébral sont fabriqués par un processus mitotique complexe. Ce processus est décrit comme la prolifération et la migration inter cinétique vers le regroupement initial de cellules embryonnaires à partir de laquelle le cortex se développe, et que l'on appelle la plaque corticale. Alors que ces éléments neuronaux du cerveau sont produits, ils ne fonctionnent pas encore. La production des neurones cérébraux progresse de manière exponentielle entre la dixième et la vingtième semaine. La prolifération des neurones cérébraux atteint la moyenne de plus de 250 000 par minute durant cette période. Les synapses des neurones ne sont pas encore présentes dans la plaque corticale, et, par conséquent, cela exclut le fonctionnement du cerveau supérieur. Mais les synapses éphémères se forment dans la zone en dessous de la plaque.

Les neurotransmetteurs sont détectés dans le tronc cérébral et dans le cervelet durant cette étape, mais sont pratiquement absents dans le cerveau jusque dans les étapes tardives. Durant cette période, on rapporte l'activité électro-encéphalogramme. L'importance exagérée que l'on attribue à cette activité électrique du tronc cérébral que l'on constate déjà dès la huitième semaine de la fécondation est révélatrice de beaucoup de choses. Entre la neuvième et la dixième semaine apparaissent des réflexes locaux comme le fait d'avaler, le regard de côté, et la rétraction de la langue. On constate vers la fin de la dixième semaine des mouvements spontanés qui sont indépendants de la stimulation extérieure. C'est à partir de cette dixième semaine de grossesse que l'*embryon* devient *fœtus*. À la onzième semaine, on peut observer que la petite créature commence à sucer le pouce ; et le rayon X du fœtus à cette période montre clairement les détails du squelette. Après douze semaines, le fœtus, qui mesure maintenant environ sept centimètres, aura déjà terminé sa structure du cerveau, bien que son développement puisse encore suivre son chemin. À cette même période, il est possible de prendre l'image du cœur du fœtus par des techniques modernes d'électrocardiographie à travers la mère.

L'étape de la douzième semaine est aussi importante pour différentes raisons. Entre autres, c'est après cette étape que l'avortement par raclage de l'utérus devient dangereux. Après ce stade, l'avortement doit être effectué soit par l'opération abdominale ou par l'injection d'un fluide concentré dans la cavité amniotique.

Entre la douzième et la seizième semaine, c'est la mère qui commence à sentir les mouvements du fœtus. C'est un phénomène de perception maternelle plutôt qu'un exploit du fœtus. Après la vingtième semaine, on ne parlera plus d'avortement, mais d'un enfant né avant terme ; alors qu'avant cette période le terme médical pour désigner l'accouchement du produit de la conception est un avortement. À ce stade le fœtus pèse environ cinq cents grammes. Les fœtus qui naissent entre la vingtième et la vingt-huitième semaine ont plus ou moins dix pour cent de chances de survivre.

La période entre la vingtième et la vingt-huitième semaine est caractérisée par l'organisation cérébrale, la stratification et le processus d'enracinement du cortex, avec une forte diminution de la prolifération neuronale. Avant la vingtième semaine, on observe dans le cortex cérébral, une augmentation sensible de la croissance dendritique (le branchement neuronal) et la formation de la synapse. La formation de la colonne vertébrale, qui va suivre sur les dendrites, est un précurseur de la synaptogenèse. C'est à la vingt et unième semaine que l'on observe la formation de la synapse à l'intérieur de la plaque corticale. Les liens cérébraux et neuronaux sous-corticaux augmentent ; la compétition pour les synapses et la mort neuronale continue. Ces changements ne sont pas identiques à travers tout le cortex cérébral. Après vingt-deux ou vingt-trois semaines, les synapses thalamocorticales prennent forme ; et on peut clairement détecter à la vingt-quatrième semaine la preuve des neurotransmetteurs des synapses cérébrales.

Après vingt et une à vingt-deux semaines de gestation, on enregistre la vraie activité électroencéphalographique du cerveau, bien que de manière intermittente et pauvrement modelée. Cette activité devient plus importante à partir de la vingt-quatrième à la vingt-septième semaine et se trouve en corrélation avec le lien cortical sous-cortical que l'on remarque par l'augmentation de la synaptogenèse corticale et la production de neurotransmetteur. Vers la vingt-troisième ou vingt-cinquième semaine, on enregistre les premiers mouvements sensoriels cérébraux qui indiquent déjà la fonction des liens thalamocorticaux. On ne peut pas accorder trop d'importance à l'établissement des liens thalamocorticaux fonctionnels. C'est à travers le thalamus que toutes les informations sensorielles (y compris les douleurs) sont acheminées vers le cortex ; les autres noyaux thalamiques et le système réticulaire sont importants pour le commencement de la fixation des éléments constitutifs de conscience comme les états d'éveil ou d'attention.

Les projections du neurone cérébral sont superposées sur la cellule et la moelle épinière. Les mouvements de comportement concomitamment spontanés et le stimulus induit deviennent quelque peu plus complexes. À la vingt-quatrième semaine, le fœtus parvient à ouvrir les yeux durant quelques secondes en réaction aux stimuli, mais il est difficile à faire une distinction entre les états de sommeil et d'éveil. Entre la vingt-quatrième et la vingt-huitième semaine, le fœtus acquiert des réflexes auro palpébraux avec des mouvements extra oculaires en réponse au son, et des mouvements soudains du corps entier. Durant cette période de gestation, on a pu examiner par sonographie le clignotement des yeux spontanés en réaction aux stimuli. Les mouvements respiratoires sont, à cette étape, mieux organisés et plus fréquents. C'est à ce moment qu'apparaissent les aspects de la structure du cerveau et son fonctionnement.

La dernière étape du fœtus. À partir de la vingt-huitième semaine, on assiste à une augmentation de l'organisation cérébrale et des liens interneuronaux, à la ramification des dendrites et des synapses qui sans cesse se restructurent. La croissance et la myélinisation d'axone apparaissent également. Il s'agit ici de la formation de la gaine du lipide au sujet de l'axone requis pour augmenter le taux de transmission de l'impulsion. Du point de vue comportemental, nous assistons durant cette période au début des cycles bien définis de sommeil et d'éveil. Entre la vingt-huitième et la trente-deuxième semaine, le fœtus acquiert des mouvements rapides de l'œil et de sommeil tranquille. Ces modifications se matérialisent par des changements dans la motilité, les rythmes du cœur et de la respiration. À la trente-deuxième semaine, on constate que l'alternance du sommeil et de l'éveil chez le fœtus est évidente.

Entre la trente-quatrième et la trente-septième semaine, on remarque l'apparition de la mémoire et l'apprentissage explicite. Le fœtus est capable de distinguer des stimuli auditifs et même les paragraphes.

Nous pouvons résumer ce développement prénatal[26] : la conception ; l'implantation, après une semaine ; l'individuation, après trois à cinq

---

[26] Cfr. HELLEGERS, A.E., *Fetal Development*, in: EDWARDS, R.B. & GRABER, G.C.(eds.), *BioEthics*, Harcourt Brace Jovanovich, New

semaines ; prend l'allure humaine, après six semaines ; répond aux réflexes, après sept semaines ; perception des ondes du cerveau, après huit semaines ; des mouvements spontanés, après 10 semaines ; le cerveau atteint sa structure complète, après 12 semaines ; premier mouvement du fœtus, après 12 et 16 semaines ; s'il y a avortement à cette période avant terme, il s'agit d'un prématuré, après 20 semaines ; la viabilité du fœtus, après 28 semaines ; conscience, après 28 semaines ; l'ouverture des yeux, après 28 à 30 semaines ; la naissance normale survient après 40 semaines.

Voilà en quelques mots les grandes étapes du développement du fœtus. Il faut retenir que ce n'est pas la fonction de la science au cours de ce processus de prouver ou réfuter le moment précis où débute la vie humaine. Ce terme de « vie » revient souvent dans les discussions sur l'avortement pour souligner les expressions comme « la dignité humaine », « l'inviolabilité de la personne humaine », etc. Ces expressions et ces entités n'ont rien à avoir avec la science ou particulièrement la médecine ; elles reflètent plutôt des jugements appartenant à des sociétés particulières. La science, et encore moins la médecine, ne peut pas prouver ces jugements. Tout ce que la science peut faire c'est de décrire le développement biologique du fœtus et prédire ce qui lui arriverait avec une certaine exactitude qui dépend toutefois du niveau de développement de la science particulière à ce moment. La question concernant l'avortement est celle finalement de savoir non pas le moment exact du début de la vie, mais de savoir le comportement que l'on adopterait face au fœtus dont on ne saurait pas à l'avance s'il était porteur d'une dignité ou pas.

Dans l'Église Catholique, nous trouvons certaines divergences malgré son insistance, au moins en pratique, sur le fait que la vie humaine soit présente dès la conception. Il y a une trentaine d'années, Callahan décrivait trois théories génériques concernant le

York 1988, pp. 543-548; cite par KOREIN, J., *Ontogenesis of the Brain in the Human Organism: Definitions of Life and Death of the Human Being and Person*, in: EDWARDS, R.B.(ed.), *Advances in Bioethics: New Essays on Abortion and Bioethics*, Volume 2, JAI Press Inc., Greenwich, Connecticut/ London, England 1997, pp. 1-74, ici à la page 48 et 49.

commencement de la vie humaine : l'approche génétique, l'approche développementale, et l'approche des conséquences sociales.[27] Au sein de l'Église Catholique, on peut regrouper les discussions en cours en deux approches différentes. La première approche peut être taxée d'individualiste, avec une dépendance presque exclusive sur les critères biologiques ou physiques. Le deuxième type peut être qualifié d'approche relationnelle. Celle-ci est loin d'accepter les critères physiques et s'évertue à soutenir une approche plutôt personnaliste du commencement de la vie.

La première caractéristique de la tendance relationnelle est sa répugnance à accepter un point déterminé à partir duquel la vie humaine à commencer sur base des seuls critères biologiques. L'objectif de l'embryon de devenir une vie humaine n'est pas quelque chose qui est inscrit uniquement dans la chair, mais dépend non seulement de la finalité inscrite dans les aspects biologiques, mais plus encore des relations de reconnaissance et d'acceptation par les parents qui s'engage eux-mêmes dans l'acte de la procréation. Par conséquent, il serait stérile de chercher un moment biologique durant lequel la vie humaine commence, même s'il était possible de déterminer un tel moment.

Certains continuent de nier que la fécondation puisse marquer le début de la vie humaine, parce que le fruit de la conception ne devient humain qu'à travers la volonté procréative exprimée par la mère, les parents, et d'une certaine manière par la société elle-même.[28]

Si le critère biologique n'est pas suffisant, alors on peut se poser la question de connaître les critères qui peuvent déterminer l'existence de la vie humaine. En se basant sur la notion de la procréation comme un acte libre des parents, et sur l'importance des relations, certains auteurs indiquent le besoin pour une acceptation par les parents et d'une certaine façon par la société elle-même. C'est ainsi que L. Beirnaert rejette une position objectiviste qui considère le

---

[27] Cfr. CALLAHAN, D., *Abortion : Law, Choice and Morality*, Macmillan, New York 1970, pp. 378-401.

[28] Cfr. QUELQUEJEU, B., *La volonté de procréer*, in : *Lumière et Vie* 21, 109(1972) : 67.

fruit de la conception comme un être en soi lorsque l'épistémologie contemporaine montre la participation de la culture et d'un élément reconnaissant ou connaissant dans la vraie constitution de l'objet du discours. Une relation mutuelle humaine exige la reconnaissance de l'autre comme semblable – comme la face humaine de l'autre. Mais cette similarité n'est pas présente dans le fœtus ou l'embryon. Mais, même avant que cette face ne soit présente, les parents par le fait d'accepter le fœtus, spécialement en lui donnant un nom, font de ce fœtus un sujet qui trouve sa place dans le monde. Il n'est pas encore un enfant jusqu'au moment où les parents prennent la décision d'anticiper la forme humaine en devenir en lui donnant un nom comme un sujet.[29]

À quel moment exactement a lieu cette acceptation et cette reconnaissance relationnelle ? Ceci peut avoir lieu un certain temps avant la naissance du bébé. Pohier affirme qu'il existe des aspects économiques, psychologiques, culturels, et même des aspects de la foi de la vie humaine en plus des aspects biologiques. Quel genre de vie humaine Dieu voudrait-il offrir à un homme ou à une femme ? Tout dépend de la possibilité que possèdent les hommes et les femmes de soutenir la vie qui sortira de cet embryon.

---

[29] Cfr. BEIRNAERT, L., *L'avortement est-il infanticide?*, in : *Etudes* 333 (1970) : 522.

Chapitre III

Le statut ontologique du fœtus

Le concept de vie humaine a longtemps été au centre des débats sur l'avortement. C'est un concept déroutant dans la mesure où la vie humaine pourrait avoir deux significations différentes. D'un côté, elle a la signification de la vie humaine biologique, en regroupant toutes les caractéristiques biologiques qui fixent l'espèce humaine en dehors des autres espèces non humaines. De l'autre côté, on pourrait utiliser la vie humaine comme signifiant la vie qui est typiquement humaine, c'est-à-dire une vie caractérisée par des propriétés psychologiques plutôt que biologiques, par exemple, la capacité à utiliser des symboles, d'avoir de l'imagination, d'aimer, d'utiliser les capacités hautement intellectuelles.

Il est important de déterminer à quel moment du développement une entité peut être considérée comme un individu, un être humain ou tout simplement une personne. Cela veut dire qu'il faut spécifier à quel moment cet être acquiert un statut ontologique.

Il est question ici de pouvoir tirer une ligne claire entre ce qui a un statut complet et ce qui n'en possède pas. Une position en présence dit que le fœtus ne possède aucun statut ontologique. L'autre position, qui est à l'opposé de celle-ci, soutient que le fœtus possède bel et bien un statut ontologique complet. Ceux qui sont derrière cette dernière position disent que la ligne est à tirer à partir de la conception où le fœtus possède à partir de ce moment son statut de personne humaine. Il y a, bien entendu, des positions intermédiaires qui se situent entre les deux positions extrêmes. C'est ainsi que l'on trouve ceux qui soutiennent que le fœtus ne reçoit son statut ontologique qu'au moment où on constate des mouvements dans le sein de la mère ou quand on peut constater la viabilité du fœtus ou encore lorsque l'on constate des courants cérébraux émis par le fœtus.

À ce problème du statut ontologique est lié directement celui du statut moral. Dans le contexte de l'avortement, le statut moral est compris en termes de droits. Mais ce n'est toujours pas en ces termes qu'il faut entendre le concept de statut moral. Car, lorsque l'on dit qu'un fœtus possède une certaine forme de statut moral, cela pourrait sous-entendre qu'il est mauvais de faire certaines choses au fœtus. Cette distinction s'avère importante pour autant que ceux, qui refusent au fœtus d'avoir des droits, croient que certaines manières de traiter le fœtus sont mauvaises, comme justement ceux qui dénient aux animaux de posséder des droits, mais pensent que c'est mauvais de leur infliger un certain traitement. Ainsi, lorsque l'on dit que le fœtus possède un statut moral, c'est dire qu'il possède des droits. La question est de savoir quels sont exactement ses droits et combien il en possède. Les conservateurs soutiennent que le fœtus possède les mêmes droits que ceux qui sont déjà nés et, ainsi, il possède un statut moral complet. Certains modérés, quant à eux, disent que le fœtus possède certains droits et, alors, un statut moral partiel. Les libéraux, par contre, affirment que le fœtus ne possède aucun droit et donc pas de statut moral. Si cette position libérale est acceptée, alors le fœtus ne possède aucun droit à la vie comme une cellule du corps ou une tumeur ; et un avortement ne serait plus moralement répréhensible comme ne l'est une opération que l'on fait pour écarter une tumeur. D'autre part, si la position des conservateurs est acceptée, alors le fœtus possède tous les droits que les autres êtres humains ; et dans ce cas, l'avortement serait condamnable comme n'importe quel meurtre – à l'exception des meurtres exécutés pour sa propre défense.

Il y a des auteurs qui n'établissent pas de différence entre « être humain » et la notion de personne. Cependant, certains utilisent l'expression « être humain » de manière à ce que, lorsque l'on utilise cette expression cela implique soit que l'expression désigne une personne ou tout simplement quelque chose qui possède un droit à la vie. On trouve cette tendance chez Baruch Brody qui montre dans un article la difficulté qui existe à déterminer si en détruisant le fœtus, on prenait la vie d'un être humain.[30] Il suggère qu'il ne soit très probable qu'en prenant la vie humaine soit une action qui a des conséquences fâcheuses pour celui dont la vie est prise. Lorsqu'il parle de quelque chose ayant une vie humaine, Brody interprète ce terme comme impliquant que l'entité en question est une personne ou qu'elle possède un droit à la vie.

Il existe une tendance qui implique l'utilisation de ces deux termes, être humain et personne de manière interchangeable. La plupart de ceux qui s'opposent à l'avortement se fient à la prémisse que le fœtus est un être humain, une personne dès le moment de la conception.[31]

3.1 Le fœtus est-il un être humain ?

Le terme humain peut avoir deux sens différents : un sens génétique et un sens moral.[32] Du point de vue génétique, nous pouvons dire que nous sommes des êtres humains dès la conception parce que nous appartenons à l'homo sapiens. Mais cela ne veut pas dire que nous appartenons dès la conception à la communauté morale. Le concept humain est essentiellement un concept philosophique. On peut dire que les êtres humains au sens moral sont également des êtres humains au sens génétique et vice-versa. On peut également dire que certains êtres qui sont génétiquement des êtres humains, comme les embryons, les personnes comateuses se trouvant dans un état végétatif, ne sont pas des êtres humains au sens moral.

---

[30] Cfr. BRODY, B.A., *Abortion and the Law*, in: *Journal of Philosophy* 68, 12(1971): 357-369, spécialement les pages 357 et 358.

[31] Cfr. THOMSON, J.J., *A Defense of Abortion*, in: *Philosophy and Public Affairs* 1, 1(1971): 47-66, spécialement à la page 40; WERTHEIMER, R., *Understanding the Abortion Argument*, in: *Philosophy and Public Affairs* 1, 1(1971): 67-95, surtout à la page 69.

[32] Cfr. WARREN, M.A., *On the Moral and Legal Status of Abortion*, in: HUNT, R. & ARRAS, J.(eds.), *Ethical Issues in Modern Medicine*, Mayfield Publishing Company, Palo Alto, CA. 1977, pp 159-178, ici à la page 168.

Il existe plusieurs positions qui montrent que le fœtus est un être humain déjà dès la conception et qu'il possède par le fait même tous les droits qu'une telle entité normalement doit posséder. L'organisme humain est un concept biologique, défini en termes de propriétés biologiques de corps et de cerveau. Nous allons parcourir une à une ces positions.

Au moment de la conception le fœtus est biologiquement déterminé par son code génétique. C'est à partir de ce moment que tout se met en branle pour faire de l'individu, ce qu'il sera plus tard. Il est déjà ceci, même s'il ne le sait pas encore. Alors, le développement qui suit ne peut pas être décrit comme étant quelque chose qu'il ne soit pas encore maintenant. On peut tout simplement dire que c'est un processus d'achèvement, un processus de devenir ce que l'on est déjà maintenant. Les généticiens affirment que nous sommes aujourd'hui ce que nous avons toujours été dès la conception au plus profond de nous-mêmes et cela dans chacune de nos cellules.

Cette argumentation procède du fait que pour tout être humain, il y a une série de propriétés qui peuvent être considérées comme des attributs de base de l'être humain. Certains de ces attributs sont partagés avec les autres, alors que d'autres sont considérés comme étant uniques à un individu particulier. Maintenant, dire que l'être humain possède ces caractéristiques à cause de la constitution chromosomique de ses cellules, c'est dire en d'autres termes que ce sont ses cellules qui lui donnent ces caractéristiques. Or, le fœtus possède déjà cette constitution chromosomique dès la conception ; ainsi, on peut dire que le fœtus est un être humain identique à l'être humain adulte. Pour montrer qu'une chose possède maintenant des droits, il faudrait produire certains faits pour le moment et non pour l'avenir. Mais, pour ce qui nous concerne ici, nous pouvons le faire facilement. On peut dire que pour l'instant l'embryon est une entité substantielle avec des capacités de base et des capacités naturelles pour raisonner et faire des choix libres, bien que cela puisse prendre encore un certain temps pour l'embryon en vue d'actualiser ces capacités. Pour l'instant, l'embryon humain est une entité avec la même nature substantielle équivalente en dignité à vous ou à moi.

Cette argumentation possède néanmoins une affirmation douteuse ; c'est celle de dire que chaque être humain possède des caractéristiques de base qui sont déterminées de manière génétique. On peut supposer ici que ces caractéristiques de base n'ont aucune influence du monde environnant. Il est évidemment très difficile à décider, si oui, ou non cela est vraiment le cas sans faire un examen approfondi pour déterminer ces caractéristiques de base pour chaque individu. Mais cela n'est pas évident d'affirmer que toutes les caractéristiques d'un individu sont déterminées de manière génétique.

En plus, nous trouvons un faux raisonnement dans la logique de l'argumentation. Même si cela se révèle vrai que tout celui qui possède les propriétés de base d'un être vivant répondant au nom de Paul est identique à Paul et est comme Paul un être vivant, et même s'il est aussi vrai que ses caractéristiques sont déterminées par la structure chromosomique que le fœtus possède déjà, on ne peut pas conclure, et il n'est pas tout à fait vrai, que le fœtus possède déjà toutes ces caractéristiques. Donc, on ne peut certainement pas conclure que le fœtus qui deviendra Paul est identique à Paul et est comme Paul un être humain.

Certains soutiennent qu'un individu distinct n'apparaît pas à la conception ou au moment de la fécondation. Un des arguments avancés à cet effet est que l'embryon humain peut être comparé à la cellule somatique, c'est-à-dire à n'importe quelle cellule de notre corps en dehors de la cellule déterminant le sexe. Les partisans de cet argument soutiennent que chacune de nos propres cellules somatiques possède autant de probabilités pour se développer comme il en est de l'embryon humain. Le clonage a montré que chacune de nos cellules possède des informations génétiques nécessaires pour produire tout un embryon humain lorsque cette cellule est reliée à un ovocyte qui ne possède pas de nucléus et se trouve placé dans un bon environnement. Chaque cellule possède le code ADN en entier ; elle devient spécialisée comme muscle, comme la peau, etc., alors que la majeure partie du code est obliquée. Dans le clonage, ces portions du code qui étaient auparavant désactivées sont alors réactivées. Et ainsi la potentialité de l'embryon humain n'est pas différente de celle de n'importe quelle potentialité de nos cellules somatiques – comme la cellule de la peau par exemple – et, donc, l'embryon humain n'a pas autant de valeur ou de mérite qu'une cellule de la peau que nous perdons des centaines de fois par jour.[33]

P. Lee trouve cet argument fallacieux.[34] Bien sûr, à certains égards, une cellule somatique et un embryon humain sont semblables : notamment chacun contient à l'intérieur de lui-même le code génétique entier. Cependant, dans l'embryon humain, même à l'étape la plus basse d'une cellule, le programme reste toujours tout à fait actif ; alors que dans la cellule somatique, la plupart de ces informations sont endormies. L'argument qui vient d'être exposé plus haut ignore carrément les différences profondes et critiques entre les deux. Aucune cellule somatique ne possède une disposition active pour devenir un être humain mûr. Aucune cellule somatique ne va se développer de manière active vers un être humain en exigeant seulement un environnement favorable pour son développement naturel. Le clonage produit un nouvel organisme, au lieu de placer simplement une cellule dans un environnement favorable pour sa croissance. Les cellules somatiques, dans le contexte du clonage, sont analogues, pas aux embryons, mais bien aux gamètes (spermatozoïdes et ovocytes). Exactement à la manière d'un être humain qui est engendré comme le résultat de l'union des gamètes ne serait jamais un spermatozoïde ou un ovocyte, ainsi un être humain qui est engendré par un processus de clonage (si cela pouvait arriver dans l'avenir) ne sera jamais une cellule somatique. Cet argument qui compare les embryons humains aux cellules somatiques ignore la différence la plus évidente entre n'importe quelle cellule de l'ensemble de nos cellules et un embryon humain vivant. Chacune de nos cellules fait partie d'un organisme plus grand ; mais l'embryon lui-même est un organisme humain achevé bien qu'immature. Les êtres humains

---

[33]   Cfr. SILVER, L., *Remaking Eden : How Genetic Engineering and Cloning Will Transform the American Family*, Avon Books, New York 1998, pp. 54-56; BAILEY, R., LEE, P. & GEORGE, R.P., *A Debate on the Moral Status of Human Embryos in the Context Obtaining Stem Cells for Research*[On-Line]. Disponible sur http://reason.com/rb/rb08060L.shtml.

[34]   Cfr. LEE, P., *Christian Philosopher's View of Recent Directions in the Abortion Debate*, in: *Christian Bioethics* 10(2004): 11.

embryonnaires à l'opposé des cellules somatiques sont distincts et sont des êtres humains vivants, activement disposés à diriger leur propre maturation comme membres du genre humain. Ainsi, si une cellule de la peau meurt, l'être humain, par contre, continue à vivre. Si un embryon humain meurt, l'organisme humain tout entier meurt et ne peut être remplacé.

Nous avons une autre position qui soutient que le fœtus est un être humain en se basant sur la potentialité que possède le fœtus. Lorsque la conception a eu lieu, la cellule fécondée a la possibilité de se développer en un être humain vivant. C'est vrai que 4/5 de ces entités survivent jusqu'à la naissance. Et ces nouvelles entités ont, contrairement à l'ovule et au spermatozoïde, droit à la vie comme tout être humain.

La question que l'on peut se poser est celle de savoir si au moment de la conception le fœtus possède déjà ses pleines potentialités de devenir un être humain vivant. Une entité comme le fœtus, même dès la conception, qui possède 4/5 de probabilités de devenir un être qui s'engage en fait dans ces genres d'activité reste une entité possédant la potentialité de s'engager dans ces activités en question.

La revendication que le fœtus possède ces potentialités, peut être renforcée par un appel aux faits concernant le code génétique. Après tout, il y a une base biologique de ces potentialités à cause de la présence du code génétique dans les cellules du fœtus. L'argument que nous voudrions considérer maintenant ne met pas en avant le fait que le fœtus est un être humain vivant parce qu'il a la potentialité de devenir un être humain. Ce genre de revendication semble en effet incohérent dans la mesure où, être à un moment donné un potentiel P ne veut pas dire que, dans le même temps, on est P. Plutôt, il faut entendre par-là que le fœtus est un être humain vivant à partir de sa conception parce qu'il a, à partir de ce moment-là, la potentialité de s'embarquer dans des activités typiquement humaines. L'embryon peut être un être humain potentiel ou une personne potentielle. Mais la potentialité n'est pas la réalité et elle ne confère pas des droits ou des talents qui appartiennent à la réalité. Comme le dit Aristote lorsqu'il souligne que n'importe quelle matière est potentiellement quelque chose.[35] Lorsque l'on dit que X est potentiellement un être humain, on veut tout simplement dire qu'il serait possible que X devienne un être humain. Le terme « possible » est pris ici dans le sens de « physiquement possible » plutôt que dans le sens de « logiquement possible ».[36] Il existe une différence entre une possibilité physique et une possibilité logique. On peut analyser la possibilité physique en termes des régularités nomiques, c'est-à-dire qu'un événement ou un état des choses est possible nominalement, seulement dans les cas où son apparition reste en accord avec les lois de la nature. Il est, par exemple, logiquement possible ou concevable qu'un chêne puisse se développer en un arbre qui produise des poires, mais il n'est pas nominalement possible que cela puisse se produire.[37] Cependant, étant donnés les conditions actuelles dans le monde, il n'y a pas moyen de changer la structure génétique d'un chêne ; il est en fait impossible qu'un chêne qui pousse aujourd'hui puisse devenir un arbre qui produise des poires.

Que veut dire alors la potentialité de s'embarquer dans des activités humaines ? Prenons par exemple l'activité de penser qui peut être considérée comme une activité typiquement humaine. Nous avons de bonnes raisons de supposer que l'activité de penser ne peut avoir lieu que chez un être humain vivant lorsque certaines structures physiologiques – comme les structures neurales dans ce cas-ci – sont présentes et peuvent fonctionner adéquatement. Ne serait-il pas raisonnable de dire qu'une entité possède la potentialité de s'engager dans ces activités uniquement lorsque ces structures sont présentes ? S'il en est ainsi, nous ne pouvons pas dire avec certitude que le fœtus, au moment de la conception, a la potentialité de s'engager dans la pensée. Et, bien sûr, un argument similaire peut être évoqué en rapport avec les autres activités typiquement humaines.

David A.J. Richards trouve que deux arguments éthiques peuvent être proposés contre ce principe de potentialité, c'est-à-dire, l'argument de

---

[35] Cfr. ARISTOTE, *La Métaphysique*, IX 7, 1048b35-1049b1.

[36] Cfr. COVEY, E., *Physical Possibility and Potentiality in Ethics*, in: *American Philosophical Quarterly* 28, 3(1991): 237.

[37] Cfr. LIZZA, J.P., *Potentiality and Human Embryos*, in: *Bioethics* 21, 7(2007): 381.

la pente savonneuse et l'argument concernant la prophylaxie contre les erreurs.[38]

L'argument de la pente savonneuse repose sur l'erreur concernant le concept de ressemblance. Si A est semblable à B, et que B soit semblable à C...ainsi de suite, et Y soit semblable à Z, alors A est semblable à Z. Ainsi, parce le fœtus dans son premier stade de développement est semblable au fœtus à son point de développement ultérieur, alors dans toutes ces étapes de développement, c'est le même fœtus qui reste semblable au fœtus du premier stade comme à celui de la dernière étape ou à l'enfant nouveau-né qui lui est assimilé. Autrement nous risquons de nous retrouver dans la pente savonneuse du génocide, de l'infanticide ou de la géronticide. Mais le concept de ressemblance n'est pas par-là du tout transitif : un continuum de ressemblances peut produire des différences entre les choses à chaque bout de ce continuum ; et un critère de différence peut être formulé pour trier quelques philosophes qui ont refusé au nouveau-né d'être une personne, et donc que l'infanticide ne violait en aucune façon le droit naturel à la vie de personne.[39] Mais, premièrement, leur façon de voir les choses n'est pas une conséquence inévitable du rejet du principe de potentialité : on peut affirmer de manière raisonnable que la capacité de la conscience de soi et de l'agence dans un stade très avancé de la grossesse.[40]

---

[38]   Cfr. RICHARDS, D.A.J., *Constitutional Privacy, Religious Disestablishment, and the Abortion Decisions*, in : GARFIELD, J.L. & HENNESSEY, P., *Abortion: Moral and Legal Perspectives*, The University of Massachusetts Press, Amherst 1984, pp.148-174, ici voir les pages 172 et 173.

[39]   Cfr. TOOLEY, M., *Abortion and Infanticide*, in: *Philosophy and Public Affairs* 2(1972): 1 ; FEINBERG, J., *The Problem of Abortion*, Wadsworth Publishing Co., Belmont, Calif. 1973.

[40]   Cfr. BASSEN, P., *Present Stakes and Future Prospects: The Status of Early Abortion*, in : *Philosophy and Public Affairs* 11(1982) : 314 ; SUMMER, L.W., *Abortion and Moral Theory*, Princeton University Press, Princeton 1981 ; BRODY, B., *Abortion and the Sanctity of Human Life : A Philosophical View*, MIT Press, Cambridge 1975.

Et deuxièmement, leur façon de voir les choses est souvent associée aux bons arguments conséquentialistes justifiant dans les circonstances actuelles une pratique morale et politique qui défend l'infanticide et, en fait, tire la ligne sur la possibilité de l'avortement sur demande admissible tard dans l'avancement de la grossesse.

L'argument concernant la prophylaxie contre les erreurs repose sur la revendication superficiellement attractive selon laquelle, lorsqu'il y a doute concernant la moralité ou l'immoralité des conséquences d'un acte, il vaut mieux s'en abstenir. Les gens moraux ne sont pas tenus d'accorder leurs conduites morales selon les principes métaphysiques dont ils ne pensent pas être raisonnables pour eux.

Nous avons une autre position qui soutient que le fœtus est un être humain vivant. Il y a une continuité du développement dès le moment de la conception. Il y a des changements continuels dans la situation du fœtus. Celui-ci acquiert constamment de nouvelles structures et caractéristiques, mais il n'y a aucune étape de développement qui est radicalement différente des autres. Si ce qui vient d'être dit est vrai, alors dans le développement, on ne trouve pas une étape particulière après la conception qui est considérée comme le moment auquel le fœtus devient vraiment un être humain vivant. Le moment de la conception reste cependant un moment exceptionnel à cet égard. Il marque le commencement de ce processus continu du développement et introduit quelque chose de neuf qui est radicalement discontinu par rapport à ce qui existait auparavant. Par conséquent, le moment de la conception reste le seul moment où le fœtus devient un être humain vivant.

Une autre position place le temps de la segmentation comme le moment précis où le fœtus devient réellement un être humain vivant. Si l'on pouvait bien formuler cette dernière argumentation, on pourrait dire ce qui suit : jusqu'au moment de la segmentation, et non pas par la suite, il est physiquement possible d'avoir un développement de plus d'un être humain vivant comme résultat de la fécondation de l'ovule et du spermatozoïde. Et, par conséquent, le résultat de cette fécondation ne peut pas être considéré comme un être humain vivant jusqu'au moment de la segmentation.

Si le fœtus était un être humain vivant à une certaine période avant la segmentation, et alors il devrait se diviser en deux êtres humains vivants, il serait impossible d'avoir un être vivant qui se diviserait subitement en deux. Malheureusement, bien que cet argument soit vraiment convaincant, nous sommes obligés de le rejeter, étant donné que nous trouvons dans la nature, le cas de l'amibe qui se multiplie en se divisant ; pourquoi alors ne pourrait-on pas trouver un être humain vivant qui se diviserait en deux ?

Il existe une position qui soutient que le fœtus ne devient réellement un être humain qu'au moment où il acquiert les capacités et les structures d'un être humain développé. Le problème est de savoir à quel moment exactement cela arrive. Pour certains, c'est après la sixième semaine suivant la fécondation que le fœtus devient un être humain vivant. C'est à ce moment que l'on constate des ondes électroencéphalogrammes et que, par conséquent, le cerveau fœtal se met en fonction.[41] Il y a deux raisons principales qui font qu'il faudrait prendre ce développement comme étant le point de départ pour dire que le fœtus devient un être humain vivant :

---

[41] Tout le monde ne s'accorde pas sur la période exacte de l'apparition de la vie du cerveau. Pour certains, cela débute entre la huitième et la dixième semaine de la gestation. Voir à ce sujet : BRODY, B., *On the Humanity of the Fetus*, in : GOODMAN, M.F.(ed.), *What is a Person ?*, Humana Press, Clifton, NJ. 1988, pp. 229-250 ; GOLDENRING, J.M., *Development of the Foetal Brain*, in : *The New England Journal of Medicine* 307(1982) : 564 ; -, *The Brain-Life Theory : Towards a Consistent Biological Definition of Humanness*, in : *Journal of Medical Ethics* 11(1985) : 198-204 ; SASS, H.M., *Brain Life and Brain Death : A Proposal for Normative Agreement*, in : *The Journal of Medicine and Philosophy* 14(1989) : 45-59. Pour J Korein, l'activité du cerveau qui coïncide avec la formation du fonctionnement des synapses et du cortex cérébral et des activités électroencéphalographistes, a lieu entre la vingtième et la vingt-huitième semaine. Voir KOREIN, J., *Ontogenesis of the Brain in the Human Organism : Definitions of Life and Death*, in : EDWARDS, R.B., *Advances in Bioethics* : New *Essays on Abortion and Bioethics*, Volume 2, JAI Press Inc., Greenwich, Connecticut/ London, England 1997, pp. 1-74, ici à la page 45.

Il y a en premier lieu un indicateur qui est communément utilisé pour déterminer à quel moment une entité est morte et n'est plus un être humain vivant. D'une manière symétrique, il serait alors approprié de considérer ce moment précis comme le moment auquel une entité déterminée devient un être humain vivant.

L'une des caractéristiques essentielles, qui font qu'une entité donnée soit un être humain vivant est le fait qu'elle soit capable de faire des expériences conscientes, du moins au niveau primitif. Avant la sixième semaine tout cela est impossible pour le fœtus ; c'est seulement après cette période qu'il devient possible pour le fœtus d'entreprendre cette activité. Par conséquent, c'est à ce moment que le fœtus devient un être humain vivant.

On trouve un grand nombre de personnes qui considèrent que le fœtus ne devient un être humain qu'au moment où l'on constate les premiers mouvements. La capacité à faire des mouvements peut être considérée comme une des caractéristiques importantes d'un être humain, et même des autres êtres vivants. C'est pourquoi, c'est seulement lorsque l'on a des indications bien précises des mouvements fœtaux que l'on peut dire que le fœtus devient un être humain vivant. C'est parce que le fœtus commence à faire des mouvements qu'il peut être perçu d'abord par la mère et ensuite par les autres personnes. Par ces mouvements, le fœtus se fait remarquer par le monde extérieur et devient perceptible.

Le moment de la viabilité se présente pour certaines personnes comme un critère pour déterminer si un fœtus est un être humain vivant.[42] Il n'y a pas de doute que le fœtus est humain dès la conception ; il est

---

[42] La cour suprême des États-Unis semble aller dans ce sens de la viabilité lorsqu'en janvier 1973 elle décida que l'avortement ne pouvait être interdit qu'après la viabilité. Avant la viabilité, on peut bien mener un avortement, mais il peut être systématiquement contrôlé après le premier trimestre de la grossesse si la santé de la mère était en jeu. Il s'agit ici de la décision prise par la cour dans le cas de *Roe* contre *Wade*. Cette décision impliquait un défi à la loi de l'État du Texas qui interdisait tout avortement qui n'était pas nécessaire en vue de sauver la vie de la mère. La cour rejeta la revendication du Texas selon laquelle

en tout cas un fœtus humain. Comment quelque chose peut-il devenir un être humain vivant s'il est incapable d'exister en lui-même ? Le fœtus ne peut le faire que, lorsqu'il devient viable, et à partir de ce moment il acquiert un certain degré d'autonomie.

Nous arrivons finalement à la dernière position qui considère le fœtus comme un être humain vivant qu'à sa naissance. Il est clair qu'il n'y a aucune structure ou capacité spéciale que le fœtus développe au moment de la naissance. Il en est ainsi durant les derniers mois de la grossesse. Ainsi, dire que c'est seulement à la naissance que le fœtus devient un être humain, c'est reconnaître qu'il existe un certain développement à ce moment. Mais, ce que l'on peut retenir, c'est que, aussi longtemps que le fœtus reste dans le sein de la mère, on peut penser qu'il fait partie intégrante de la mère. Sa ration alimentaire et sa ration d'oxygène dépendant étroitement de la mère. C'est seulement à la naissance qu'un fœtus acquiert le statut d'un être individuel séparé. Dire que le fœtus est à l'intérieur, dans le ventre de la mère, ne veut pas dire qu'automatiquement il appartient à la mère ou qu'il est une partie de la mère. On ne peut pas dire que si a est à l'intérieur de b et que par ce fait, a appartient à b. On peut être à l'intérieur d'une maison sans pourtant être une partie de ladite maison.

Avant de terminer, il reste quelques problèmes qu'il faille élucider. Le premier problème est celui de savoir s'il était possible – à partir de tout ce que nous venons de dire – de développer une théorie qui soutienne la possibilité de réunir toutes les propriétés essentielles définissant l'être humain vivant. Et ensuite, que le fait qu'une entité acquière ces propriétés qui sont essentielles pour devenir un être humain vivant, le devienne effectivement. C'est seulement lorsque cette prémisse est vraie que la conclusion sera vraie aussi.

Le deuxième problème qui découle du premier est évidemment de déterminer, si oui, ou non la possession d'une propriété donnée est oui ou non essentielle pour devenir un être humain vivant. Il faudrait en plus dresser une liste complète de toutes les propriétés essentielles qui font que l'on devienne un être humain vivant.

---

la vie commençait à la conception et que l'État avait le devoir de protéger la vie en interdisant l'avortement.

Ce n'est pas du tout facile de venir à bout de ces problèmes. Ce qu'il faut retenir est qu'il faut avoir une structure commune qui peut être comme suit :

- il y a une propriété P qui est telle que sa possession est essentielle pour devenir un être humain vivant ;
- du moment qu'une entité acquiert P, elle possède du coup les autres propriétés Q qui sont essentielles pour devenir un être humain vivant ;
- Si le fœtus acquiert P, il devient alors un être humain vivant.

Étant donné que les seules propriétés essentielles pour être un être humain vivant sont donc des propriétés qui sont essentiellement importantes pour chaque être humain vivant, c'est-à-dire celles qui sont comme leur perte a pour conséquence que l'entité en question n'existe plus. En d'autres termes, quel est le sens de l'humanité ? C'est finalement la fonction du cerveau qui répond à tous ces critères. C'est seulement lorsque le fœtus acquiert cette fonction qu'il devient un être humain vivant. On peut dire en substance qu'un être humain est tout membre appartenant à l'espèce biologique de l'*homo sapiens*, quel que soit son âge ou son développement biologique.

3.2 Le fœtus est-il une personne ?

La personne est un concept psychologique défini en termes de propriétés psychologiques de conscience, désirs, croyances, intentions, et mémoires. La notion de personne est équivoque entre deux sens : la notion de la personne au niveau génétique et la personne au niveau moral.[43] La notion de la personne au niveau génétique est habituellement définie de la manière suivante : quelque chose est une personne au niveau génétique seulement s'il est un être vivant ayant l'ADN humain. Nous l'avons montré plus haut en parlant de l'être humain. Cela veut dire en substance que le fait d'avoir un moi n'est ni suffisant ni nécessaire pour se faire passer pour une

---

[43] Cfr. WARREN, M.A., *On the Moral and Legal Status of Abortion*, in: *Monist* 57(1973): 43-61.

personne génétique. Cela n'est pas suffisant dans la mesure où les animaux possèdent aussi un <u>moi</u> s'ils sont conscients. Cela n'est pas non plus nécessaire dans la mesure où un enfant humain vivant qui est anencéphale manque un moi.

Une personne au niveau moral sera définie en termes de membre à part entière de la communauté morale avec toute une série des droits moraux. Mais la personne morale a été aussi définie en des termes qui sont largement psychologiques. La notion de la personne étant ici associée aux caractères psychologiques comme la personnalité, c'est-à-dire la capacité développée ou le potentiel de communiquer d'une certaine manière avec les autres êtres. L'idée, qui est sous-jacente ici, est qu'il faudrait posséder des capacités, et en même temps faire partie d'une communauté morale.[44]

Certains philosophes soutiennent que le terme « personne » est strictement un concept moral dénué de tout contenu descriptif. Le terme est considéré aussi comme étant un terme théologique. D'autres disent que le terme de personne reste un concept descriptif dénué de tout contenu moral. Il existe encore d'autres qui trouvent que le terme est en même temps un concept descriptif et moral.[45] Tous les efforts pour définir le concept de personne se rangent du côté normatif plutôt que du côté descriptif. Les définitions descriptives saisissent la signification normalement acceptée ou l'emploi général d'un mot ou d'un concept comme le font les meilleurs dictionnaires. Mais, bien qu'un terme puisse être ambigu, c'est-à-dire qu'il puisse renfermer plusieurs significations qui toutes sont correctes, et alors qu'il peut y avoir un flou à la pénombre, une définition peut être descriptive si son noyau de sens est largement accepté et, au moins en gros, compris par les utilisateurs de la langue comme se référant au même type d'entité et d'événement. Nous pouvons dire que le concept de personne est un concept métaphysique qui est empêtré complètement dans la pensée morale. On ne peut pas dire qu'il existe un concept bien défini de

---

[44]   Cfr. HIMMA, K.E., *A Dualist Analysis of Abortion: Personhood and the Concept of Self qua Experiential Subject*, in: *The Journal of Medical Ethics* 31(2005): 49.

[45]   Cfr. LOVERING, R.P., *Does a Normal Foetus Really Have a Future of Value? A Reply to Marquis*, in: *Bioethics* 19, 2(2005): 135.

personne. Et différentes cultures peuvent avoir différents concepts de personne. Le concept de personne peut évoluer dans le temps en réponse aux changements sociaux. C'est ainsi que les noirs en Amérique étaient considérés, il y a un siècle ou deux, comme étant des propriétés et non comme des personnes.

Le débat sur l'avortement devient non pas un débat sur les droits des femmes, mais bien un débat sur le statut moral du fœtus ; et pour cette raison le débat est interminable. Tout comme les droits du fœtus sont basés sur le statut moral du fœtus, et que ce statut à son tour repose sur le concept de personne, on peut dire que ce terme de personne reste un « concept essentiellement contesté. »[46]

Un « concept essentiellement contesté » est un concept sur lequel il n'existe aucun accord concernant son utilisation propre, et où il n'y a aucune utilisation générale clairement définissable et que l'on pourrait instituer comme une utilisation correcte ou ordinaire. Cependant, une fois que la pluralité d'utilisation aura été reconnue, il n'est pas sûr que le désaccord puisse s'arrêter à ce niveau-là. Les participants ne s'accordent pas sur la différence ou sur le relativisme du terme. Ce qui arrive c'est que chaque partie ne continue à maintenir que les fonctions spéciales que le concept remplit à leur nom et au nom de leur interprétation, reste la fonction correcte, propre, primaire ou uniquement importante que le terme peut remplir. En plus, chaque partie continue à défendre ce qu'elle considère comme leur cas avec des arguments convaincants, des preuves et d'autres formes de justification. Le désaccord sur le « concept essentiellement contesté », bien qu'il soit irrésoluble, est tout de même sincère ; cela veut dire qu'il est caractérisé par des arguments cohérents et soutenables.

Pour qu'un terme soit un « concept essentiellement contesté », il faudrait remplir certaines conditions :

---

[46] Cfr. GALLIE, W.B., *Essentially Contested Concepts*, in: *Proceedings of the Aristotelian Society* 56(1956): 167-198. Cité par GIBSON, S., *The Problem of Abortion: Essentially Contested Concepts and Moral Autonomy*, in: *Bioethics* 18, 3(2004): 221-233, spécialement les pages 223-225.

- Le concept doit être estimatif, signifiant une réussite estimée d'une nature intérieurement complexe, par laquelle une explication de sa valeur se réfère à la contribution respective de ses différentes parties ;
- la réussite en question reste ouverte à la modification à la lumière des circonstances changeantes.

Le concept de personne est un « concept essentiellement contesté. » Dans le contexte du débat sur l'avortement, le terme « personne » est utilisé parce qu'il est simplement estimatif, signifiant une réussite estimée, celle du statut moral, qui est expliquée différemment en fonction du sens qui est lié à ses traits variés. Par conséquent, ceux, qui adoptent la position conservatrice, se concentrent sur l'appartenance de l'espèce humaine en mettant l'accent sur leur statut spécial. Ceux qui adoptent la position libérale relèguent l'appartenance à l'espèce à une position d'importance inférieure, se concentrant sur les capacités comme la conscience de soi et l'autonomie rationnelle. Ceux qui soutiennent la position intermédiaire choisissent la capacité pour la survie de sensation ou d'indépendance. Et toute personne participant au débat devra reconnaître que l'utilisation du terme reste controversée.

Le terme de personne reste vague du fait que l'on ne peut rien dire exactement en avance ce à quoi une personne va ressembler : il se peut que quelque chose que nous ne puissions imaginer, dans un contexte que nous ne pouvons pas imaginer, risque de satisfaire nos critères.[47]

Si le concept de personne est un « concept essentiellement contesté », et si ce concept reste un terme fondamental pour le débat sur l'avortement, alors le débat est, et restera irrésoluble. En même temps,

---

[47] La loi anglaise ne reconnaît pas le fœtus comme une personne, comme dans la constitution américaine. Par ailleurs en Caroline du Sud et même en Californie le fœtus est reconnu comme une personne. C'est ainsi qu'on connaît des cas où des femmes ont été poursuivies pour négligence pour avoir consommé de la drogue. Cfr. HEWSON, B., *Reproductive Autonomy and the Ethics of Abortion*, in: *Journal of Medical Ethics* 27(2001): ii10-ii14.

le débat reste sincère et donne des raisons pour s'y impliquer. En outre, l'affirmation que le débat reste irrésoluble ne veut pas dire que l'on ne peut pas atteindre une conclusion sur la possibilité pour les femmes d'avoir le droit de choisir l'avortement ou sur la composition de ce droit.[48]

M. Tooley identifie une personne comme un être qui possède de droit important à la vie. Il considère le concept de personne comme étant un concept purement moral et qui est libre de tout contenu descriptif. En somme, c'est un concept normatif.[49] John Noonan rejoint la position traditionnelle de l'Église Catholique qui soutient que si vous avez été conçu par des parents qui sont des personnes, alors vous êtes vous-mêmes une personne.[50] Le fait de reconnaître une personne reste une décision morale ; cela dépend des données objectives et aussi des perceptions, des tendances et des buts de ceux qui prennent des décisions. Cela ne peut se faire sans engagements et sans considérations des valeurs alternatives.[51]

---

[48] L'article 2 de la Convention Européenne de sauvegarde des droits de l'homme et des libertés fondamentales ainsi que l'article 6 du Pacte international relatif aux droits civils et politiques, et également l'article 6 de la Convention relative aux droits de l'enfant signée à New York le 26 janvier 1990, reconnaissent, et notamment à l'enfant, un droit à la vie protégé par la loi.

Or, le 8 juillet 2004, la Cour Européenne des droits de l'homme dans l'affaire *Vo* contre *la France* affirma que les principes légaux protégeant les individus ne s'étendaient pas normalement jusqu'à englober les enfants encore dans le sein maternel ; ceux-ci ne sont pas directement protégés par les articles précités ci-haut.

[49] Cfr. TOOLEY, M., *Abortion and Infanticide*, in: *Philosophy and Public Affairs* 2(1972): 299. Il reprend encore d'une manière détaillée dans son livre: *Abortion and Infanticide*, Clarendon Press, Oxford 1983, pp. 33-39.

[50] Cfr. NOONAN, J.T. (Jr.), *An Almost Absolute Value in History*, in: NOONAN, J. (ed.), *The Morality of Abortion: Legal and Historical Perspectives*, Harvard University Press, Cambridge 1970, pp. 1-59.

[51] Cfr. NOONAN, J.T. (Jr.), *How To Argue about Abortion*, in: BEAUCHAMP, T.L. & WALTERS, L. (eds.), *Contemporary Issues in Bioethics*, Dickenson Publishing Co, Encino, Calif. 1978, p. 214.

Une personne potentielle est un être qui n'est pas encore une personne, mais qui, si elle est maintenue dans son état actuel normal et de bonne santé, pourra se métamorphoser en une personne à part entière. Les nouveau-nés ne possèdent pas des capacités personnelles uniques comme le raisonnement abstrait ; mais ils sont proches de la vie d'une personne. Cela veut dire que les nouveau-nés s'approchent de l'être humain d'une autre façon que les autres créatures ne font pas. Plus il existe une certaine conformité à la vie d'une personne, plus lourde sera alors la revendication morale du nouveau-né par rapport à son existence. Cette tendance à l'approximation vers la personne humaine peut se faire de deux manières : soit par potentialité ou soit par développement. La potentialité ici veut dire la capacité que l'on s'imagine qu'un enfant pourrait atteindre l'état physique et mental d'une personne mure. Quant au développement, il veut tout simplement dire le degré auquel un enfant aura progressé vers la maturité physiologique d'une personne.[52] Il faudrait que l'enfant qui va naître puisse avoir un minimum de capacité mentale et physique. La capacité mentale minimale veut dire la capacité à se reconnaître soi-même comme une personne et la capacité à établir des relations interpersonnelles. Un minimum de santé physique représente un état du corps moins qu'optimal qu'un individu devrait considérer comme étant un net avantage.

L'Église Catholique affirme également que l'embryon humain est une personne parce qu'il est potentiellement une personne. Saint Thomas d'Aquin qui est considéré comme l'un des plus grands philosophes de l'Église Catholique romaine suggère, à la suite d'Aristote, que l'âme ne se fixe chez le fœtus qu'à partir du 40ᵉ jour pour les garçons, et 90ᵉ jour pour les filles. C'est dire que pour saint Thomas, le fœtus ne devient une personne qu'à partir de cette période. Ailleurs, Thomas d'Aquin parle de *dominium sui* actus, le pouvoir sur ses propres actions, qui laisse entendre la dignité spéciale de la nature spirituelle et individuelle et appelle ainsi pour l'étiquette spéciale d'une personne.[53] L'Église veut dire que la substance d'une personne est déjà présente dans un fœtus. La doctrine sur la substance est celle que nous trouvons

---

[52] Cfr. WALTERS, J.W., *Proximate Personhood as a Case Study*, in: *Bioethics* 6, 1(1992): 14.

[53] Cfr. THOMAS D'AQUIN, *Sommes théologiques*, I 29, 1; I-II prol.

dans la théologie sacramentelle de la *transsubstantiation*. Celle-ci veut en gros dire que, bien que l'hostie durant la messe se trouve comme un accident du pain avec son goût, sa couleur, sa consistance et son contenu de céréale, sous ces accidents repose la vraie substance qui est le corps du Christ. Ce dernier ne peut n'être ni vu, touché, goûté, ni senti, mais il est néanmoins là – pas en perspective ou d'une manière virtuelle, mais il est en fait là.

Au moment où l'ovule est fécondé, une nouvelle vie commence qui n'est ni celle du père, ni celle de la mère ; c'est plutôt la vie d'un nouvel être humain avec sa propre croissance. Cette vie ne pourrait jamais se faire humaine sans qu'elle l'ait été déjà auparavant. De cette évidence la génétique moderne apporte une confirmation importante. Il a été démontré que, dès le départ, le programme semble déjà fixé quant à ce que sera cet être vivant, c'est-à-dire, un homme.[54]

P. Lee va dans le même sens lorsqu'il soutient que le droit à la vie est tout à fait différent des autres types de droit.[55] Par exemple, si les enfants se développent normalement, ils vont acquérir le droit de voter. Cela ne veut pas dire que ces enfants possèdent à ce moment précis ce droit qui ne se situe que dans le futur. La comparaison entre le droit de vote et le droit à la vie n'est pertinente que si on part du principe que tous les droits sont du même genre. Ce qui n'est pas du tout vrai. Certains droits varient selon le lieu, les circonstances et les dispositions ; d'autres droits par contre ne varient pas. Nous savons que le droit à la vie d'une personne ne varie pas avec le lieu comme il en est du droit de vote. En plus, certains droits reviennent à des individus seulement à certaines périodes, à certains endroits ou dans certaines situations. Le droit de base à la vie est le même que le fait de posséder le statut moral. Et ainsi, comme ce droit ne varie pas par rapport au lieu ou aux circonstances, il ne revient pas à quelqu'un à cause de ses compétences ou de ses tendances acquises. Ce droit

---

[54] Cfr. LA CONGREGATION POUR LA DOCTRINE DE LA FOI, *Instruction sur le respect pour la vie humaine dans son origine et sur la dignité de la procréation*, 1987.

[55] Cfr. LEE, P., *The Pro-Life Argument from Substantial Identity: A Defense*, in: *Bioethics* 18, 3(2004): 262-3.

appartient plutôt à une personne à tout temps pour autant que celle-ci continue à exister.

L'embryon humain est une entité substantielle possédant des capacités naturelles de base pour raisonner et faire des choix libres, bien que cela puisse prendre du temps pour lui en vue d'actualiser ses capacités. Pour le moment, l'embryon humain reste une entité qui possède une nature substantielle et la même dignité que n'importe quelle personne vivante.

La potentialité, dont il est question lorsque l'on parle de l'embryon, reste pourtant un indicateur pour désigner quel genre de chose est déjà présent dans cet être. À partir de la conception, l'être humain qui est encore dans le sein de la mère est une entité substantielle qui se développe avec des capacités de base naturelles pour raisonner et faire des choix libres. C'est seulement cette façon de raisonner qui fait que même les gens qui sont endormis ou qui sont dans un coma réversible sont également soumis aux droits comme ceux qui sont lucides et peuvent immédiatement exercer toutes leurs capacités naturelles.

De la même manière, on peut soutenir que les propriétés vérifiables d'un fœtus sont, il est vrai, pas personnelles ; il ne possède aucune célébration ni mémoire, ni une capacité à communiquer, ni également la conscience de soi. Mais toutes ces choses sont, après tout, uniquement des accidents. La personne est en fait là, de façon invérifiable et mystérieuse, et pourtant connaissable par la foi.

Il est possible que quelque chose soit moralement et métaphysiquement une personne sans pour autant l'être légalement. C'est le cas d'un esclave dans les sociétés qui tolèrent encore l'esclavage. Au même moment, on peut soutenir que quelque chose serait légalement une personne sans être pour autant moralement et métaphysiquement une personne. C'est le cas des corporations et des sociétés d'entreprises. Nous pouvons dire ici que le fœtus se trouve dans un état de personne potentielle. Quelles propriétés faut-il avoir pour être une personne, et, par conséquent avoir droit à la vie ? À quel moment du développement d'un membre de l'*homo sapiens* l'organisme possède-t-il les propriétés qui font de lui une personne ? Mary Anne Warren propose cinq traits importants à considérer lorsque l'on doit parler de la personne au sens moral[56] :

- La conscience des objets et des événements externes et internes de l'être, et en particulier la capacité à sentir la douleur ;
- Le raisonnement ; une capacité développée de résoudre des problèmes nouveaux et relativement complexes ;
- Très motivé pour une activité ; celle-ci est relativement indépendante d'un contrôle externe direct ou d'un contrôle génétique ;
- La capacité à communiquer au moyen de n'importe quels instruments avec des messages variés, c'est-à-dire des messages qui ont non seulement des contenus différents, mais également des sujets divers ;
- La présence de la prise de conscience de soi-même, soit au niveau individuel ou racial ou les deux à la fois.

Et pour Warren, comme le fœtus ne satisfait pas ces critères, on peut faire l'avortement à n'importe quelle étape de la grossesse. Il poursuit en disant que le fait de mettre des enfants à mort, ou permettre leur mort, n'est pas nécessairement mauvais si ces enfants naissent dans une communauté pauvre où personne ne possède des moyens nécessaires pour s'occuper d'eux sans un coût élevé par rapport au bien-être des personnes existantes ou si tout simplement ils sont défectueux. Cependant, lorsque le fœtus devient viable, les droits de la femme vis-à-vis du fœtus commencent à changer – et la femme ne possède plus un droit absolu de faire tout ce qui peut conduire à la mort du fœtus.

---

[56] Cfr. WARREN, M.A., *On the Moral and Legal Status of Abortion*, in: BEAUCHAMP, T.L. & LEROY WALTERS (eds.), *Contemporary Issues in Bioethics*, Dickenson Publishing Company, Inc., Encino, California 1978, pp. 217-228, ici à la page 224. Voir chez le meme auteur, le meme article *On the Moral and Legal Status of Abortion*, in: BAIRD, R.M. & ROSENBAUM, S.E.(eds.), *The Ethics of Abortion: Pro-Life! vs. Pro-Choice!*, Prometheus Books, Buffalo, New York 1989, pp. 75-82. Dans l'édition revisée de 1993, pp. 226-233.

Nous n'avons pas besoin de penser que pour être réellement une personne, il faudrait avoir tous ces attributs. On peut dire que les deux premiers et même les trois premiers traits suffisent déjà pour que l'on puisse parler d'une personne humaine. Alors, maintenant si ces cinq traits énumérés sont des critères primaires pour que l'on puisse parler de personne, alors il est clair que l'humanité génétique n'est ni nécessaire ni suffisante pour dire qu'une entité est vraiment une personne. On trouve certains êtres humains qui ne sont pas des personnes ; et on peut bien trouver des personnes qui ne sont pas des êtres humains. Pensons ici à un homme ou une femme dont la conscience a été détruite d'une façon permanente, mais qui reste encore en vie, il ou elle reste toujours un être humain qui n'est plus une personne. Des êtres humains déficients n'ayant pas de capacité mentale appréciable ne sont pas et ne seront probablement jamais des personnes. Disons qu'un fœtus est un être humain qui n'est pas encore une personne. Il serait absurde d'attribuer des droits moraux et même des responsabilités et des obligations morales à une entité qui n'est pas une personne.

La question qui se pose est de savoir s'il faut prendre le fœtus à ce stade comme étant déjà une vraie personne humaine ou s'il l'est seulement en devenir ou seulement s'il est pris *comme une personne*. Et comme tel, peut-il être doté de certains droits légitimes ?

On peut dire qu'il est plus raisonnable de suggérer que, plus un être ressemble à une personne, plus il peut clamer haut avoir droit à la vie. Alors, nous devons prendre au sérieux cette suggestion qui dit que dans la mesure où un individu humain se développe biologiquement, et cela d'une manière continue, ses droits en tant qu'une personne humaine, se développent également de la même façon.[57] De cette façon, il est clair que même si un fœtus de sept ou huit mois possède des traits qui peuvent nous faire réagir instinctivement pour le protéger comme si nous nous trouvions en face d'un petit enfant, néanmoins il ne paraît

---

[57] Cfr. HAYES, T.L., *A Biological View*, in : *Commonwealth* 85(March 7 1967) : 677-678 ; cité par CALLAHAN, D., *Abortion, Law, Choice, and Morality*, Macmillan & Co., London 1970.

pas encore une personne humaine.[58] Il paraît quelque peu comme une personne ; il peut apparemment sentir et répondre à la douleur, et peut même avoir une forme rudimentaire de conscience, dans la mesure où son cerveau est tout à fait en activité. Malgré tout, il semble prudent de dire qu'il n'est pas complètement conscient de la manière dont un enfant de quelques mois l'est ; il ne peut pas raisonner ou communiquer des messages de plusieurs façons et ne peut s'engager dans des activités qui demandent une motivation très poussée ; et il ne possède pas de conscience de lui-même. Alors, nous pouvons dire qu'un fœtus, même celui, qui est tout à fait développé, reste encore en deçà d'une personne viable que la moyenne des mammifères arrivés à maturité. Donc, si le droit à la vie d'un fœtus devait se baser sur sa ressemblance à une personne, alors on ne peut pas dire qu'il possède plus de droit à la vie qu'un nouveau-né d'un singe comme le chimpanzé. En tout cas, le droit de cette ampleur ne pourrait, en aucune manière, fouler aux pieds le droit de la femme à obtenir un avortement à n'importe quelle étape de sa grossesse.

Quant au fait que le fœtus pourrait être une personne potentielle avec tous les droits, nous pouvons dire qu'une personne potentielle ne peut en aucune façon posséder des droits. Un organisme possède un droit important à la vie à condition qu'il possède le concept d'un moi qui soit un sujet incessant d'expériences et autres états mentaux, et qu'il croit en lui-même qu'il est une entité qui continue.

Joseph Fletcher[59] donne quinze propositions positives et cinq négatives qui sont des critères ou des indicateurs pour soutenir qu'un être est une personne : - Un minimum d'intelligence ; - conscience de soi ; - maîtrise de soi ; - un sens du temps ; - un sens de l'avenir ; - un sens du passé ;[60] - la capacité de comprendre les autres ; - préoccupation pour

---

[58]   À suivre avec attention l'analyse qu'effectue Christopher Kaczor dans son livre, *The Ethics of Abortion : Women's Rights, Human Life, and the Question of Justice*, Routledge, New York/London 2011, parliculièrement les chapitres 2 à 5, pp. 13-120.

[59]   Cfr. FLETCHER, J.C., *Humanhood: Essays in Biomedical Ethics*, Prometheus Books, Buffalo, N.Y. 1979, pp. 12-18.

[60]   Nous retrouvons également chez Locke parmi ses critères, la capacité de posséder la raison, la connaissance de soi-même comme un être

les autres ; - la curiosité ; - changement ; - équilibre entre la rationalité et le sentiment ; - l'idiosyncrasie ; - la fonction néocorticale.

Parmi les cinq propositions négatives, nous trouvons : - l'homme n'est pas contre la nature ; - l'homme n'est pas essentiellement parental ; - l'homme n'est pas essentiellement sexuel ; - l'homme n'est pas un paquet des droits ; - l'homme n'est pas un adorateur.

Jane English pour sa part retient cinq facteurs pour définir le concept de personne : les facteurs biologiques, psychologiques, les facteurs de rationalité, les facteurs sociaux, et les facteurs légaux.[61] Parmi *les facteurs biologiques*, on trouve entre autres, le fait que l'on soit descendu des humains, que l'on ait une certaine constitution génétique, possédant une tête, des mains, des bras, des yeux, pouvant se déplacer, respirer, manger et dormir. Parmi *les facteurs psychologiques*, nous avons, la sensibilité, la perception, possédant un concept de soi-même, de ses propres intérêts et désirs, la capacité à utiliser des outils ou des instruments, la capacité à utiliser le langage ou le symbole des systèmes, la capacité à faire des plaisanteries, de se fâcher et de douter. Nous avons des *facteurs de rationalité* comme la capacité à raisonner et à tirer des conclusions, la capacité à faire des généralisations et d'apprendre à partir de l'expérience du passé, la capacité à sacrifier les intérêts présents au profit d'un plus grand bénéfice dans le futur. *Les facteurs sociaux* : la capacité à travailler en groupe et de répondre aux pressions des pairs ; la capacité de reconnaître et de considérer comme de grande valeur les intérêts des autres ; se voir soi-même comme étant parmi les autres esprits ; la capacité à témoigner de la sympathie, d'encourager et

---

individuel, et un sens de soi-même comme existant dans le temps, avec un passé et un avenir. Voir à ce sujet, BLACKFORD, R., *Differing Vulnerabilities : The Moral Significance of Lockean Personhood*, in: *The American Journal of Bioethics* 7, 1(2007): 70-71.

[61] Cfr. ENGLISH, J., *Abortion and the Concept of a Person*, in : BEAUCHAMP, T.L. & LEROY WALTERS (eds.), *Contemporary Issues in Bioethics*, Dickenson Publishing Company, In., Encino, California 1978, pp. 241-243. Voir le même article dans, BAIRD, R.M. & ROSENBAUM, S.E.(eds.), *The Ethics of Abortion : Pro-Life! vs. Pro-Choice!*, Prometheus Books, Buffalo, New York 1989, pp. 83-92.

d'aimer ; la capacité à susciter les réponses de sympathie des autres, l'encouragement, l'amour ; la capacité à travailler avec les autres en vue d'un avantage mutuel. *Les facteurs légaux* : être sujet de la loi et être protégé par elle ; avoir la capacité à entamer une action en justice et de faire passer un contrat ; être inclus dans le recensement ; avoir un nom et une citoyenneté ; la capacité à avoir une propriété, à hériter, ainsi de suite.

Le problème n'est pas que cette liste soit complète ou que l'on puisse trouver des contre-exemples à chacun de ces points. Les personnes se présentent d'habitude comme rationnelles, mais on peut trouver quelqu'un qui se comporte d'une manière irrationnelle sans pour autant qu'il puisse automatiquement se disqualifier comme personne. D'autre part, quelque chose peut présenter la majorité de ces traits sans pourtant avoir la qualité d'une personne ; c'est le cas, par exemple, des robots très intelligents. On ne peut pas affirmer avec certitude qu'il n'existe qu'un seul noyau des traits nécessaires et suffisants que l'on puisse tirer avec l'assurance qu'ils constituent l'essentiel de ce qui se retrouve chez une personne. Ce qu'il y a, c'est qu'il existe seulement des traits qui sont plus ou moins caractéristiques de la personne.

Ceci ne veut pas dire que l'on ne peut pas avoir des conditions nécessaires et suffisantes. Ainsi, être en vie est une condition nécessaire pour être une personne, alors qu'être professeur est une condition suffisante. Mais, plutôt que de tomber à l'intérieur d'une condition suffisante ou en dehors d'une condition nécessaire, on peut dire que le fœtus se situe dans la pénombre ou bien dans une région où le concept de *personne* n'est pas du tout simple. C'est pourquoi la réponse à la question de savoir si le fœtus est une personne semble jusque-là inaccessible.

Chapitre IV

Pour ou contre l'avortement ?

On trouve plusieurs raisons qui poussent la femme ou le couple à chercher l'avortement : les complications cardiaques, un état suicidaire de l'esprit, le traumatisme psychologique, une grossesse causée par un viol, l'utilisation par mégarde des médicaments déformant le fœtus, et beaucoup d'autres raisons personnelles et familiales comme, par exemple, le poids financier, etc.[62] Ces genres de raisons expliquent certainement pourquoi l'avortement est souvent considéré comme un moyen adéquat et disponible pour tirer une femme ou une famille des situations difficiles. Mais le problème éthique majeur demeure : toutes ces raisons qui sont avancées sont-elles suffisantes pour justifier l'avortement ? Un moraliste soucieux de défendre l'avortement cherchera à trouver une justification capable de soutenir des raisons éthiques au service de ses propres conclusions. On pourrait évidemment dire que – à l'exception de quelques arguments avancés plus haut – on serait en droit de justifier l'avortement, alors que dans les autres cas, il n'y aurait aucune justification. Même dans de telles circonstances, prendre une telle décision présuppose une série de critères généraux qui donnent la possibilité à quelqu'un de faire un choix entre un avortement justifié du point de vue éthique et un autre qui ne l'est pas.

Le problème moral central de l'avortement peut être formulé de la manière suivante : sous quelles conditions l'avortement peut-il être, du point de vue éthique, acceptable ? Certains moralistes soutiennent

---

[62] On pourrait certainement allonger la liste. Voir ce que nous avons dit au point 1.1.

que l'avortement n'est jamais acceptable ; ou tout au plus, il serait permis uniquement dans les premiers mois de la grossesse et dans le cas où il pourrait sauver la vie de la femme enceinte. Ceux qui s'identifient eux-mêmes comme étant pour la vie, soutiennent généralement que l'avortement est mauvais parce qu'il tue une vie humaine qui commence déjà dès la conception. Certains d'entre eux disent que l'avortement serait permis dans les cas d'inceste ou de viol. Cette position est communément appelée la théorie traditionaliste de l'avortement. La religion catholique romaine est l'interprète principal de cette approche conservatrice. Mais l'approche de l'Église catholique est considérée comme extrême, car elle n'admet l'avortement en aucun cas. Les autres soutiennent que l'avortement est permis quel que soit l'état du développement du fœtus. On appelle communément cette position la théorie libérale de l'avortement. Cette position est défendue par les partisans des droits de la femme qui mettent en avant le droit de la femme à prendre des décisions qui touchent directement son propre corps. Finalement, plusieurs moralistes défendent des positions que l'on peut qualifier d'intermédiaires ou de modérées. Pour eux, l'avortement est, du point de vue éthique, permis jusqu'à un certain niveau de développement du fœtus ou pour une série limitée des raisons éthiques qui peuvent garantir le fait de prendre la vie d'un fœtus à cause d'une circonstance spéciale déterminée.

4.1 La théorie traditionaliste

4.1.1 L'avortement est une atteinte à la vie humaine

Cette position soutient que l'on ne saurait accepter l'avortement quelle que soit la situation en présence. L'avortement est une sorte d'homicide. Le fœtus possède un état moral complet. Ce qui veut dire que le fœtus possède le même droit à la vie que les autres êtres humains normaux et matures. On associe parfois cette position à celle de l'Église Catholique officielle. Cette position de l'Église plonge ses racines très loin dans l'histoire.

4.1.1.1 Sur les bases de la tradition chrétienne

La gloire du christianisme réside dans le fait qu'il protesta vivement dans les premières heures de son existence contre la mise à mort délibérée de l'innocent pour n'importe quelle raison. L'enseignement de l'Église catholique sur l'avortement est basé sur un point de vue judéo-chrétien de la première heure concernant la nature et le rôle de la charité dans la vie chrétienne et sur la valeur et le caractère de la vie humaine. Les premières communautés chrétiennes firent face à l'Empire romain qui était profondément hostile à ces deux objectifs. Pendant que les chrétiens parlaient de manière incessante de charité, les païens ne s'en préoccupaient même pas. L'opposition chrétienne à l'avortement se basait sur la perception que les chrétiens avaient de la charité. Il était difficile à reconcilier la mise à mort du fœtus et le commandement d'amour qui demande d'aimer son prochain comme soi-même, d'aimer ses ennemis, et de faire du bien à ceux qui vous font du mal. Les premiers chrétiens considéraient avec hauteur la vie humaine, et beaucoup d'entre eux refusèrent même de faire le service militaire, soutenant que la valeur de la vie humaine était tellement extraordinaire que beaucoup ne considéraient pas légitime de donner la mort à ceux qui étaient coupables des injustices graves. La vénération des premiers chrétiens pour la vie fit en sorte qu'ils interdirent non seulement l'avortement, mais aussi la contraception, le suicide et l'euthanasie.

Le christianisme est né dans un monde où la contraception et l'avortement étaient connus et pratiqués. Les Égyptiens, les Juifs, les Grecs et les Romains utilisaient une variété des méthodes contraceptives, y compris le *coitus interruptus*, les pessaries, les potions, et les condoms ; l'avortement semble avoir été un phénomène très répandu. La connaissance de tout ceci était disponible aux chrétiens, bien que les autorités de l'Église Catholique cherchèrent par tous les moyens à supprimer toutes ces méthodes, sans succès.

De façon étonnante, même avant l'arrivée du christianisme, l'avortement et la contraception n'étaient pas des moyens primaires pour limiter la fécondité en Europe. La méthode principale pour limiter cette fécondité était l'infanticide. Le christianisme va réagir contre l'infanticide. Durant le Moyen Âge, le problème des enfants abandonnés prit le pas sur l'infanticide. Les enfants dont les parents ne pouvaient leur procurer de quoi vivre étaient abandonnés dans les croisés des chemins, sur le pas des portes des individus ou sur les marchés publics, dans l'espoir que l'enfant serait adopté par un passant. Le plus souvent ces enfants étaient condamnés à l'esclavage ou à mourir très tôt. Pour apaiser cette crise, l'Église du Moyen Âge offrit des oblations. Cela veut dire que les enfants pouvaient être offerts à l'Église pour être élevés dans des monastères. Beaucoup de ces enfants devinrent des moines ou des religieux.

Une autre réponse catholique par rapport à l'excès de fécondité était la création des hôpitaux pour enfants abandonnés. Ces hôpitaux étaient équipés d'une sorte de plateau tournant sur lequel l'enfant abandonné pouvait être placé de manière anonyme ; ainsi, la roue en tournant pouvait placer l'enfant à l'intérieur. Quatre-vingt-dix pour cent de ces enfants mouraient en l'espace d'un mois. Il est vrai qu'à cause de la confiance placée sur l'infanticide et l'abandon des enfants, on discutait très peu sur l'avortement et la contraception. Les premières batailles pastorales de l'Église durant le premier millénaire de son existence furent de combattre l'infanticide.

4.1.1.2 En se mettant en harmonie avec la loi naturelle

Ce qui est au centre de la position de l'Église, c'est le concept de nature. Ici la sexualité et la procréation font partie de la nature, surveillée par la divine providence. La sexualité est une fonction biologique orientée vers la procréation de l'espèce humaine. Alors que le plaisir fait partie de la sexualité, celle-ci est orientée par sa vraie nature qui est de procréer des enfants. La relation sexuelle en dehors du mariage est donc un péché. La conception des enfants fait partie du processus naturel dont la providence divine a la mainmise. Il ne revient donc pas aux parents de choisir le nombre des enfants. Faire le contrôle des naissances ou provoquer un avortement, c'est s'immiscer dans l'ordre de la nature, et, donc pécher gravement. De cette façon, l'avortement est considéré comme un péché contre la nature touchant au processus de procréation de la vie humaine.[63]

La *loi naturelle*.[64] Toutes les théories sur la loi naturelle se partagent deux traits. Le premier est un contenu et une structure définis par une série des règles morales et par les priorités d'ordonner ces règles. Le deuxième trait est une affirmation concernant la justification de telles théories, c'est-à-dire, que les principes moraux sont quelque peu basés dans la nature des choses et ainsi, sont non seulement conventionnels. La vérité des principes moraux peut être établie par des procédures rationnelles au moins correspondantes à ceux qui sont appropriés aux lois de la nature. Les théories morales sont ainsi finalement basées sur la science ou la métaphysique ; la philosophie morale n'est pas autonome et le choix des principes moraux n'est pas limité par la raison.

---

[63] Les premiers chrétiens et les églises orientales ont généralement pris la destruction de l'embryon humain pour un homicide. La croyance en une « âme retardée » parmi les chrétiens d'occident au Moyen-âge, vient d'une mauvaise traduction d'un passage de la Bible et d'une embryologie surannée. Dunstan met l'accent sur un passage dans la traduction grecque de la Bible (la Septante) qui introduit une distinction dans la tradition chrétienne : « Et quand des hommes s'empoigneront et heurteront une femme enceinte, et que l'enfant (*non formé*) naîtra sans que malheur arrive, il faudra indemniser comme l'imposera le mari de la femme et payer par arbitrage. Mais si (l'enfant est déjà *formé* et que) le malheur arrive, tu paieras vie pour vie, » [Exode 21, 22-23, La Bible TOB, Edition intégrale, 5e édition, Cerf, Paris 1994.] Dunstan admet cependant, que cette traduction marque une coupure complète du texte original hébreu. Celui-ci ne contient pas de référence à *formé* et *non formé*. Cette mauvaise traduction a eu une influence sur Saint Augustin qui soutint que le fait de tuer un embryon *non formé* (donc sans âme) n'est pas un homicide.
Cfr. DUNSTAN, G.R., *The Moral Status of the Human Embryo: A Tradition Recalled*, in: *The Journal of Medical Ethics* 1(1984): 38-44.

[64] Vous pouvez lire avec intérêt notre travail *Les fondements éthiques de la bioéthique*, particulièrement le point 3.1.

Les théories sur la loi naturelle sont habituellement formulées comme des théories du devoir. Donagan utilise la terminologie traditionnelle des devoirs *parfaits* et *imparfaits*.[65] Les devoirs parfaits sont exprimés par des règles qui défendent l'exécution de certains actes spécifiques comme le fait de tuer, de violenter, l'asservissement, etc. Ces règles sont absolues et n'admettent pas d'exceptions quelles que soient les circonstances. Les agents doivent accomplir leurs devoirs de manière parfaite à chaque occasion possible. Les devoirs imparfaits sont exprimés par des règles qui demandent la poursuite des buts bien spécifiques comme le fait de donner de l'aide ou faire de l'aumône. Ces règles ne sont pas absolues et laissent à l'agent la latitude de décider ce qu'il doit faire dans des circonstances spécifiques. Les agents ne sont pas obligés de remplir leurs devoirs imparfaits à chaque occasion éventuelle.

Les théories morales peuvent être divisées en deux : des théories que nous pouvons appeler *idéales* et les théories *discrétionnaires*. La différence entre les deux émerge dans leur traitement du domaine privé, où la dimension interpersonnelle de l'action est absente. Une théorie discrétionnaire ne contient pas de devoirs pour le domaine privé – pas de devoir pour soi-même. Elle traite la sphère privée comme une sphère de goût plutôt que celle de la moralité. Ici les individus sont libres de décider eux-mêmes de leurs buts et passe-temps, libres de toute contrainte morale. Tous les devoirs sont des devoirs pour les autres dans une théorie discrétionnaire, et aucun acte privé ne peut être ni bien ni mauvais. Une théorie idéale fixe la conception d'une bonne vie, un idéal ou une fin qu'il est bon pour des agents humains de poursuivre dans leurs propres vies, et demande à poursuivre cet idéal comme un devoir. Une théorie idéale inclut donc le domaine privé à l'intérieur du champ de la moralité ; ici il y a des devoirs moraux et une distinction objective de ce qui est bien et mauvais. Une théorie idéale contient ainsi des devoirs envers soi-même - des devoirs pour poursuivre son propre développement – aussi bien que des devoirs envers les autres.

---

[65]   Cfr. DONAGAN, A., *The Theory of Morality*, University of Chicago Press, Chicago & London 1977, pp. 153-155.

Les théories sur la loi naturelle sont des théories idéales. De telles théories ne peuvent pas reconnaître un droit général à la liberté dans la sphère privée. Un droit négatif protège la liberté de ceux qui le possèdent de décider eux-mêmes ce qu'ils vont faire ou des buts qu'ils vont poursuivre. Un droit général à la liberté dans la sphère privée convertit cette sphère en domaine de goût. Un tel droit est donc incompatible avec les devoirs privés : on ne peut pas avoir le droit ni de faire ni d'omettre un certain acte si on a le devoir de faire ou le devoir de l'omettre. L'inclusion dans les théories sur la loi naturelle d'une classe de devoirs envers soi-même implique que certains devoirs ne sont pas corrélés avec des droits réciproques. Mais alors les devoirs dans de telles théories s'étendent au-delà de droits reconnus par les théories, et ceci ne peut pas être vrai dans la théorie des droits.

Dans la tradition légale chrétienne et celle de l'Occident, nous trouvons une continuité qui a été généralement prohibitive en caractère. L'avortement a toujours été proscrit tout en admettant des exceptions et des qualifications après avoir établi une interdiction générale. Cependant, les lois modernes bien qu'elles soient nécessairement prohibitives dans la forme sont néanmoins régulatrices dans l'intention. Cela veut dire que l'on reconnaît le fait et le besoin, aussi bien que la demande pour l'avortement, et l'on essaie de réglementer les circonstances et la manière dans laquelle cela peut être réalisable.

Pour Aristote l'ontogénie humaine reste toujours en développement même si cela se passe de manière discontinue. Aristote essaya de distinguer au moyen des principes formels entre la signification de l'organisation au niveau végétatif vis-à-vis de celle à un niveau animal, et vis-à-vis de celle à un niveau rationnel.[66] En faisant de distinction entre les différentes *entéléchies*, à vrai dire des structures parfaites de l'être, Aristote introduisit les distinctions conceptuelles, permettant ainsi l'identification de degré discret dans l'ontogénie humaine. On serait bien tenté de contester sa description de premières étapes du fœtus comme étant végétatives, mais il n'y eût presque rien à dire lorsqu'il affirme que le fœtus est un animal rationnel par rapport à un être purement animal. La distinction décisive qu'il

---

[66] Cfr. ARISTOTE, *De Generatione Animalium* 2.3.736a et b.

établit reste celle qui est entre la vie animale et la vie personnelle. Certains ont essayé de ronger (attaquer) cette distinction sur base de l'évidence concernant la continuité génétique acquise depuis l'époque d'Aristote. Ils soutiennent que la dotation génétique à la conception implique une continuité substantielle et, donc, une continuité personnelle à partir de ce moment-là.[67] Pourtant, la signification de la continuité à ce sujet reste encore vague. En plus, en l'absence d'une distinction entre une vie personnelle et une vie biologique, on aurait du mal à faire la distinction dans des situations limites. Prenons le cas où l'on partirait d'une cellule pour faire un clonage, il serait difficile à savoir à quel moment précis on se trouverait en présence de deux individus et non en présence d'une seule cellule. Il y a sûrement une continuité génétique à partir du moment que la cellule est enlevée de l'individu du départ ; pourtant, on ne pourrait pas dire que chaque cellule que l'on ôterait d'un individu est de fait un autre individu à part entière. La question reste toujours posée : quand cette cellule-là devient-elle effectivement un individu ? La continuité génétique ne donne pas une réponse suffisante. En effet, une continuité génétique stricte n'est pas une condition nécessaire pour parler d'une identité personnelle, dans la mesure où chaque individu passe par des mutations multiples à l'intérieur d'un grand nombre de ses cellules durant toute sa vie.[68] Il n'est donc pas surprenant que le fait génétique de la continuité biologique ne puisse compter soit pour ou contre les différences évidentes dans les étapes du développement humain. Uniquement les faits biologiques comme tels n'ont aucune implication concernant la réalité psychologique ou personnelle. La base génétique pour le développement du substrat physiologique de la conscience n'est pas encore ce substrat. Dans le langage aristotélicien, on peut dire que la dotation génétique ferait partie de la matière de la vie humaine ; et un aristotélicien n'aurait pas besoin de considérer l'objet, c'est-à-dire l'organisme humain, comme étant le même à travers son histoire.

---

[67]   Cfr. GRANFIELD, D., *The Abortion Decision*, Doubleday & Co, Garden City, New York 1969, 31-35.

[68]   Cfr. STRICKBERGER, M.W., *Genetics*, Macmillan Co., New York 1968, pp. 523-526.

De manière intéressante, saint Thomas a suivi la philosophie d'Aristote en parlant d'un ordre de trois âmes : l'âme rationnelle qui suit l'apparition en premier de l'âme végétative et ensuite de l'âme animale. Dès le début de la fécondation, on trouve une âme antérieure ; c'est une âme végétale et animale.[69]

Pour combattre le *traducianisme* (une hérésie selon laquelle l'âme serait transmise à l'embryon, de même que son corps, par les parents, au moment de la conception) que parvint à théoriser Tertullien, certains Pères de l'Église essayèrent d'introduire la notion d'animation médiate ou successive. Pour Tertullien la transmission du péché originel se faisait par les parents à travers le corps et l'âme.[70] C'est pour repousser cette thèse théologique que d'autres Pères et ensuite saint Thomas vont proposer la théorie de *l'animation successive*. Le terme d'animation peut se comprendre de deux manières. L'animation peut indiquer le moment où la vie fœtale devient une source indépendante de mouvement dans le ventre de la mère. La pensée moderne définirait l'animation en termes de mouvement physique. On pourrait l'appeler les premiers mouvements du fœtus. On croyait que ces premiers mouvements se produisaient quarante jours pour un garçon et quatre-vingts jours pour une fille entre la fécondation et le temps où le fœtus devenait animé. Le deuxième sens qui est plus fondamental du terme d'animation vient non pas du mouvement, mais du terme *anima* qui veut dire âme. Celle-ci, qui est directement créée par Dieu, a besoin de s'unir profondément avec le corps. Elle est la forme du corps. C'est au 30ᵉ ou 40ᵉ jour que l'âme est infusée. Cette période se trouve en analogie avec les prescriptions bibliques sur la purification de la femme après l'accouchement. Mais d'autres Pères de l'Église surtout les Pères grecs comme Grégoire de Naziance et Maxime affirmeront que l'animation se passait dès le premier instant de la fécondation.[71]

---

[69]   Cfr. THOMAS D'AQUIN, *Somme Théologique* I, 118, art. 2.

[70]   Cfr. TERTULLIEN, *De anima*, c. XIX, PL II, 682.

[71]   Cfr. MAXIME, *De variis difficillimis locis sanctorum Dyonisii et Gregorii seu ambiguorum liber*, PG XVI, 1335a.

4.1.1.3 Dans la bible et dans la vie de l'Église

La doctrine de l'animation médiate de saint Thomas fut influencée par l'observation d'Aristote qui trouvait que dans le cas des enfants, les premiers mouvements dans le sein de la mère se passaient pour les garçons dans les quatorze jours et pour les filles dans les dix-neuf jours après la conception.[72] Il est vrai qu'Aristote était dans l'erreur en ce qui concerne la manière dont la mère sentait les mouvements du fœtus. Cette façon de voir les choses d'Aristote, ensemble avec des passages semblables de beaucoup d'autres écrivains, y compris le passage de la traduction de la Septante de l'Exode 21, 22-25 ont eu un impact considérable sur la pensée ultérieure concernant l'avortement. Ce passage dans la traduction de la Septante fait une distinction entre un embryon ayant une forme (essence) et un embryon n'ayant pas de forme.[73] Cela veut dire que si l'être se trouvant *in utero* est endommagé, on impose une amende ; si la mère meurt, alors on demande la vie de celui qui cause le désastre. Alors que tout ceci n'est pas la forme la plus noble de jurisprudence, c'est en tout cas le seul endroit qui parle du problème de l'avortement dans la Bible.

L'ambiguïté de ce passage de l'Exode, même avec les meilleures traductions, vient du fait qu'il existe deux interprétations chrétiennes du passage. Une de ces interprétations utilisées souvent pour défendre l'éthique du libre choix pour l'avortement entend le passage pour distinguer le statut du fœtus et de la mère et présume davantage dans tous les cas que la fausse couche qui implique la mort du fœtus et que le mal se rapporte au préjudice porté à la mère. L'interprétation finale du passage, notamment par les spécialistes conservateurs et libéraux, est que, si on arrivait à la mort du fœtus, alors une série d'amendes par le père et que les juges vont faire respecter puisse satisfaire les dommages de la propriété, mais si la mère meurt, alors *lex talionis*

---

[72] Cfr. ARISTOTE, *De Generatione Animalium* 7. 3. 5836.

[73] EXODE 21, 22-25:"Et quand des hommes s'empoigneront et heurteront une femme enceinte, et que l'enfant naîtra sans que malheur arrive, il faudra indemniser comme l'imposera le mari de la femme et payer par arbitrage. Mais si malheur arrive, tu paieras vie pour vie, œil pour œil, dent pour dent, main pour main, pied pour pied, brûlure pour brûlure, blessure pour blessure, meurtrissure pour meurtrissure. »

se justifie, même la mort de l'agresseur ou des agresseurs. Le fœtus est traité comme une propriété, alors que la mère obtient le titre de personne.[74] Une deuxième lecture du texte présume que le statut du fœtus et de la mère comme personnes est le même et que le résultat de la fausse-couche pourrait être soit un enfant vivant ou un enfant mort-né et une mère vivante ou morte. L'interprétation finale dans cette manière de voir les choses, qui pourrait supporter un argument défendant la vie, est qu'une amende de la part du père et déterminée par les juges compense les préjudices dans le cas où ni le fœtus ni la mère ne trouveraient la mort. Dans le cas ou bien le fœtus ou bien la mère meurt, alors la loi du talion s'applique. Les interprétations juives du texte hébreu montrent une préférence pour la première de ces deux interprétations qui exige une compensation monétaire en cas de fœticide accidentel, alors que l'homicide accidentel exige la mort pour la mort.[75] Un écrivain chrétien[76] trouve la preuve que cette interprétation suit une école palestinienne de la pensée juive, pendant que l'interprétation légale et philosophique des juifs d'Alexandrie marque une différence. L'interprétation d'Alexandrie d'Exode 21, 22-24 suit une traduction de la Septante qui traduit le mot « mal » par la forme. La traduction de la Septante avait subi l'influence de la distinction que fait Aristote entre le fœtus formé (c'est-à-dire dont les membres sont en place avec leurs caractéristiques propres)

---

[74]   Cfr. HARRISON, B.W., *Our Right to Choose: Toward a New Ethic of Abortion*, Beacon Press, Boston 1983; SMITH, T.C., *Abortion: A Biblical Perspective – A Baptist View*, in: BROACH, C.U. (ed.), *Seminar on Abortion: The Proceedings of a Dialogue Between Catholics and Baptists*, The Ecumenical Institute, Charlotte, NC. 1975, pp. 37-48; WENNBERG, R.N., *Life in the Balance: Exploring the Abortion Controversy*, William B. Eerdmans Publishing Company, Grand Rapids, MI. 1985; WILSON-KASTNER, P. BLAIR, B. & SIMMONS, P.D., *Abortion: A Prochoice Perspective*, in: JERSILD, P.T. & JOHNSON, D.A. (eds.), *Moral Issues and Christian Response*, Holt, Rinehart, & Winston, Inc., New York 1988.

[75]   Cfr. FELDMAN, D.M., *Health and Medicine in the Jewish Tradition*, Crossroad, New York 1986.

[76]   Cfr. GORMAN, M.J., *Abortion and the Early Church: Christian, Jewish and Pagan Attitudes in the Greco-Roman World*, Inter Varsity Press, Downers Grove, IL. 1982.

et le fœtus non formé (c'est-à-dire informe et indifférencié) et conduisit à la conclusion de l'école d'Alexandrie et à une majorité des Pères de l'Église, y compris saint Augustin et saint Grégoire de Nazianze, que le fait de causer une fausse-couche et la mort d'un fœtus pleinement formé, le moment auquel un fœtus devient une personne, est punissable par la mort. Cependant, l'homicide ne s'applique pas lorsqu'il s'agit d'un fœtus mal défini non encore formé. Indépendamment de l'interprétation que l'on supporte, l'Exode 21, 22-24 ne porte pas une norme exacte pour l'éthique d'avortement. Le fœticide accidentel causé par quelqu'un d'autre que la mère n'est pas analogue à l'avortement délibérément choisi par la mère en consultation avec un médecin, dans le but d'arrêter une grossesse. Le contexte est aussi sans pareil dans la mesure où le contexte de l'Exode considère le fœtus et la mère comme la propriété du père époux.[77] Ce texte de l'Exode, qui est souvent considéré comme le commentaire biblique le plus pertinent sur l'avortement, est d'utilité discutable pour résoudre le débat sur l'avortement.

Genèse 9,6[78] en vertu des traductions variantes possède une place historique dans le débat sur l'avortement. Le texte parle contre le meurtre pour des raisons que tous les humains sont des créatures qui sont l'image de Dieu. Le Talmud note que le Rabbi Ishmael aurait interprété « l'homme dans l'homme » en faisant référence au fœtus, et le passage semble interdire l'avortement.[79] Feldman fait remarquer

---

[77] Cfr. HARRISON, B.W., *Our Right to Choose: Toward a New Ethic of Abortion*, Beacon Press, Boston 1983.

[78] "Qui verse le sang de l'homme, par l'homme verra son sang verse; car à l'image de Dieu, Dieu a fait l'homme."

[79] Cfr. CASSANOVA, J.B., LAMBERT, J. & SUCHOCKI, M.H., *What About Abortion?*, in: POLK, D.P. (ed.), *What's a Christian to Do?*, Chalise Press, St. Louis, MO. 1991, pp. 113-136; FELDMAN, D.M., *Health and Medicine in the Jewish Tradition*, Crossroad, New York 1986; GORMAN, M.J., *Abortion and the Early Church: Christian, Jewish and Pagan Attitudes in the Greco-Roman World*, InterVarsity Press, Downers Grove, IL. 1982; SMITH, T.C., *Abortion: A Biblical Perspective – A Baptist View*, in: BROACH, C.U. (ed.), *Seminar on Abortion: The Proceedings of a Dialogue Between Catholics and Baptists*, The Ecumenical Institute, Charlotte, NC. 1975, pp. 37-48.

que la traduction variante et l'interprétation du Rabbi Ishmael font état de l'interdiction du fœticide parmi les non juifs.[80] Puisque le texte fait son apparition dans la Genèse, il n'est pas habilité par le passage de l'Exode 21, 22-24, et les non juifs qui ne sont pas héritiers de l'Alliance du Sinaï sont sujets à des sanctions pour le fœticide dans la loi juive. D'autre part, selon Gorman, le judaïsme d'Alexandrie base sa condamnation de l'avortement sur la lecture variante de la Genèse 9,6. La plupart des spécialistes sont d'accord pour dire que la syntaxe donne à la lecture variante une traduction faible.

Le psaume 139, 13-16,[81] Jérémie 1, 5[82] et Luc 1, 41, 44[83] font référence de l'enfant dans l'utérus. Ces passages ne s'adressent pas évidemment à l'avortement ou au fœticide, mais leur importance dans le débat sur l'avortement du côté chrétien était utilisée pour montrer la valeur de la vie humaine du fœtus, l'acte créateur de Dieu en formant le fœtus et avant la conception, et parfois la personnalité du fœtus. Ces passages ne sont pas des traités théologiques complets sur la personne du fœtus dans les relations à Dieu. Pendant que ces passages n'établissent pas nécessairement la personne d'un enfant dans l'utérus de la mère, ils attestent l'importance de la vie du fœtus, qui n'est pas habituellement contesté parmi les chrétiens même lorsque l'avortement reste tout de même un choix malheureux.

---

[80] Cfr. FELDMAN, D.M., *Op. cit.*

[81] "C'est toi qui as créé mes reins; tu m'abritais dans le sein maternel. Je confesse que je suis une vraie merveille, tes œuvres sont prodigieuses; oui, je le reconnais bien. Mes os ne t'ont pas été cachés lorsque j'ai été fait dans le secret, tissé dans une terre profonde. Je n'étais qu'une ébauche et tes yeux m'ont vu. Dans ton livre ils étaient tous décrits, ces jours qui furent formés quand aucun d'eux n'existait."

[82] "Avant de te façonner dans le sein de ta mère, avant que tu ne sortes de son ventre, je te connaissais; je t'ai consacré; je fais de toi un prophète pour les nations."

[83] "Or, lorsque Élisabeth entendit la salutation de Marie, l'enfant bondit dans son sein et Elisabeth fut remplie du Saint Esprit." "Car lorsque ta salutation a retenti à mes oreilles, voici que l'enfant a bondi d'allégresse en mon sein."

L'enseignement chrétien précis sur l'avortement développé dans un contexte théologique dans lequel les commandements de l'Ancien Testament d'aimer Dieu de tout son cœur (Dt 6, 5) et d'aimer son prochain comme soi-même (Lev 19, 18) étaient choisis comme étant les deux grands commandements sur lesquels dépendaient toute la loi et les prophètes. (Mt 22, 40). Le critère d'accomplissement de ces commandements était fixé en termes de sacrifice de la vie de l'homme pour l'autre (Jn 15, 13) et concrétisé dans le sacrifice de Jésus. Jésus disait à ses disciples : « Ceci est mon commandement, aimez-vous les uns les autres comme je vous ai aimé » (Jn 15, 32). De son exemple, ce commandement était un nouveau commandement (Jn 13, 34). L'appréciation chrétienne de la vie était faite à partir de ce commandement d'amour.

La place de l'enfant dans la communauté chrétienne était d'une manière générale fixée dans les mots du Seigneur, « laissez venir à moi les petits enfants » (Mt 19, 14 ; Mc 10, 14 ; Lc 18, 16). Chez l'évangéliste Luc, 18, 15, les enfants que le Seigneur accueille chaleureusement sont décrits de manière expresse comme étant des nouveau-nés. L'infanticide pratiquée par Hérode et sa menace violente envers la vie de Jésus, forme l'introduction de la vie du messie dans les évangiles de l'enfance. (Mt 2, 1-18). Marie est décrite comme une femme portant dans son sein, ce qui « est de l'Esprit de saint » (Mt 1, 18). Chez Luc, elle est saluée dans sa grossesse par Élisabeth « comme la mère de mon Seigneur » et le « fruit » de ses entrailles est décrit comme étant « bénis » (Lc 1, 42). L'enfant dans le sein d'Élisabeth tressaillit lorsque celle-ci est saluée par Marie (Lc 1, 40). L'intérêt dans le comportement de cet enfant miraculeux d'Élisabeth et l'intérêt dans la vie dans le sein de Marie reflète l'estimation d'une communauté sensible au caractère vivant de l'embryon, et l'Évangile doit avoir mis en valeur cette sensibilité.

Galates 5, 19-21[84] et l'Apocalypse 9, 21 ; 21, 8[85] répertorient le terme *pharmakeia* comme un péché. Gorman soutient que, à la lumière des catalogues semblables dans les textes qui ne sont pas canoniques qui condamnent l'avortement, *pharmakeia* pourrait avoir comme interprétation une référence à des abortifs.[86] On pourrait traduire *pharmakeia* par sorcellerie comme une fausse forme de religion.[87]

Un texte inhabituel se rapportant au débat sur l'avortement est Genèse 3, 22.[88] On peut interpréter ce passage en disant que la personne suppose que l'on est un être créateur de choix renvoyant à la capacité propre de Dieu de distinguer le bien du mal, ce qui est juste de ce qui est mauvais, et que les gens reçoivent le poids et la responsabilité de prendre des décisions qui reflètent leur place unique dans la création.[89] Le fœtus n'est pas une personne si les personnes sont créatrices de choix.

Les Écritures montrent que les humains sont l'image de Dieu, que la vie, y compris la vie fœtale, est de grande valeur et que le mal accidentel infligé à la mère et au fœtus est punissable. Mais nous pouvons dire que les Écritures ne sont pas l'arbitre littéral et décisif de la question contemporaine sur l'avortement pour les chrétiens.

---

[84] "On les connaît, les œuvres de la chair: libertinage, impureté, débauche, idolâtrie, magie, haines, discorde, jalousie, emportements, rivalités, dissensions, factions, envie, beuveries, ripailles et autres choses semblables; leurs auteurs, je vous en préviens, comme je l'ai déjà dit, n'hériteront pas du Royaume de Dieu."

[85] "Ils ne se repentirent pas de leurs meurtres ni de leurs sortilèges; de leurs débauches ni de leurs vols." "Quant aux lâches, aux infidèles, aux déprave, aux meurtriers, aux impudiques, aux magiciens, aux idolâtres et à tous les menteurs, leur part se trouve dans l'étang embrasé de feu et de soufre: c'est la seconde mort."

[86] Cfr. GORMAN, M.J., *Op. cit.*

[87] Cfr. SMITH, T.C., *Op. cit.*

[88] "Le Seigneur Dieu dit: 'Voici que l'homme est devenu comme l'un de nous par la connaissance de ce qui est bon ou mauvais. Maintenant, qu'il ne tende pas la main pour prendre aussi de l'arbre de vie, en manger et vivre à jamais!'"

[89] Cfr. WILSON-KASTNER, P., BLAIR, B. & SIMMONS, P.D., *Op. cit.*

Si les Écritures ne fournissent pas une norme claire en ce qui concerne l'avortement, les chrétiens vont voir leur tradition pour alimenter la discussion. Ainsi, les sources théologiques les plus citées sont entre autres, le *Didachè des douze Apôtres* qui est un document qui date vers la fin du premier siècle de l'enseignement judéo-chrétien et qui souligne bien qu'il ne faille pas faire la magie, ni la médecine (*pharmakeia*), ni tuer l'enfant par l'avortement (*phthora*) ; l'épître à *Barnabas* qui date du deuxième siècle est une paraphrase théologique du *Didachè*. Il reprend les mêmes observations en disant qu'il fallait aimer son prochain plus que sa propre vie et ne jamais mettre à mort l'enfant par l'avortement. Les deux écrits demandent aux fidèles de s'abstenir de l'avortement et de l'infanticide. *L'Apocalypse de Pierre* était aussi un autre écrit du deuxième siècle qui soutient qu'il existe une fosse réservée aux femmes qui auraient tué leurs enfants en les empêchant de naître en corrompant le travail de Dieu qui les a créés.

La plus forte condamnation contre l'avortement va provenir de Tertullien (160-225). Vers la fin du deuxième siècle après Jésus-Christ, Tertullien va condamner les païens pour leur pratique de l'infanticide et du fœticide dans son *Apologétique*. S'inspirant de la connaissance biologique de son époque, Tertullien affirme que la semence, le sperme de l'homme, à cause de sa potentialité, est humain.[90] L'embryon possède une âme dès la conception ; c'est seulement lorsqu'il atteint sa forme finale qu'il devient un homme. Tertullien établit un argument contre l'avortement en se basant sur l'injonction contre le meurtre. Les condamnations de l'avortement dans le *Didachè* et dans l'*Apologétique* de Tertullien doivent être lues dans le contexte de la défense de la moralité chrétienne contre l'ordre romain.

Au quatrième siècle, saint Augustin va employer la biologie pour faire la distinction entre le fœtus formé et le fœtus non formé. À la conception, la vie humaine possède une âme végétative, et quelques jours plus tard, l'embryon est formé par une âme animale. Des semaines plus tard, le fœtus est formé d'une âme rationnelle. Mais avant d'arriver à cette étape, le fœtus reste mal défini et non formé. Le fœtus, qui est complètement doté d'un corps et d'une âme rationnelle,

---

[90]   Cfr. GORMAN, M.J., *Op. cit.*; HARRISON, B.W., *Op. cit.*

est *formatus*, c'est-à-dire formé. Étant donné cette distinction et le passage de l'Exode à son chapitre 21 concernant la fausse-couche, saint Augustin tire la conclusion en disant que la destruction du fœtus non formé est punissable à une amende ; pendant que la destruction du fœtus déjà formé, qui possède une âme rationnelle, est un meurtre et punissable de mort. Dans son ouvrage ultérieur, Augustin va condamner le fœticide et la contraception comme étant contraires au but procréatif du mariage et comme étant problématique par rapport au péché originel dont le fœtus est porteur.

Les premiers écrits chrétiens montrent qu'après la période apostolique, on essaya d'établir un rapport entre la moralité chrétienne et les autres secteurs de la vie. À la différence de la pratique des sociétés païennes dans lesquelles ils vivaient, les chrétiens considéraient comme sacrées et méritant protection toutes les formes de vie humaine. La réception courante de l'époque de l'infanticide était considérée comme dégoûtante aux chrétiens ; et il est plus probable que l'enseignement sur l'avortement survint d'un désir de s'opposer à cette pratique. Par extrapolation, on peut dire que l'avortement était aussi considéré comme meurtre, dans la mesure où aucune distinction n'était faite entre la vie d'un enfant avant ou après la naissance. Il est tout à fait possible que cette façon de voir les choses ne soit pas unanime, mais le fait que les chrétiens argumentent comme ils le font, montre la probabilité que leur position fut majoritaire.

Il est important de reconnaître que ces formulations proposent une naissance de durée sur une continuité personnelle. Une personne est la même entité avant et après la naissance ; il n'y a pas de distinctions qui sont faites autres que l'environnement dans lequel on vit, et l'étape de développement que l'on a atteinte. Il est significatif que l'on ait entrepris aucune tentative de faire la distinction entre l'embryon et le fœtus.

Cela ne veut pas dire que ces formulations ont des rapports seulement pour mieux comprendre le fœtus. Même si les anciens avaient peu de connaissance sur l'embryologie, ils comprenaient bien la différence qui existait entre un fœtus bien formé qui va naître et la première étape embryonnaire de la semence. Ils savaient que la conception prenait neuf mois avant la naissance et que l'embryon était différent en dimensions par rapport au fœtus. Le fait qu'ils ne fassent pas de distinction dans leurs arguments, mais soutiennent que l'avortement est un meurtre, indique que nous pouvons considérer la première tradition de l'Église comme défendant la position selon laquelle l'embryon humain pourrait jouir d'un statut égal à celui d'un enfant ou d'un adulte.

Vers le début de l'histoire de l'Église, on trouvait peu de réflexion sur la nature métaphysique de l'embryon ou du fœtus humain. Cela devait suivre plus tard. La position juive sur la vie humaine avait sans aucun doute influencé la première Église. Les chrétiens étaient contents d'adopter une position qui était pour la sauvegarde de la vie sans beaucoup de réflexion philosophique. Les jugements des chrétiens du deuxième siècle et ceux du premier siècle peuvent être incorrects, mais il est instructif de prendre de bonnes notes de la tradition primitive et de reconnaître son influence sur le développement de la pensée chrétienne dans ce domaine.

Le Nouveau Testament, comme on le sait, est étrangement silencieux à ce sujet. Cela veut dire dans le langage de saint Thomas qu'il existe une différence entre un fœtus ayant une âme et un fœtus ne possédant pas d'âme.

Ce critère a influencé la doctrine de l'Église Catholique. Le droit canonique faisait une distinction entre l'avortement d'un fœtus ayant déjà une âme de l'avortement d'un fœtus n'ayant pas d'âme. Le premier était considéré comme un meurtre et le second était égal à un contrôle de naissance. Suite au dogme de l'Immaculée Conception, la doctrine changea de vocabulaire : au lieu de parler de l'animation médiate, on parla de l'animation immédiate à la conception. Étant donné que l'on avait déjà une fête commémorant la naissance de la Vierge Marie, on se posa la question de savoir la relation que la date de la fête de l'Immaculée Conception pouvait avoir avec la naissance de Marie. Si on devait suivre Aristote, la date de la Conception de la Vierge Marie comme personne devrait tomber six mois avant sa naissance, car elle était une fille. Comme on pût bien s'y attendre, la date de la Conception de Marie changea du 8 décembre à la première semaine du mois de mai.[91] Étant donné que le fœtus n'est pas encore formé par une âme spirituelle, il ne peut posséder ni grâce ni péché. La nature humaine n'existe même pas dans cet embryon qui contient en germe cette humanité. Avant la création de l'âme de la Vierge Marie, celle-ci ne pouvait exister.[92]

La pensée chrétienne du premier et du deuxième siècle sur le statut de l'embryon humain considérait que la destruction délibérée de l'embryon ou du fœtus humain était un meurtre. Au troisième et même au quatrième siècle, l'Église fut de plus en plus pressée de clarifier ses raisons pour interdire l'avortement. Elle se préoccupa de donner des arguments métaphysiques concernant la nature de l'embryon et du fœtus.

À cette époque, l'interprétation de la Septante concernant Exode 21 était souvent la base que l'on utilisait pour la discussion. La Septante faisait bien la distinction entre un fœtus formé et un fœtus non formé. La peine qui était prévue pour avoir causé la mort d'un fœtus formé était la mort, pendant que l'on proposait une peine faible pour la destruction d'un fœtus non formé. Tous les théologiens ne suivaient pas cette disposition. De même que l'on ne trouvait pas un accord général en ce qui concerne la distinction entre le fœtus formé et le fœtus non formé, et quand exactement on avait l'animation du fœtus. Néanmoins, la version de la Septante donnait la base initiale pour une différence de jugement à l'intérieur de l'Église concernant le statut de l'embryon humain. Elle ouvrit la voie à une discussion métaphysique sur la nature de l'humanité, avec la question principale de savoir le moment et la manière dont l'âme humaine était formée.

---

[91] Le mois de mai est d'ailleurs le mois de Marie et on récite le chapelet. Le 31 mai est justement la fête de la Visitation de la Vierge Marie.

[92] Cfr. BOUMAN, C.A., *The Immaculate Conception in the Liturgy*, in : O'CONNOR, E.D. (ed.), *The Dogma of the Immaculate Conception*, University of Notre Dame Press, Notre Dame 1958, pp. 125-126 ; NICOLAS, M.-J., *The Meaning of the Immaculate Conception in the Perspectives of St. Thomas*, in : O'CONNOR, E.D. (ed.), *The Dogma of the Immaculate Conception*, University of Notre Dame Press, Notre Dame 1958, p. 333.

Le concile d'Ancyre tenu en 314 après Jésus-Christ va exiger que ceux qui seraient coupables d'avortement puissent écoper dix ans de pénitence et d'exclusion de la communion à cause de leur péché. Déjà le concile d'Elvire (303) condamnait l'avortement avec une peine d'excommunication à vie. Cela était une décision importante dans la mesure où il faisait la preuve qu'il n'était pas nécessaire de prouver l'humanité personnelle de l'embryon en vue de soutenir que sa vie serait traitée avec beaucoup de respect. Ce concile va continuer à punir le meurtre volontaire d'excommunication à vie, et que la peine qu'il recommande pour le meurtre involontaire est de cinq à sept ans. L'avortement est ainsi envisagé comme étant moins grave que le meurtre volontaire exécuté contre un être déjà né, mais étant plus grave qu'un homicide involontaire. Malgré cette interdiction de l'avortement par l'Église, la pression montait de plus bel à travers tout le quatrième siècle pour les théologiens de définir davantage le statut exact de l'embryon et du fœtus, et de fournir un guide précis pour savoir à quel moment l'avortement de l'embryon serait un meurtre.

Le droit canon de l'Église latine commença à se former au douzième siècle. À la question de savoir si c'était un homicide lorsque l'on avortait avant que l'âme ne soit formée, Gratien qui est le plus grand compilateur des premiers canons, déclare qu'il n'en était rien. Le pape Grégoire IX publie le fameux décret *Si Aliquis* qui soutient que si quelqu'un pour satisfaire son désir sexuel ou dans une haine fait quelque chose qui fait qu'il ne puisse pas engendrer ou concevoir ou que l'on ne peut pas avoir de progéniture, il faudrait appeler cela de l'homicide. Les textes de Gratien furent repris dans les analyses théologiques de l'avortement durant le Moyen Âge.

Le pape Sixte V publie la bulle *Effrenatum* en 1588 et il va appliquer toutes les peines du droit canonique pour l'homicide contre l'avortement. Cette bulle fut publiée dans l'espoir de contenir la prostitution dans la ville de Rome ; mais cela n'a pas eu des résultats escomptés. En 1591, le pape Grégoire XIV va porter son attention sur uniquement l'avortement des fœtus formés en changeant complètement l'opinion de son prédécesseur qui trouvait que l'avortement était un meurtre. En 1679, sous le pape Innocent XI, le Saint-Office condamne deux propositions, qui avaient affaire avec l'avortement, qui autorisaient d'épargner la réputation de la fille et de sauver la vie de la mère lorsqu'il était vraisemblable que le fœtus n'avait pas encore d'âme.[93]

Nous assistons à un grand développement des enseignements catholiques sur l'avortement en 1620 avec la publication de *Questions médico-légales* de Paolo Zacchia. Ce dernier va attaquer la position aristotélicienne selon laquelle la conception humaine demeure sans âme jusqu'à 40 à 80 jours après les relations sexuelles. D'après Zacchia, la métamorphose de l'âme est une chose imaginaire. L'âme est unitaire et est infusée dès le premier moment de la conception. Cette manière de voir les choses fut bien accueillie dans l'Église, et Zacchia reçut pour cette proposition les grands honneurs du pape. Les moralistes commencèrent rapidement à adopter la position qu'il était plus probable que l'âme était infusée dès la conception. L'Église catholique développa après Zacchia une interdiction formelle de l'avortement.

Avec la Renaissance et la Révolution française, un nouveau paganisme déferla sur l'Europe ; et la pratique de la contraception et de l'avortement augmenta de façon nette. La nouvelle biologie va renoncer à la théorie aristotélicienne d'animation retardée, et à la fin du 19ᵉ siècle, la médecine découvrait l'action de l'ovaire et du spermatozoïde. À la même époque, la constitution *Apostolicae sedis* fera tomber toute référence au fœtus non encore formé.

Mais, en 1708 le pape Clément XI plaça la date du 8 décembre comme la date de célébration de la fête de la Conception de la Vierge Marie pour toute l'Église, c'est-à-dire neuf mois avant la date de sa naissance qui était fixée pour le 8 septembre. Cette décision voulait tout simplement dire que la conception de la Vierge Marie comme personne se passa neuf mois avant sa naissance, et que par là, on pouvait présupposer la doctrine de l'animation immédiate (théorie selon laquelle l'homme reçoit son âme en même temps que son corps). Le pape Pie IX, qui proclama le dogme de l'Immaculée Conception en

---

[93] Cfr. DENZINGER, H. SCHÖNMETZER, A., *Enchiridion symbolorum definitionum et declarationum re rebus fidei et morum*, Herder, Barcelone 1963.

1854, est le même qui établira la doctrine de l'animation immédiate. D'une part, le pape affirmait que Marie était née sans péché originel dès sa conception[94] et, d'autre part, il écartait, en 1869, du droit canonique la distinction entre un fœtus ayant une âme et un fœtus n'en ayant pas. En le faisant de cette manière, le pape changeait complètement l'orientation que l'on trouvait dans le droit canonique et qui était en accord avec la doctrine de saint Thomas. Les thomistes reprirent ici leur influence pour souligner que l'homme était une personne humaine dès le moment de sa conception. D'ailleurs pour la personne du Christ, saint Thomas soutenait la simultanéité entre l'Incarnation du Verbe et le moment de la conception.[95]

Il convient de souligner que l'on trouve une position constante de l'Église Catholique en ce qui concerne l'avortement tant dans son enseignement officiel que dans ses dispositions canoniques. Quel que soit le cas, l'avortement reste toujours illicite et est définit comme homicide tout court ou, simplement comme crime contre la vie.[96] Il n'existe désormais aucune distinction dans le droit canonique entre l'avortement en début et l'avortement à la fin de la gestation. Ils sont tous considérés comme étant un homicide.

Dans le décret su Saint Office du 28 mai 1884 et les deux autres qui s'en suivirent : du 19 août 1889, et du 5 mai 1902, l'Église Catholique Romaine condamne la craniotomie, même s'il faut passer par-là pour sauver la vie de la mère. Ainsi, tout foeticide en général, même pour sauver la vie de la mère et tout avortement prématuré d'un fœtus ectopique (extra-utérin), est condamnable. L'enseignement de L'Église sur la contraception et l'avortement a toujours été conséquent. Ce que beaucoup de gens – et aussi beaucoup de catholiques – considèrent comme étant la position officielle de l'Église, ne date

---

[94] Cfr. PIE IX, *La Bulle « Ineffabilis Deus »*, du 8 décembre 1854, in : *Enchiridion Symbolorum Definitionum et Declarationum de Rebus Fidei et Morum*, par. 2803.

[95] Cfr. HEANEY, S.J., *Aquinas and the Presence of the Human Soul in the Early Embryo*, in : *The Thomist*, 56, 1(1992): 19-48.

[96] Cfr. JEAN-PAUL II, *Encyclique « Evangelium vitae »*, numéro 62.

que de 1930.[97] Cette position fut soutenue par implication par le pape Pie XI dans son encyclique *Casti Connubii*, et par le pape Pie XII dans son adresse aux sages-femmes catholiques en 1940.[98] Avant cela, l'enseignement de l'Église était un mélange. Le pape essaya de mettre de l'ordre dans la tradition et la changeant en disant que la contraception et la stérilisation étaient des péchés contre la nature et l'avortement était un péché contre la vie. La contraception et l'avortement étaient généralement défendus dans l'enseignement antérieur, mais ils étaient souvent associés à la sorcellerie et à la magie noire. Dans son Décret de 1230, le pape Grégoire IX traitait la contraception et l'avortement d'homicide. Certains de pénitentiels du début du Moyen Age prescrivaient sept ans de jeune en ne mangeant que du pain et de l'eau pour un laïc qui commettrait l'homicide – une année pour avoir pratiquer l'avortement, mais sept ans pour la stérilisation. La stérilisation était considérée comme plus grave que l'avortement parce qu'elle n'était pas pour la vie et était antisexuelle. L'attitude traditionnelle chrétienne envers la sexualité était si négative que la seule justification de l'activité sexuelle était la reproduction. L'avortement pouvait contrecarrer la fécondation une fois, mais la stérilisation pouvait le faire pour toujours, et par conséquent, était plus grave. C'est seulement à partir du dix-neuvième siècle que l'on connaîtra le rôle de l'ovule, mais pendant tout ce temps on considérait les spermes comme étant des *homunculi*, des petits hommes en

---

[97] Est-ce à dire qu'avant cette date, l'avortement était permis ou même toléré par l'Église ? Certains semblent aller dans ce sens. Voir par exemple HADLEY, J., *Abortion: Between Freedom and Necessity*, Temple University Press, Philadelphia 1996, p. 60.

[98] Dans cette adresse le pape dit entre autres que le bébé se trouvant dans le sein maternel tient son droit à la vie directement de Dieu. Et ainsi, il n'y a personne, aucune autorité humaine, aucune science, aucune donnée médicale, eugénique, sociale, économique ou morale qui puisse établir ou accorder une raison valide juridique pour une disposition directe délibérée concernant une vie humaine innocente, qui est une disposition qui cherche sa destruction soit comme une fin ou comme un moyen pour une autre fin en elle-même pas illicite. Le bébé qui n'est pas encore né reste un homme au meme degré et pour la même raison que sa mere.

miniature. Et pour cette raison, la masturbation était parfois appelée homicide.

Depuis toujours, l'Église a toujours condamné la contraception en la liant dans son infortune à l'avortement. *Humanae Vitae* ne nie pas ce lien, et même le déclare ouvertement lorsqu'il trouve la contraception comme ce qui porte atteinte à la capacité à donner vie dans une relation sexuelle. Les actes qui entravent la procréation sont plus loin associés dans l'encyclique à l'avortement comme on le trouve par exemple dans *Evangelium Vitae*. Dieu est le Seigneur absolu de la vie de l'homme qui a été créé à son image. La vie humaine reçoit par conséquent un caractère sacré et inviolable. La moralité contraceptive et la moralité d'avortement sont également liées dans *Humanae Vitae* et dans le travail de Jean-Paul II.

Deux autres formules bien connues de *Humanae Vitae* entrent aussi dans la discussion au sein de l'Église catholique concernant la contraception. Une formule met l'accent sur l'importance du don de soi des époux qui est violé par l'utilisation de la contraception. L'autre affirme le lien indissoluble entre la signification d'union et de procréation de l'acte conjugal. Ce lien fut établi par Dieu, et l'homme ne saurait le briser de sa propre volonté. La vie humaine est sacrée parce que, dès le commencement, elle a impliqué l'action créative de Dieu et elle reste pour toujours dans une relation spéciale avec le créateur qui est sa seule fin. Si quelqu'un croit que Dieu se trouve dans une relation spéciale avec chaque être humain depuis le moment de sa conception, alors on peut arriver à la conclusion que chaque vie a de la valeur et que l'on ne pourrait en aucune façon la supprimer. On pourrait soutenir, par exemple, que chaque vie est un don de Dieu et qu'il revient uniquement à ce Dieu de décider la fin de cette vie.

Avec cette tradition de l'Église catholique, nous pouvons retenir premièrement, qu'il est clair pour beaucoup de personnes que l'embryon doit avoir une protection et que faire un avortement est un péché. L'embryon n'est pas considéré comme étant pleinement humain. C'est dans l'Église primitive et durant le dernier siècle que l'embryon va acquérir le statut d'homme à partir de la conception.

Le deuxième point qu'il faudrait noter est que le problème de savoir si l'embryon était oui ou non un être humain fut résolu sur base de la présence ou de l'absence de l'âme humaine à l'intérieur du corps humain. Si l'on affirme que l'embryon n'est pas pleinement humain parce qu'il ne possède pas une âme humaine, cela ne veut pas dire que l'avortement ou la recherche sur l'embryon serait moralement acceptable.

Si nous disons que c'est la présence de l'âme humaine qui détermine le fait que le fœtus soit une personne humaine, alors nous serons en présence de beaucoup de questions, comme, quand est-ce que l'âme, et, donc, la personne, commence à exister ? Il faudrait admettre que le terme âme reste un terme imprécis, capable d'avoir plusieurs significations aussi bien à l'intérieur des Écritures que dans la pensée chrétienne.

Les dualistes suivent un argument créationniste et affirment que Dieu a créé les âmes *ex nihilo* et les infuse dans les embryons en développement soit au moment de la conception, soit à un moment déterminé de la gestation. Mais ce dualisme n'arrive pas à dire quand l'âme et le corps sont unis. Ce dualisme provient de la pensée platonique traditionnelle qui considère que la constitution de chaque homme comporte une chose complètement immatérielle, son esprit et l'âme. C'est l'esprit qui voit, qui écoute, qui sent et qui pense les choses – en un mot, il est conscient. L'esprit est la personne : le corps est extrinsèque à la personne comme un complet d'habits. Bien que le corps et l'esprit influant l'un sur l'autre, l'existence de l'esprit est indépendante de l'existence du corps ; et il n'y a pas de raisons, pourquoi l'esprit ne pourrait pas continuer à être conscient de manière indéfinie après la mort du corps, et même s'il n'a jamais eu avec quelqu'un le genre des relations qu'ils ont entre eux maintenant.

Une solution de rechange pour le dualisme est le matérialisme. Les matérialistes affirment que tout ce qui constitue un être humain est l'organisme physique qui voit le jour à la conception et qui cesse d'exister à la mort. Peut-être pourrait-on appeler cette théorie le réductionnisme.[99] On peut mettre totalement sur le même pied l'esprit humain ou l'âme avec le cerveau humain de manière à faire un processus de pensée, de perception, de jugement et des produits de croyance des événements biochimiques dans le cerveau. Ces événements, et seulement ces événements, déterminent nos caractères, nos personnalités et nos relations avec le monde extérieur.

C'est la conviction que seuls les états du cerveau créent et déterminent l'esprit humain qui caractérise le réductionnisme. Si le terme âme doit signifier quelque chose, alors il signifierait une manière particulière du fonctionnement du cerveau humain, une sorte de sténographie que nous utilisons souvent. Il ne veut pas dire que c'est un domaine qui existe en dehors du corps et que l'on pourrait appeler l'âme. Ainsi, l'être humain voit le jour à la conception, mais la personne humaine n'existe que, lorsque le cerveau est suffisamment développé pour permettre la pensée, la prise de conscience de soi et la possibilité des relations avec les autres personnes. Cela veut dire, pour cette théorie, que, les personnes souffrant d'extrêmes formes des dommages au cerveau, qui sont incapables de penser ou de jouir d'un certain niveau perceptible de conscience, ne peuvent plus être appelées des personnes.

Pour trouver un chemin de sortie à ce problème, on peut dire que l'âme humaine et l'esprit humain sont deux choses différentes. Il est possible de soutenir que l'esprit est distinct de l'âme, et que l'âme est présente dans l'embryon ou dans le fœtus avant la présence de l'esprit qui apparaît à partir de la fonction du cerveau. C'est la position soutenue par l'Église catholique romaine qui définit l'âme humaine comme la forme substantielle du corps. La forme ici ne fait pas allusion à l'idée, justement, c'est parce que l'âme est spirituelle, mais plutôt à cela qui donne l'unité aussi bien à la vie qu'au mouvement, pour la personne. L'âme possède ainsi les facultés de l'intellect et de la volonté, et cela doit être l'explication ultime de l'unité d'une vie humaine.

---

[99] Pour ce qui suit voir MCCARTHY, B., *Fertility and Faith: The Ethics of Human Fertilization*, Inter-Varsity Press, Leicester 1997, pp. 103ss.

4.1.1.4 L'homme est créé à l'image de Dieu

Dans la perspective chrétienne, l'humanité est créée à l'image de Dieu. Mais la Bible ne dit pas comment ou quand cela se fait pour les êtres humains. Il est difficile dans un monde en grande partie profane d'attirer les gens à des conclusions qui sont basées sur les prémisses que les êtres humains ont été créés à l'image de Dieu. Pour les chrétiens, cependant, cette croyance se trouve au centre de la compréhension de la dignité qu'ils accordent à l'espèce humaine. Que veut dire alors cette expression ?

Dans l'Ancien Testament, le verset essentiel qui donne lieu au concept qui fait une démarcation nette entre les juifs et les chrétiens se trouve dans le livre de la Genèse 1, 26 : « Dieu dit :'Faisons l'homme à notre image, selon notre ressemblance et qu'il soumette les poissons de la mer, les oiseaux du ciel, les bestiaux, toute la terre et toutes les petites bêtes qui remuent sur la terre' ! » L'Ancien Testament ne cherche pas à définir cette image, ni de faire une distinction claire entre image et ressemblance. Ceci est confirmé par la Septante où les traducteurs ont traduit *selem* (image) par *eikon*, et pouvaient également utiliser des termes comme *morphe, homoioma* ou *typos*. Ressemblance fut traduite par *homoioma* ou *homoiosis*.[100] Évidemment, que pour les écrivains grecs, les termes image et ressemblance étaient interchangeables.

Pendant qu'aucune tentative n'était faite pour traduire le terme image dans l'Ancien Testament, on trouve des indications des implications du terme pour l'anthropologie hébraïque. Il n'est clair qu'à partir du passage de la Genèse que l'image sépare l'humanité des autres créatures et qu'il est la source de la domination de l'espèce humaine sur le reste de la création. De la même manière, à cause de la croyance hébraïque que le corps et l'esprit étaient interconnectés, on peut dire qu'il y a une certaine vérité dans l'idée que l'auteur de Genèse 1, 26 croyait que l'image était plus qu'une ressemblance spirituelle, mais

---

[100] Cfr. SMITH, C.R., *The Bible Doctrine of Man*, Epworth, London 1951, p. 94; cite par MCCARTHY, B., *op. cit.*, p. 126. La suite des notes de cette partie sont citées par le même auteur.

que cela était aussi indiqué de manière visible et physique.[101] Le corps humain possède une dignité semblable à l'esprit humain.

De ce verset de la Genèse 9, 6 « Qui verse le sang de l'homme, par l'homme, verra son sang versé ; car à l'image de Dieu, Dieu a fait l'homme », il est aussi clair que l'image est universelle et qu'elle a commencé à exister après la chute de l'homme. Pourquoi est-il un affront à Dieu et à l'homme ? Parce que c'est un affront à l'image de Dieu qui est présent comme dans l'humanité incarnée. Dieu ne prononce pas un jugement sur le meurtre parce que cela implique la mise à mort d'une créature, mais parce que nous nous heurtons à l'image de Dieu dans les autres personnes dans n'importe quel acte qui touche leur propre existence dans le monde.[102]

Ce concept de dignité et du statut des êtres humains déterminés fondamentalement par l'image de Dieu est très important dans la tentative d'évaluer l'embryon humain. On peut montrer que l'image doit être trouvée dans l'embryon humain, et alors, on doit s'opposer à toute destruction de l'embryon ou à toute expérimentation.

Le mot « image » dans le Nouveau Testament est utilisé dans trois sens importants : premièrement pour décrire la dignité exceptionnelle du Christ et sa filiation divine ; deuxièmement, pour décrire la ressemblance de Dieu dans laquelle les croyants entrent à travers la foi au Christ ; troisièmement, pour décrire l'humanité de l'homme. Le troisième sens est marginal dans le Nouveau Testament, tandis que le deuxième sens est très important.[103]

---

[101] Cfr. CAIRNS, D., *The Image of God in Man*, SCM, London 1953, p. 23
[102] Cfr. ANDERSON, R.S., *On Being Human*, Eerdmans, Grand Rapids 1982, p. 74.
[103] Cfr. CAIRNS, D., *op. cit.*, p. 32.

On peut trouver le premier sens dans des passages comme l'épître aux Colossiens 1, 13-18[104] et la lettre aux Hébreux 1, 3.[105] Pour le deuxième sens, nous avons la lettre aux Romains 8 ; deuxième lettre aux corinthiens 3, 18[106] et la première lettre aux corinthiens 15, 49.[107] Le troisième sens, qui correspond très étroitement à l'emploi de l'Ancien Testament du terme, se trouve dans l'épître de Jacques 3, 9[108] et dans la première lettre aux corinthiens 11, 7.[109] Non seulement le Nouveau Testament utilise le terme de différentes manières, mais saint Paul est tout à fait heureux d'utiliser les significations différentes du terme selon le contexte dans lequel il écrit.

Nous sommes en présence d'une double compréhension de la manière dont l'image de Dieu devra être trouvée dans l'humanité, à côté de l'affirmation que Jésus est l'image de Dieu dans sa totalité. Les idées inséparables selon lesquelles l'image est quelque chose que possède tout être humain et l'image est quelque chose auquel les

---

[104] "Il nous a arrachés au pouvoir des ténèbres et nous a transférés dans le royaume du Fils de son amour; en lui nous sommes délivrés, nos péchés sont pardonnés. Il est l'image du Dieu invisible, Premier-né de toute créature, car en lui tout a été créé, dans les cieux et sur la terre, les êtres visibles comme les invisibles, Trônes et Souverainetés, Autorités et Pouvoirs. Tout est créé par lui et pour lui, et il est, lui, par-devant tout; tout est maintenu en lui, et il est, lui, la tête du corps, qui est l'Église. Il est le commencement, Premier-né d'entre les morts, afin de tenir en tout, lui, le premier rang."

[105] "Ce Fils est resplendissement de sa gloire et expression de son être et il porte l'univers par la puissance de sa parole. Après avoir accompli la purification des péchés, il s'est assis à la droite de la Majesté dans les hauteurs,"

[106] "Et nous tous qui, le visage dévoilé, reflétons la gloire du Seigneur, nous sommes transfigurés en cette meme image, avec une gloire toujours plus grande par le Seigneur, qui est Esprit."

[107] "Et de même que nous avons été à l'image de l'homme terrestre, nous serons aussi à l'image de l'homme céleste."

[108] "Avec elle nous bénissons le Seigneur et Père; avec elle aussi nous maudissons les homes, qui sont à l'image de Dieu;"

[109] "L'homme, lui, ne doit pas se voiler la tête: il est l'image et la gloire de Dieu; mais la femme est la gloire de l'homme."

croyants se conforment par leur union avec le Christ ne se réunissent pas facilement dans une théologie cohérente. Voyons maintenant comment le terme a été perçu par certains théologiens. L'image est-elle quelque chose de spirituel, quelque chose de mental ou quelque chose qui n'est connu que dans les relations avec Dieu et les autres qui portent son image ?

La doctrine de l'image de Dieu commence habituellement avec *Irénée*. Il est le premier théologien à avoir développé le concept comme une partie centrale de sa compréhension de l'humanité et de sa compréhension du salut. Il fait aussi une distinction nette entre l'idée d'image et l'idée de ressemblance. La preuve biblique ne favorise pas cette distinction, mais Irénée met les choses en branle une série de pensées qui vont être essentielles dans la compréhension de l'Église de l'espèce humaine. Pour Irénée, la ressemblance fut perdue à la chute, mais l'image reste dans tous les êtres humains. L'image de Dieu fut considérée de deux manières : comme volonté libre rationnelle et comme corps physique.[110] Tous les êtres humains partagent ces choses et ainsi, ils ont l'image de Dieu. La ressemblance veut dire la ressemblance spirituelle et cette ressemblance est transmise par l'Esprit qui s'établit et qui créé ou active les esprits.

Dans cette théologie, Irénée protégea l'idée que tous les êtres humains sont créés à l'image de Dieu. Il le fit en interprétant l'image comme la rationalité exprimée dans un corps humain. De la même manière, il fit une distinction artificielle entre l'image et la ressemblance au détriment de la double voie de la manière à laquelle l'image est interprétée dans les Écritures.

Clément d'Alexandrie va utiliser le terme d'image et le terme de ressemblance de manière peu méthodique. Parfois, il faisait la distinction entre les deux, et semble avoir soutenu que les deux étaient universelles dans l'espèce humaine. À d'autres occasions, sans distinguer l'image de la ressemblance, il affirmait qu'elles n'étaient pas universelles, mais que l'on ne pouvait les trouver que dans le Christ. Et d'autres fois, il indiquait qu'un chrétien recevait l'image à son baptême et endosse la ressemblance à Dieu durant le processus

---

[110] Cfr. IRENAEUS, *Adversus Haereses*, IV.4.3; V.16.2.

de la sanctification. Cependant, Clément semble être proche d'Irénée dans le traitement qu'il fait des termes en suggérant que l'image soit une affinité de caractère à Dieu et se trouve dans le Christ et lorsque l'on est en union avec lui.

Athanase va essayer de retourner à la discussion sur l'image plutôt que de faire la distinction entre image et ressemblance. Sa compréhension du terme suggère que celui-ci veuille signifier plus que la rationalité, mais croit que le terme a perdu de sa saveur à la chute des premiers parents. C'est seulement dans le Christ que l'image pourrait être restaurée, dans la mesure où il est l'image de Dieu et que nous partageons sa vie.[111] C'est seulement les chrétiens qui possèdent l'image de Dieu. Cela montre que l'on ignore non seulement le passage de la Genèse 9, 6, mais que l'on écarte également le trait fondamental qui fait la distinction entre les êtres humains et le reste de la création.

Saint Augustin chercha à trouver une définition de l'image de Dieu qui prend comme point de départ la nature de Dieu plutôt que la nature de l'humanité. Le trait définitif de la nature de Dieu qu'il va choisir est la Trinité de Dieu en une essence et trois personnes égales. Si l'humanité était faite en l'image de Dieu, alors celle-ci devrait également être capable d'exhiber une trinité immortelle à l'intérieur de sa nature. Augustin trouve cette trinité à l'intérieur de l'esprit humain. L'esprit se souvient, comprend et s'aime ; si nous discernons cela, nous discernons la trinité, pas encore Dieu, mais au moins nous discernons l'image de Dieu.[112] Une fois de plus, l'image devient un élément universel dans l'espèce humaine, bien qu'elle soit associée à l'esprit humain et à ses pouvoirs rationnels.

Augustin écrit également que l'âme humaine est créée à l'image de Dieu, en ceci qu'elle est capable d'utiliser la raison et l'intellect en vue de comprendre et voir Dieu.[113] La raison est à nouveau en évidence, bien qu'il faille noter qu'un nouvel élément est introduit, c'est-à-dire, l'idée des relations. L'image n'est pas tant de qualité abstraite que quelque chose qui permette à une personne d'avoir une relation

---

[111] Cfr. CAIRNS, D., *op. cit.*, p. 90.
[112] Cfr. AUGUSTIN, *De Trinitate*, XIV.8.
[113] *Ibid.*, XIV.5.

importante avec Dieu. En introduisant ce concept de relation, il ouvre ainsi la porte à une compréhension de l'image qui s'éloigne du rôle central de la pensée rationnelle et va dans la direction de l'âme en communion ou en relation avec Dieu.

Thomas d'Aquin représente l'apogée de la réflexion théologique du premier millénium de l'Église. Il arrangea la pensée d'Augustin et considéra l'image comme étant essentiellement rationnelle en caractère, mais rationnelle en relation avec Dieu. En réfléchissant sur la nature de l'image de Dieu, il trouve que certaines choses sont comme Dieu dans la mesure où elles existent, d'autres dans la mesure où elles ont la vie et d'autres encore dans la mesure où elles ont l'esprit et l'intelligence. Ainsi, seules les créatures intellectuelles, à proprement parler, sont créées à l'image de Dieu.[114]

Thomas d'Aquin met en évidence l'importance de la rationalité pour mieux comprendre l'image de Dieu dans l'humanité. En faisant cela, il rendit universelle l'image, puisqu'il n'est pas du tout clair de savoir combien d'esprit une personne devrait posséder avec de dire vraiment qu'elle possède l'image de Dieu.

Emil Brunner est la figure majeure dans le développement du concept d'image de Dieu dans l'humanité durant le vingtième siècle. Cela est dû à cause du mérite et de l'étendue de son travail, et à cause de l'influence que son travail a exercée sur la pensée de Karl Barth. En écrivant au sujet de l'image de Dieu dans l'Ancien Testament et son écho dans le Nouveau Testament, Brunner affirme que l'image originale de Dieu dans l'homme est détruite, que la justice originale et avec elle la possibilité de faire, et même de vouloir ce qui compte devant Dieu comme bien, et, par conséquent, la liberté de la volonté, est à jamais perdue.[115]

---

[114] Cfr. THOMAS D'AQUIN, *Summa Theologiae*, I, 93.2.
[115] Cfr. BRUNNER, E., *Natural Theology*, Geoffrey Bles, London 1946, p. 22.

Il ne reconnaît également que l'interprétation la plus fréquente dans le Nouveau Testament de l'image de Dieu dans l'humanité fait allusion aux humains qui sont en conformité avec la nature de Dieu.[116]

Brunner se rapproche de l'idée ancienne d'une relique de l'image demeurant dans l'homme pendant que la substance de l'image peut être seulement observée dans les vies de ceux qui sont dans le Christ. Il va jusqu'à introduire un nouveau concept, celui de l'image comme responsabilité, d'abord à Dieu, mais aussi aux autres. La responsabilité est connue seulement dans les relations, et elle va au-delà de la simple acquisition de la rationalité.

Nous pouvons discerner la réconciliation de Brunner du double aspect de la compréhension biblique de l'image de Dieu lorsqu'il affirme que nous faisons une distinction de catégorie ; de façon formelle, l'image n'empiète en rien, si l'homme pèche ou pas, il reste un sujet et un responsable. Matériellement, l'image est tout à fait perdue, et l'homme demeure un pécheur jusqu'aux bouts des ongles ; et rien en lui n'est entaché de péché.[117]

Incapable de se décharger complètement de l'humanité, il constate que personne ne peut refuser d'admettre qu'il existe une telle chose comme un point de contact pour la grâce divine de la rédemption. Ce point de contact est l'image formelle de Dieu que le pécheur a perdu.[118] Cette tentative de sauver quelque chose de l'image de Dieu dans tous les êtres humains va conduire Brunner à être en contradiction avec Karl Barth qui poursuit sa propre compréhension du terme.

Comme Brunner, *Karl Barth* considère l'image en termes de relation. Il considère la nature de l'humanité, exprimée dans l'homme et la femme, comme étant centrale dans la compréhension de l'image.

---

[116] Cfr. BRUNNER, E., *Man in Revolt*, Westminster, Philadelphia 1947, p. 52.

[117] Cfr. BRUNNER, E., *Natural Theology*, Geoffrey Bles, London 1946, 24.

[118] Cfr. *Ibid.*, p. 18.

L'image est vue en des termes de confrontation du moi et du vous.[119] Cela ne consiste pas en une chose particulière qu'un homme est ou fait. Il est constitué par la vraie existence de l'homme à proprement parler, et comme une créature de Dieu. Il ne serait pas homme, s'il n'était pas l'image de Dieu. Il est l'image de Dieu, dans la mesure où il est homme.[120]

Il n'est pas facile de suivre le raisonnement de Barth ; mais il veut tout simplement dire que Jésus est la vraie humanité, et qu'en lui nous voyons l'image de Dieu. Et maintenant que nous savons ce qu'est l'image de Dieu, nous pouvons demander, si l'humanité possède bien cette image. Barth voit en chaque homme comme appartenant à Dieu et comme objet de l'acte rédempteur du Christ provoqué dans l'histoire.[121] L'humanité est choisie dans le Christ pour devenir humain. C'est à cause de cette élection en Dieu, et pas à cause d'une capacité naturelle ou d'une caractéristique morale, que l'humanité possède l'image, et ainsi, peut être un bénéficiaire de la grâce de Dieu. C'est l'œuvre de Dieu dans l'humanité qui est le facteur important. Pour Barth, le péché peut cacher la vraie nature de l'humanité, mais ne peut pas la détruire. La grâce de Dieu révèle la vraie nature de Dieu qui se donne à l'humanité et amène celle-ci à la perfection.[122]

La compréhension de Barth de l'image de Dieu renvoie à tout le monde comme une réalité exacte, mais seulement à cause de leur élection en Christ, non pas à cause de n'importe quelle qualité naturelle que les êtres humains aiment dans leur propre droit. L'image de Dieu est perçue dans les relations avec Dieu et avec les autres qui portent cette image. Cette image se manifeste lorsque nous reconnaissons en nos voisins comme des êtres humains réels, lorsque nous nous engageons dans un réel dialogue avec eux, lorsque nous les aidons et lorsque nous faisons tout cela avec joie.[123] Barth a développé le concept au-

---

[119] Cfr. BARTH, K., *Church Dogmatics III/1*, T. and T. Clark, Edinburgh 1958, p. 207.

[120] Cfr. *Ibid.*, p. 206.

[121] Cfr. BARTH, K., *Church Dogmatics III/2*, T. and T. Clark, Edinburgh 1960, pp. 85-86.

[122] Cfr. CAIRNS, D., *op. cit.*, p. 172.

[123] Cfr. BARTH, K., *op. cit.*, III/2, pp. 296-329.

delà de la simple appropriation d'une nature rationnelle. Il donna à tout le monde un statut égal comme porteur de l'image de Dieu, et affirma que cette image n'est connue que dans les relations.

Nous pouvons nous résumer sur ce problème de l'image de Dieu en disant que l'appel de Dieu à l'humanité embrasse toute l'humanité, et les embryons sont des humains, même s'ils ne jouissent pas de beaucoup d'attributs fonctionnels comme les adultes. Les embryons sont, par conséquent, les porteurs de l'image de Dieu qui est l'ultime statut qu'une créature peut recevoir ; et ainsi, les embryons doivent être traités avec le même respect et la même dignité que les autres membres de l'espèce humaine.

4.1.1.5 L'amour des époux porte le respect à la vie

Il faudrait avoir une théologie entière du mariage et de la sexualité pour comprendre tout à fait ces affirmations. Celles-ci sont liées à l'analyse de la contraception comme étant une volonté contre la vie. Pour avoir un vrai mariage, d'après l'Église, les époux doivent faire communion d'une seule chair rendue possible par l'unité organique de l'homme et de la femme dans la reproduction sexuelle. L'amour des époux se rend manifeste uniquement dans cette unité qui est le fruit naturel duquel proviennent la procréation et l'éducation des enfants. Ainsi, les relations sexuelles, qui sont coupées du sens procréatif, sont considérées par l'Église comme un échec des époux de se donner eux-mêmes assez en vue de devenir une véritable union du corps.

Ces arguments qui représentent les meilleures conceptions récentes de l'Église sur la contraception, ne doivent pas être confondus avec un argument caché qui est plus ancien et qui ne joue aucun rôle dans la pensée de l'Église. L'argument selon lequel la contraception est mauvaise parce qu'elle viole la téléologie naturelle des organes reproductifs est comme par hasard renvoyé de façon régulière par ceux qui voudraient s'y opposer.

En ce qui concerne le droit à la vie dont disposeraient les gens, nous trouvons un grand nombre des passages dans la Bible : Jérémie, Job et le Psalmiste.

« Avant de te façonner dans le sein de ta mère, avant que tu ne sortes de son ventre, je te connaissais »(Jérémie 1, 5).

« Tes mains, elles m'avaient étreint ; ensemble, elles m'avaient façonné de toutes parts et tu m'as englouti. » (Job 10, 8).

« C'est toi qui as créé mes reins ; tu m'abritais dans le sein maternel. » (Psaume 139, 13).

Tous ces passages sont des expressions poétiques de la vérité que Dieu est le Créateur et la Source de tout le processus créateur. Ils devraient nous inspirer du respect envers toute vie, qu'elle soit en train de naître ou pas. Le langage poétique de la Bible devrait attirer le respect de toute vie humaine. « De même que tu ignores le cheminement du souffle vital, comme celui de l'ossification dans le ventre d'une femme enceinte, ainsi tu ne peux connaître l'œuvre de Dieu, Lui qui fait toutes choses. »

On peut relier à cette théorie traditionaliste, l'argument kantien.[124] Cette approche met l'accent sur la cohérence. Elle utilise deux préalables basés sur les principes d'universalisation et de normativité et le troisième préalable de cohérence qui provient de deux préalables précédents et qui est une version de la règle d'or. L'argument que nous étalons ici met en présence les trois préalables :

Si vous êtes cohérents et vous pensez qu'il serait bien pour quelqu'un

---

[124] Cfr. GENSLER, H.J., *An Appeal for Consistency*, in: BAIRD, R.M. & ROSENBAUM, S.E.(eds.), *The Ethics of Abortion: Pro-Life! Vs. Pro-Choice!*, Prometheus Books, Buffalo, New York 1989, pp. 93-107, particulièrement les pages 99-107. Voir aussi du même auteur : *A Kantian Argument Against Abortion*, in : *Philosophical Studies* 49(1986) : 83-98. Voir également l'article de HARE, R.M., *Abortion and the Golden Rule*, in : *Philosophy and Public Affairs* 4(1975): 201-222.

De faire A à X, alors vous penserez qu'il serait bien pour quelqu'un
De faire A à vous dans des circonstances semblables.

Si vous êtes cohérents et vous pensez qu'il serait bien pour quelqu'un
De faire A à vous dans des circonstances semblables, alors vous allez admettre
Que quelqu'un fasse A à vous dans des circonstances semblables.

Donc, si vous êtes cohérents et vous pensez qu'il serait bien
De faire A à X, alors vous allez admettre que quelqu'un
Fasse A à vous dans des circonstances semblables.

La première prémisse pourrait se justifier par le principe d'universalisation qui exige que nous puissions faire les mêmes jugements moraux concernant des situations semblables sans égard pour les individus qui y sont impliqués ; ainsi, si nous pensons qu'il serait bien de voler Jean, mais nous pensons qu'il ne serait pas bien que quelqu'un nous vole dans une situation si semblable, alors nous violons le principe de l'universalisation et nous sommes incohérents avec nous-mêmes. La deuxième prémisse peut être fondée par le principe de normativité qui exige que nous puissions maintenir nos croyances morales en harmonie avec le reste de notre vie, comme nos actions, nos intentions, nos désirs, ainsi de suite. Ainsi, si nous pensons qu'un acte serait bon, mais que nous n'approuvions pas qu'il soit accompli, alors nous serons en violence du principe de la normativité et nous serions incohérents avec nous-mêmes. La conclusion est une forme de règle d'or. Si nous pensons qu'il serait bon de voler Jean, mais nous n'admettons pas ou nous n'approuvons pas que quelqu'un dans des circonstances semblables puisse nous voler, alors nous violons la règle d'or et nous serions incohérents avec nous-mêmes.

Faisons une combinaison de la règle d'or avec une prémisse empirique de désir.

Si vous êtes cohérents et vous pensez que voler est normalement loisible,
Alors, vous allez admettre que les gens puissent vous voler dans des

Circonstances normales (à partir de la règle d'or).

Vous n'acceptez pas que les gens vous volent dans des circonstances normales.

Donc, si vous êtes cohérents avec vous-mêmes, alors vous n'allez pas penser
Que le fait de voler soit normalement loisible.

La plupart d'entre nous n'admettent pas que les gens puissent nous voler dans des circonstances normales ; ainsi, nous ne serions pas cohérents avec nous-mêmes si nous disions que voler serait normalement loisible dans la mesure où nous violerions le principe de cohérence. Cet argument montre bien que, étant donné qu'une personne possède un certain désir (celui que la plupart des gens sont supposées avoir), elle ne serait pas en cohérence avec elle-même si elle tenait une position morale bien déterminée. La conclusion a rapport à la cohérence de la détention du jugement moral et non à la vérité du jugement. Une personne pourrait bien échapper à cette conclusion si elle ne prenait pas soin du fait que les gens pouvaient le voler ; alors la deuxième prémisse serait fausse.

On pourrait aisément faire la même argumentation en ce qui concerne l'avortement. Comment pourriez-vous réagir si quelqu'un a pu t'avorter ? Pouvons-nous dire que vous n'aimez pas du tout cette idée et que vous ne pouvez pas de manière systématique tenir que l'avortement soit loisible ? Ou, pouvons-nous dire que comme un fœtus ignorant, vous n'auriez pas du tout eu assez de connaissance pour vous opposer à l'avortement – de sorte que cet argument n'aurait pas marché ?

Au concile Vatican II, l'Église abandonna la position que les enfants étaient le but primaire du mariage. À part son rôle procréatif, la sexualité est créditée comme une fonction importante dans la fondation de la famille dans l'amour. Le concile va adopter l'idéal de la parenté responsable. La divine providence n'est plus là pour assumer la responsabilité à la place des parents.

À l'autre extrême de cette position de l'Église se trouve la position scientifique de la génétique moderne. En effet, la micro génétique semble avoir démontré ce que la religion ne pouvait malheureusement faire. Et la science biologique a résolu une ancienne querelle théologique. Un individu humain arrive à l'existence comme un tout petit point informationnel tiré au hasard de plusieurs autres petits points informationnels que ses parents ont acquis du fonds commun de l'hérédité humaine. Cela a eu lieu au moment de la fécondation. Il y avait évidemment un nombre inimaginable de combinaisons des points sur les chromosomes paternels et maternels qui ne furent pas au rendez-vous et à qui on refusa l'accès et l'individu commença son existence. À l'exception des jumeaux identiques, aucun individu dans l'histoire entière de l'humanité raciale n'a jamais eu ou n'aura jamais exactement le même génotype. Par conséquent, on peut dire qu'un individu est ce qu'il sera depuis le moment de la fécondation. Le développement qui s'ensuit peut être décrit comme un processus de devenir ce que l'on est déjà. La génétique nous enseigne que nous avons toujours été dès le commencement, ce que nous sommes essentiellement encore dans chaque cellule et dans chaque attribut humain et individuel.

4.1.2 L'inviolabilité de la vie

La vie humaine d'un enfant se trouvant encore dans le sein de sa mère est une vie créée par Dieu et destinée au salut, ne peut en aucune manière être détruite. Le mot d'inviolabilité évoque certainement l'idée de sainteté. Il a une référence de transcendance à Dieu qui est saint. Être fait saint ou être sanctifié, veut dire être mis à part dans l'ordre des choses pour Dieu. La manière dont un être humain montre ou s'éloigne de Dieu est une histoire compliquée à la fois de la détresse et de la grandeur humaine. Cela implique le travail immanent de l'Esprit de Dieu, le mystère du mal et du péché et de l'utilisation étrangement terrible et étonnante de la liberté humaine. Pour la foi chrétienne, l'histoire implique avant tout, le travail rédempteur de Jésus-Christ et la réponse que les gens lui réservent. Bref, l'inviolabilité de la vie, loin d'être une désignation facile de l'humanité, fait appel à toute une série de croyances et de compréhension concernant l'intention de Dieu pour les êtres humains et leur responsabilité envers Dieu. S'il est question de cela lorsque l'on parle de la femme enceinte et du fœtus qui n'est pas encore né, alors on utilise le terme d'inviolabilité de la vie dans un sens tout à fait chrétien.

Que dire de l'identification tacite du terme inviolabilité avec la qualité de la vie. Cela ne servirait à rien d'ajouter le mot inviolabilité à la vie de la femme enceinte et du fœtus, si le fœtus mature fait du tort à la qualité de vie de deux ; c'est-à-dire, si donner naissance ou prendre soin d'un enfant peut entraver les aspirations et les plans de la mère pour atteindre le bonheur et la satisfaction ; et/ou si le bébé peut grandir dans une situation qui est complètement adverse à ses possibilités pour la vie de qualité. Ou bien on identifie inviolabilité et qualité, on peut se poser la question de savoir ce qu'il y a encore de bon dans l'inviolabilité de la vie[125] s'il n'y a pas de qualité réelle?

Nous pouvons longtemps chercher la signification de l'inviolabilité et de la qualité de vie, tout en supposant que chacun connaisse au moins ce que la vie veut dire. Le Nouveau Testament parle d'abondance

---

[125] En octobre 1992, une jeune femme du sud de l'Allemagne âgée de dix-huit ans, Marion Ploch, avait une grossesse de treize mois lorsqu'elle mourut au cours d'un accident de circulation. Bien qu'elle fût déclarée morte (mort irréversible du cerveau), on constata que le fœtus qu'elle portait était en bonne santé. La question qui se posa alors était de savoir pour les médecins de l'hôpital si on pouvait se servir du corps de Marion pour porter à terme la grossesse et sauver ainsi la vie du fœtus. La situation devint une question publique qui divisa l'Allemagne de l'époque en deux. D'un côté, certains demandaient que la jeune femme et son « enfant » puissent mourir de manière digne. De l'autre côté, les protagonistes de la défense de la vie se référaient aux droits de l'enfant encore en vie dans le sein de sa mère, pour demander que le corps de la femme soit maintenu dans cet état comateux jusqu'à la naissance de l'enfant.
Pour plus d'information à ce sujet, lire: ANSTÖTZ, C., *Should a Brain-Dead Pregnant Woman Carry her Child to Full Term ? The Case of the "Erlanger Baby"*, in: *Bioethics* 7, 4(1993): 340-350.

de vie, particulièrement dans le quatrième Évangile avec comme référence à Jésus-Christ.[126]

Le français traduit le terme grec par un seul mot de vie, alors que le grec du Nouveau Testament en a deux : *bios* et *zoe*. *Bios* à l'origine voulait dire le moyen ou conduite de la vie. Le terme français équivalent est biologie qui voulait dire, l'étude du caractère et de la vie humaine. Mais aujourd'hui, la biologie comme une science de la vie est totalement intéressée à ce que les Grecs anciens appelaient *zoe* : le phénomène des organismes et des tissus vivants.

Les gens du Nouveau Testament utilisaient le terme *bios* pour désigner la subsistance pure de l'existence mortelle ; et *zoe* pour parler de l'inviolabilité, de la réalité, et de la dimension qualitative de la vie humaine. *Zoe* est la vraie vie et la vie abondante que Dieu a offerte aux hommes pour jouir sur la terre et avoir l'éternité.

Le problème dans cet excursus philologique est de montrer que notre discussion sur l'avortement est embrouillée par l'échec de la langue française de trouver une distinction entre ces deux termes grecs.

Nous observons, par exemple, que la grossesse cause parfois un conflit entre la vie et la vie. C'est vrai, mais cela a un double sens. Étant donné une condition pathologique de la part de la femme enceinte, il peut y avoir un conflit entre bios et *zoe*, et il faut faire un choix entre le *bios* et l'autre. Mais dans le cas d'une grossesse non voulue, le conflit est entre le *bios* du fœtus et le *zoe* de la femme – parce que le *zoe* du fœtus peut devenir une réalité seulement après la naissance. De plus, ceux qui soutiennent l'avortement sur base démographique, disent en réalité que la crise de la population n'est telle que la préservation du *bios* dans le cas des millions d'enfants qui ne sont pas encore nés menace le *zoe* collectif de l'humanité. Une utilisation sécularisée des termes – une utilisation qui semble utile et raisonnable pour beaucoup de chrétiens aussi – réduit *bios* à une affaire histologique et physiologique et considère *zoe* de manière hédoniste et humaniste. Dans les deux cas, la signification chrétienne est dépréciée.

---

[126] Cfr. Jean 1, 4; 5, 26, 21.

Pour la foi chrétienne, la vraie inviolabilité peut se retrouver aussi bien dans le *bios* que dans le *zoe*, en différant des degrés. L'auteur et le finisseur de la création, c'est Dieu, l'unique saint qui sanctifie. Comme créateur, Dieu sanctifie la personne qui se développe à partir d'une entité humaine procréée. La pensée chrétienne concernant l'avortement aurait grandement été servie, si la vraie signification de l'inviolabilité était acceptée par tous comme englobant les deux termes de *bios* et de *zoe* ; et le terme *zoe* gardant toujours une plus grande valeur que l'autre. Alors les chrétiens ne sauraient jamais penser du fœtus, à n'importe quelle étape de son développement, comme d'une chose disponible ; et ils ne pourraient se fixer si fortement sur la préservation du fœtus par tous les moyens, qu'ils seraient insensibles au *zoe* de la femme enceinte ou au bien-être de la société. Ainsi, ils pourraient respecter totalement les droits des femmes sans être obligés de penser que les femmes ont toujours raison. Et ils pourront avoir la perception voulue de résister à la notion qu'un enfant non désiré ferait mieux de n'avoir pas été enfanté. Et, finalement, ils verraient que la bataille pour les droits des enfants qui ne sont pas encore nés est seulement la moitié d'une guerre contre l'inhumanité – parce que l'autre moitié, est la dure lutte sociale et législative pour obtenir et réaliser les droits de celles qui portent encore dans leur sein des enfants et les droits de ceux qui sont déjà nés, pour une bonne vie.

L'avortement implique la mise à mort du fœtus. Ce qui arrive lorsque l'on tue un fœtus est que celui-ci est privé d'un avenir plein de valeurs. Lorsque l'on pense à tout ce qui peut rendre la vie d'une personne agréable comme le fait de comprendre le monde, de voir ses propres enfants jouer dans le jardin, de contempler le coucher du soleil, de passer des heures entières avec des amis, etc., ainsi, en tuant un fœtus, on le prive d'un avenir où il pourrait jouir de toutes ces bonnes choses de la vie. En plus, en grandissant, ce fœtus pouvait devenir un jour un homme qui contribuerait énormément au bien du monde de plusieurs manières, en amenant la joie aux parents et de l'amitié à beaucoup de personnes ; il aurait peut-être contribué aussi à la découverte d'un médicament contre le cancer et tant d'autres choses encore.

La perte d'un avenir si agréable n'est pas du tout souhaitable et n'est pas bonne. C'est de cette façon que D. Marquis attaque l'avortement.[127] C'est en tout cas un des meilleurs arguments contre l'avortement qui n'utilise pas des prémisses théologiques.

Que veut dire alors „avoir un avenir ayant de la valeur » ? L'expression reste ambiguë.[128] On pourrait avoir comme signification que les personnes d'aujourd'hui possèdent un avenir plein de valeur dans le sens où dans des conditions favorables, ces mêmes personnes peuvent avoir une vie qui vaut la peine d'être vécue. Cette même expression pourrait avoir une autre signification pour dire que les personnes d'aujourd'hui possèdent un avenir ayant des valeurs qu'elles se sont représentées elles-mêmes et qu'elles peuvent construire des représentations mentales d'un avenir précieux.

Un autre argument que nous trouvons est celui de la règle d'or.[129] Hare montre qu'il existe en effet des bonnes raisons pour ne pas autoriser l'avortement. La règle d'or demande que l'on puisse faire aux autres ce que l'on souhaiterait soi-même ce que ceux-ci fassent pour vous. C'est une extension logique de cette forme d'argument de dire que nous ferions aux autres dans la mesure où nous serions heureux de ce qu'ils ont fait pour nous. Hare introduit deux changements dans cette règle d'or. D'abord, le premier changement se situe au niveau de la différence dans les deux temps qui ne peuvent pas être moralement pertinents. Au lieu de dire que nous devrions faire aux autres comme nous voulussions qu'ils le fassent de même pour nous dans l'avenir, il affirme que nous devrions faire aux autres comme nous voulussions

---

[127] Cfr. MARQUIS, D., *Why Abortion is Immoral*, in: *The Journal of Philosophy* 86(1989): 183-202. Voir aussi des commentaries sur cette position, dans SAVULESCU, J., *Abortion, Embryo Destruction and the Future of Value Argument*, in : *The Journal of Medical Ethics* 28(2002): 133-135; BROWN, M., *Abortion and the Value of Future. A Reply to: A Defence of the Potential Future of Value Theory*, in: *The Journal of Medical Ethics* 28(2002): 202.

[128] Voir pour ce qui suit BROWN, M.T., *The Morality of Abortion and the Deprivation of Futures*, in: *The Journal of Medical Ethics* 26(2000): 103.

[129] C'est le titre même d'un article de HARE, R.M., *Abortion and the Golden Rule*, in: *Philosophy and Public Affairs* 4, 3(1975): 201-222.

qu'ils aient fait pour nous dans le passé. Le deuxième changement est exprimé en des termes réels en partant des termes hypothétiques. Au lieu de dire que nous devrions faire aux autres comme nous souhaitassions ce qu'ils aient fait à nous, il affirme que nous devrions faire aux autres comme nous fussions heureux de ce qu'ils nous ont faits.[130]

À partir de là, Hare affirme que c'est une obligation claire et fondée de ne pas faire l'avortement et de multiplier la population terrestre. Hare argumente de cette manière. Si je suis content aujourd'hui d'être né, la règle d'or me demande de ne pas faire en sorte que les autres ne puissent pas naître, je ne limite pas cette joie à la joie de n'avoir pas été avorté. Je suis content aussi du fait que mes parents ont pu s'unir sans contraceptifs. Ainsi, à partir de ma joie, conjointement avec l'extension de la règle d'or, je tire non seulement un devoir de ne pas avorter, mais aussi un devoir de ne pas m'abstenir de la procréation.[131]

Dans une étude effectuée en 1984, Kristin Luker[132] trouve que la position que l'on défend est souvent influencée par l'environnement social, économique et éducationnel. C'est ainsi que ceux qui sont contre l'avortement, les conservateurs (pro-life) croient que les hommes et les femmes sont intrinsèquement différents, et que cette différence est à la fois la cause et le produit du fait qu'ils ont des rôles différents à jouer dans la vie. Les hommes conviennent mieux au monde public du travail, alors que les femmes pour l'éducation des enfants, la gestion de la maison, l'amour et les soins du mari. À cause de cette façon de voir les choses, la plupart de ceux qui sont contre l'avortement croient que la maternité – les enfants et la famille - est l'apanage des femmes. Celles-ci doivent être d'abord des femmes et mères au foyer. Le fait d'être mère est en lui-même un travail à temps plein.

---

[130] Ibidem, p. 208.
[131] Ibidem, p. 212.
[132] Cfr. LUKER, K., *Abortion and the Meaning of Life*, in: CALLAHAN, S. & CALLAHAN, S. (eds.), *Abortion: Understanding Differences*, Plenum Press, New York/ London 1984, pp. 25-45; un rapport complet de cette etude se trouve dans LUKER, K., *Abortion and the Politics of Motherhood*, University of California Press, Berkeley 1984.

Chacun perd quelque chose lorsque les rôles traditionnels sont perdus. Les hommes perdent l'éducation que les femmes offrent, et cette éducation est justement ce qui encourage avec douceur les hommes à mettre de côté leurs fortes envies potentiellement destructives et agressives. Les femmes par extension perdent la protection et l'entretien que les hommes offrent. Et les enfants perdent l'amour à temps plein par au moins un des parents, et des modèles évidents pour leur propre futur. Par conséquent, l'avortement est insultant pour ces gens, non seulement en soi, mais parce qu'il défit implicitement leurs visions de la masculinité et de la féminité.

De même, ces points de vue différents au sujet de la nature intrinsèque de l'homme et de la femme, façonnent également leurs points de vue concernant le sexe. Au dix-neuvième siècle, on introduisit de nouveaux termes pour décrire les deux faces de l'activité sexuelle, l'amour procréatif et l'amour érotique. L'amour procréatif fut utilisé pour décrire l'activité sexuelle dont le but principal était la reproduction, et l'amour érotique fut utilisé pour décrire l'activité sexuelle dont le but était le plaisir sensuel et le plaisir mutuel.

Pour ceux qui sont contre l'avortement (pro-life), et qui, dans l'enquête, étaient idéologiquement engagés à l'idée que les femmes devraient d'abord être des femmes au foyer et des mères, la valeur relative des relations sexuelles en vue de la procréation et des relations sexuelles en vue de l'érotisme était claire, en partie parce beaucoup d'entre eux étant catholiques, acceptent une certaine version de la théorie de la loi naturelle sur le sexe qui soutient qu'une partie du corps serait destinée à être utilisée pour sa fonction physiologique. Et ainsi, ils choisissent un mode de vie qui est tout à fait basé sur les rôles traditionnels et ils sont en désaccord avec un engagement dans le sexe amitié comme engagement primordial pour la maternité.

Parce que beaucoup d'entre eux considèrent le sexe au pied de la lettre comme sacré, et parce que pour les femmes le sexe procréatif est une partie principale de leur vie, ils ne sont pas à l'aise devant les valeurs qui semblent pour eux séculariser et violer le caractère sacré du sexe. Toute cette constellation des valeurs qui soutiennent le sexe érotique et que l'on appelle parfois les rapports sexuels purement physiques, est considérée comme une violation directe des relations sexuelles. Les valeurs qui définissent la sexualité comme une activité physique saine, aussi bonne pour la santé que le sport mais quelque peu amusante, remettent en cause tout ce que ceux qui sont contre l'avortement croient. Le sexe est sacré parce que, d'après eux, il a la capacité à être transcendant en donnant l'existence à une autre vie humaine. Supprimer systématiquement cette capacité par des relations sexuelles avant le mariage, la contraception ou l'avortement, c'est tourner le monde à l'envers.

Ceux qui sont contre l'avortement vivent selon une certaine moralité. Celle-ci est pour eux une série de règles simples et claires qui précisent les comportements moraux. Parce que ces règles proviennent directement d'un plan divin, elles sont vraies et valides pour tous les temps, à travers les cultures et à travers les valeurs individuelles. Le « Tu ne tueras pas » est une règle qui reste vraie aujourd'hui comme il y a plus de 2000 ans, et les cas que cette règle s'appliquent sont encore les mêmes.

4.1.3 Le principe du double effet

À l'intérieur de la morale traditionnelle catholique, il est très difficile pour un catholique de trouver un moyen d'avoir des exceptions dans la doctrine reçue. C'est pourquoi on prend tout son temps pour essayer de changer l'enseignement officiel. Avec l'exception du prémisse que la vie humaine commence à la conception – affirmation qui peut être défiée par des raisons biologiques où l'évidence est ouverte à des interprétations variées – les autres prémisses semblent être soit fixées de manière sécurisante par la tradition chrétienne, soit représentent des déductions claires à partir des prémisses de la loi naturelle qui sont déjà acceptées. Si alors l'enseignement traditionnel doit être mis au défi à l'intérieur d'un cadre purement catholique, il faudrait le faire par un examen critique - des prémisses eux-mêmes ; - de la validité des conclusions tirées de ces prémisses ; et – des méthodes et des détails de l'argumentation. En ce qui concerne les prémisses, on a déjà un certain nombre d'objections qui ont été soulevées concernant la croyance théologique selon laquelle Dieu a déchargé l'homme du problème des décisions concernant l'avortement ; et au niveau de la croyance philosophique, que le droit à la vie prend le pas sur tous les autres droits. Une fois que l'on a vu tout cela et que les prémisses sont mises en question, alors le chemin est ouvert pour débattre les conclusions tirées à partir de ces prémisses : que la mise à mort d'un fœtus ou d'un embryon innocent est toujours et nécessairement immorale.

C'est justement dans ce cadre que nous trouvons le principe du double effet.[133] Les seules exceptions pour entreprendre l'avortement concernent les cas d'une grossesse ectopique ou le cas de l'utérus cancéreux. Dans les deux cas, l'exception se base sur le fait que la procédure médicale indiquée sert à sauver la vie de la mère et non à tuer le fœtus. L'enlèvement du tube ou de l'utérus a comme intention première de sauver la vie de la mère ; et la mort du fœtus est entrevue mais non intentionnée. Lorsque l'on utilise cette distinction, alors on peut pratiquer l'avortement dans des cas précis sans directement violer la loi morale qui proscrit de prendre la vie d'un innocent. La base pour ce principe est l'observation du sens commun qui dit qu'une action peut avoir un bon et un mauvais résultat ou effet. Cette distinction théologique a été faite pour la première fois par saint Thomas qui l'utilisa pour défendre le fait que l'on puisse tuer par légitime défense.[134] La substance de ce principe est celle-ci : une action qui possède deux effets, un bon et un mauvais, peut être exécutée si le bon effet accompli est plus grand que le mauvais effet et, si, en plus, au moins quatre autres conditions sont atteintes : c'est-à-dire, - l'acte doit être en lui-même soit bon, soit indifférent ou au moins pas défendu avec comme option de prévenir justement cet effet ; - le mauvais effet ne peut pas être utilisé comme un moyen pour atteindre le bien, mais doit être également ou au moins doit provenir du bon effet ; - le mauvais effet prévu ne doit pas être voulu ou approuvé, uniquement permis – car même un acte bon se trouve vicié lorsqu'il est accompagné d'une mauvaise intention ; - il doit y avoir une raison proportionnellement sérieuse pour exercer la cause et permettre le mauvais effet. Le problème d'une grossesse ectopique

---

[133] Ce principe de double effet se retrouve également dans la théorie modérée que nous développerons plus loin au point 4. 3.

[134] Cfr. THOMAS D'AQUIN, *Summa Theologiae*, IIa-IIae. Q. 64, art:7.

illustre bien ce qui est considéré comme une utilisation légitime de ce principe.

La suppression d'un tube fallopien d'une femme enceinte contenant un fœtus vivant non viable, même avant la rupture externe du tube, peut être fait de manière à ce que la mort du fœtus qui s'en suit ne le sera que de façon indirecte. Une telle opération sera faite de manière tout à fait licite si les circonstances sont telles que la nécessité pour l'opération est, dans l'estimation morale, proportionnée à l'effet mauvais permis.

Nous constatons ici que l'intention de l'opération en elle-même est bonne. Bien que le fœtus se retrouve tué dans l'opération, cet effet, bien qu'il ait été envisagé, n'était pas l'intention de l'opération, ainsi la mort du fœtus est indirectement causée. Le mauvais effet, c'est-à-dire la mort du fœtus, n'est pas le moyen pour atteindre le bon résultat qui est celui de sauver la vie de la femme, mais seulement le résultat indirect du moyen utilisé (l'enlèvement du tube) nécessaire pour sauver la vie de la femme. Ainsi, les conditions pour la réalisation du principe atteintes. Par contre, une craniotomie fœtale pour sauver la vie d'une femme enceinte ne serait pas licite, parce que dans ce cas, la vie du fœtus est sacrifiée directement par cet acte d'écraser le crâne. L'intention est bonne, c'est-à-dire celle de sauver la vie de la femme ; mais le moyen employé est mauvais, prendre directement la vie d'un innocent fœtus ; donc, la craniotomie fœtale est interdite.

L'hypothèse qui se cache derrière cette forme de raisonnement est qu'il existe un ordre fixé des droits devant lequel tous les hommes devraient passivement se tenir quelles que soient les conséquences physiques de leur passiveté. La difficulté qui existe lorsqu'il y a un conflit des droits, peut être facilement résolue si on entend qu'il n'y a pas des ordres et des demandes hétérogènes de la loi naturelle qui sont placés l'un à côté de l'autre sans relations entre eux. Il existe en effet un ordre des biens et valeurs, des commandes et des demandes dans la nature des choses, de telle sorte que l'on ne peut avoir de vrai conflit des droits mais tout au plus un conflit apparent. Les deux obligations concernant une naissance pathologique, de préserver la vie de la mère et de ne pas tuer l'enfant, semblent simplement se contredire entre elles. Il n'y a pas en fait de commandement qui exige de sauver la vie de la mère par tous les moyens. Il y a tout simplement une obligation de la sauver d'une manière moralement tolérable ; et une telle manière n'est pas envisagée en affirmant cette situation donnée. Par conséquent, il ne reste plus qu'une seule obligation, c'est-à-dire, sauver la mère sans attenter à la vie de l'enfant.

Ce qui semble apparent ici est que, malgré la reconnaissance de l'obligation envers la mère, l'obligation primaire est l'accomplissement de la loi morale, qui existe indépendamment des obligations que l'on doit à des êtres humains particuliers. Une fois que l'on s'est déchargé de l'obligation primaire qui est la fidélité à la loi morale, alors il ne reste plus aucune obligation humaine. Ainsi, la femme peut simplement mourir. Une conséquence d'une moralité qui centre l'obligation et la responsabilité dans la préservation de la loi est de déterminer une distinction claire entre le mal physique et le mal moral. Deux morts naturelles sont moins mauvaises qu'un meurtre. Dans le conflit d'intérêts qui existe entre la mère et l'enfant, les droits de deux parties pour la vie doivent être préservés. Le conflit ne peut être résolu moralement par la mise à mort de la partie la plus faible, sans par-là détruire toute la moralité.[135] Même si on affirme que la mise à mort de l'enfant dans le cas d'un conflit moral serait un meurtre, on doit se demander pourquoi ce meurtre serait un plus grand mal que la mort de l'enfant et de sa mère. Ne serait-ce pas un mal moral que de laisser mourir la mère lorsqu'elle peut bien être sauvée, et même encore un plus grand mal moral s'il y a d'autres personnes comme un mari ou d'autres enfants qui dépendent d'elle ? Dire qu'un tel mal est un mal physique, c'est déterminer la position d'une faiblesse morale et le manque de responsabilité en face des désastres naturels. Au contraire, on peut dire que ce qui est au départ une situation physique ou un événement en nature, devient une situation morale lorsqu'elle entre dans le domaine de l'action potentielle humaine. Un choix de ne pas agir en face d'un mal physique en vue de sauver une autre personne devient – en affirmant la responsabilité humaine – un choix moral.

---

[135] Cfr. GRANFIELD, D., *The Abortion Decision*, Doubleday, New York 1969, p. 143.

4.1.4 Quelques aspects importants des arguments traditionnels de l'Église Catholique

Au cœur de sa théologie morale, l'Église catholique romaine présente un jugement relativement positif de la compréhension morale naturelle disponible à tout le monde comme une fonction de la grâce de Dieu dans la création.[136] Dans la formulation de Thomas d'Aquin, les êtres humains prennent part à la loi éternelle de Dieu en vertu de leur nature rationnelle,[137] et cette compréhension, bien qu'elle soit pervertie après la chute des premiers parents, reste encore disponible comme une source de raisonnement moral. La création se présente ainsi comme une catégorie de réflexion morale. Malgré la nécessité des actes de rédemption du Christ pour atteindre la fin surnaturelle des béatitudes, la connaissance morale naturelle au sujet du bien et du mal est possible pour toutes les personnes de bonne volonté. En plus, cette compréhension morale, même sans l'infusion des vertus théologiques, peut fournir, au moins en principe, la base pour un accord partagé entre les individus et les communautés. Depuis l'époque de la haute scolastique jusqu'au Concile du Vatican II, la méthode morale de l'Église Catholique a mis l'accent sur la *loi naturelle* comme une source de connaissance morale en principe disponible à tout le monde. La nature à proprement parler et la nature humaine sont téléologiquement répandues dans la pensée catholique. Pendant que le péché originel a détruit la capacité humaine de connaître et de faire le bien la méthode morale chrétienne garde toujours un optimisme concernant la capacité morale naturelle partagée pour discerner le bien et une capacité naturelle à vouloir le bien (au moins d'une manière partielle).

Partant des catégories aristotéliciennes, Thomas d'Aquin dépeint la nature comme la création. Pour lui, la puissance de quelque chose vient de sa nature même. Si la puissance de se développer en un être humain est inhérente à l'embryon, alors il doit avoir déjà une nature humaine. La capacité humaine de raisonner au sujet de la nature et

---

[136] Pour ce qui suit, nous suivons LUSTING, B.A., *The Church and the World : Are There Theological Resources for a Common Conversation ?*, in: *Christian Bioethics* 13(2007): 226-228

[137] Cfr. THOMAS D'AQUIN, *Summa Theologiae* I-II.

de la nature humaine permet aux hommes et aux femmes, par la réflexion, de comprendre les fins et les buts de l'ordre crée, y compris les fins et les buts de la vie humaine. Pour Thomas d'Aquin, les biens de base de l'homme sont : l'autopréservation, l'engendrement des enfants et leur éducation, le bien de la communauté, la connaissance de Dieu et la communion avec Dieu.[138] Mais, depuis le Concile du Vatican II, la pensée traditionnelle sur la *loi naturelle* a été sujette à un examen critique et à de grands efforts de reformulation. On trouve de plus en plus dans la théologie morale, l'approche et le langage du personnalisme. Cette perspective a élargi de façon significative le centre de la *loi naturelle* traditionnelle. Les biens de l'incarnation humaine – individuelle, sexuelle et communale – sont contextualisés de manière plus existentielle, avec des éléments constitutifs de la prospérité humaine considérée maintenant en termes de bien global des personnes considérées intégralement et adéquatement.

Une autre accentuation dans la tradition récente a été un intérêt renouvelé dans les Écritures, l'appréciation pour celle-ci et sa place dans la réflexion morale. Néanmoins, pendant que les discussions morales récentes ont fait appel aux Écritures comme un contexte important pour la réflexion morale, les analyses détaillées des Écritures reçoivent généralement très peu d'attention dans la formulation des jugements éthiques spécifiques.[139] Bien que le pape Jean-Paul II ait mis l'accent en général sur les thèmes des Écritures dans ses différentes encycliques, l'influence des Écritures sur le jugement et le raisonnement moral reste principalement au niveau de motivation et de disposition.[140] Il faut dire que pendant que les discussions morales donnaient beaucoup d'importance aux Écritures, la théologie morale dans son ensemble gardait sa caractéristique essentielle en mettant l'accent sur la raison humaine, la loi naturelle et les déclarations du Magistère.

L'Église Catholique est peut-être très différente des autres traditions dans sa compréhension officielle du Magistère comme son autorité

---

[138] Cfr. THOMAS D'AQUIN, *Summa Theologiae* I-II, q. 94, art. 2.
[139] Cfr. MACKLER, A., *Introduction to Jewish and Catholic Bioethics*, Georgetown University Press, Washington, D.C. 2003, p. 32.
[140] Cfr. JEAN-PAUL II, *Veritatis Splendor*.

centrale de l'enseignement. Les points de l'enseignement du Magistère concernent les affaires qui ont trait à la foi et à la morale. Pendant que la *loi naturelle* reste une source fondamentale de l'idée morale, le Magistère comme autorité centrale incarne la compréhension ecclésiologique de l'Église ; c'est-à-dire que le pape, par la puissance de l'Esprit Saint, est capable de fournir des idées distinctives concernant les fondements de la foi catholique et les implications essentielles de la *loi naturelle*. Une telle confiance envers le rôle du Magistère dans l'éclaircissement des conclusions morales qui restent, en principe en provenance de la loi naturelle, découle de l'affirmation du catholicisme sur l'interdépendance entre la Révélation et les idées morales naturelles. Il n'existe presque pas de clivages entre la volonté morale révélée de Dieu et la loi morale naturelle, puisque les deux proviennent d'une même source.

À la lumière de ce qui précède, l'enseignement social de l'Église en découle. Puisque la Révélation divine et la loi naturelle parlent de mêmes réalités morales, l'Église reste engagée à être une Église publique. Deux traits de cette approche sont spécialement à retenir. En premier lieu, la proposition ecclésiologique d'une Église publique est la conviction que sa responsabilité pastorale s'étend au-delà de la communauté ecclésiale vers la société civile. La responsabilité est profilée par deux principes : premièrement, que les institutions et les individus doivent être jugés à la lumière de la loi morale ; et deuxièmement, que l'effet à long terme des modèles sociaux et culturels sur les membres de l'Église exige un effort continu pour harmoniser les demandes de la conscience personnelle et les mœurs institutionnelles dominantes de la société.[141]

En deuxième lieu, la position de la responsabilité ecclésiale conduit directement à la question de savoir s'il était possible de façonner un consensus moral au-delà de la communauté de foi. Dans un contexte catholique, cette question a systématiquement suscité la réponse à laquelle un degré limité mais important du consensus public sur les

---

[141]   Cfr. HEHIR, B., *Policy Arguments in a Public Church: Catholic Social Ethics and Bioethics*, in: *The Journal of Medicine and Philosophy* 17, 3(1992): 347-364, ici à la page 354.

questions morales reste toujours possible dans les domaines de la loi civile et de la politique publique.[142]

Chaque argument moral, quel que soit celui ou celle qui l'énonce et quel que soit le problème en présence, doit limiter les facteurs qui sont mis en considération.[143] On ne peut traiter toutes les données pertinentes possibles, toutes formes de valeurs, toutes les sources de considération, et des principes appropriés dans un morceau faisable de discours. Ce que l'on admet à l'énoncé d'un problème moral est crucial pour les solutions que l'on apporte. Dans l'argumentation, la délimitation des facteurs ou des principes qui sont premiers ou au moins qui sont de grande importance par rapport aux autres, est aussi décisive pour l'issue de l'argument. On peut caractériser les arguments traditionnels de l'Église Catholique en partie par des tracés de perspective à partir desquels ils sont formés.

En premier lieu, les arguments sont formés par un juge extérieur. Ils sont rédigés à partir de la perspective des gens qui s'attribuent le droit de juger les actions passées des autres comme étant moralement bonnes ou mauvaises ou de dire aux autres ce que les actions futures sont moralement bonnes ou mauvaises. On peut dire que la responsabilité morale est imputée aux autres pour leurs actions, que cela soit prescrit ou proscrit.

La perspective d'un juge externe peut être distinguée à partir de ceux qui sont plus directement impliqués dans une situation d'avortement. Il est clair évidemment que ceux qui sont impliqués, par exemple, les médecins ou les mères, peuvent interpréter leurs situations en termes des gens qui ont été instruits par des juges externes. Même s'ils entreprennent quelque chose, la position de la responsabilité

---

[142]   Cfr. HEHIR, B., *Op. Cit.* p. 354.

[143]   Pour ce qui suit voir GUSTAFSON, J.M., *A Protestant Ethical Approach*, in: BATCHELOR, E. (Jr.) (ed.), *Abortion: The Moral Issues*, The Pilgrim Press, New York 1982, pp. 191-209, particulièrement les pages 192-195. Voir également le même article dans : NOONAN, J.T. (ed.), *The Morality of Abortion: Legal and Historical Perspectives*, Harvard University Press, Cambridge, Massachusetts 1970, pp. 101-122.

personnelle, que les médecins, les mères et les autres ont, est différente de celle que celui qui écrit un manuel de théologie morale ou du prêtre qui juge de la rectitude morale des autres et détermine la pénitence qui doit être administrée. Assumer la responsabilité d'une action est tout à fait d'un ordre différent d'expérience par rapport à la responsabilité d'attribuer aux autres personnes une action. Les médecins, les mères, et les autres personnes sont des initiateurs d'action, ils sont des agents dans le processus de la vie qui déterminent d'une certaine façon, ce qui en fait arrive. Leur relation par rapport à une situation implique leur sens de responsabilité pour les conséquences, leur connaissance des antécédents particuliers, comme les conditions dans lesquelles la grossesse est arrivée, leurs sensibilités et émotions, leurs expériences privées passées et leurs aspirations privées pour l'avenir, ainsi que leurs fidélités et engagements personnels.

En deuxième lieu, les arguments sont avancés sur base d'un modèle juridique. Une action est bonne ou mauvaise si celle-ci se conforme ou est contraire à une règle, à une loi, et au résultat d'un argument moral. Les règles ou les lois sont défendues sur des bases théologiques et philosophiques ; elles ne sont pas des décrets arbitraires imposés par une institution autoritaire. Les autorités traditionnelles sont citées ; les principes théologiques et philosophiques sont donnés pour soutenir les règles ; les conséquences des déroulements possibles de l'action sont considérées. Cependant, les termes principaux d'arguments et sa logique sont dirigés vers la possibilité de définir un acte qui est moralement juste et un acte qui est moralement mauvais. Comme c'est le cas avec le droit civil, il existe une tolérance basse pour l'ambiguïté morale. Les avantages que l'on pourrait tirer de cela sont que, pour tous ceux dont le comportement se conforme au résultat de l'argument autoritaire, ils peuvent probablement agir avec une conscience claire et ils peuvent justifier leurs actions sur base des autorités autres qu'eux-mêmes. Leur propre responsabilité pour leurs actions, y compris leurs conséquences, est décidément limitée, parce qu'en ce qui concerne le modèle juridique de la moralité qu'ils ont fait ce qui est déterminé par ceux dont l'autorité qu'ils acceptent être correcte. Si les agents primaires de l'action, c'est-à-dire les mères et les médecins par exemple, ne se jugent pas eux-mêmes qu'à la lumière des règles, s'ils exercent la vertu de prudence, et la vertu de l'*epikeia* ou l'équité en interprétant la loi dans un cas particulier, ils sont dans une situation légèrement différente. Leur propre degré de responsabilité augmente, et, pourtant, ils ont l'avantage de la clarté de réflexion qui est donnée dans la prescription morale.

Le modèle juridique peut être distingué d'autres modèles qui voient la justification pour la rectitude morale des actions de façon différente ou qui ont des vues différentes à propos de la manière dont les jugements moraux doivent être formulés. Certaines personnes ont essayé de quantifier virtuellement les effets mauvais ou bons des actions, et ils sont arrivés au résultat que l'action qui assure le plus grand bien pour le plus grand nombre de personnes est juste. D'autres personnes se sont fiées lourdement au sentiment moral d'être sensible aux questions morales dans une situation donnée, et se fier à la compassion, au sens de l'altruisme ou au sens de l'indignation morale pour déterminer l'acte. D'autres personnes encore se sont fiées à la perspicacité et à l'intuition rationnelle de jauger ce qui se passe à un moment et un endroit donné, et de discerner ce que doit être la vraie réponse humaine. Ou encore, on a trouvé que l'amour possédait de perspicacité suffisante et de pouvoir de motivation pour permettre à quelqu'un de percevoir ce qui est juste dans une situation. Il a été affirmé avec force que la moralité se développe à partir de l'expérience, et que, lorsque les lois se soustraient de l'expérience, leurs pouvoirs persuasif et informatif commencent à se rétrécir.

En troisième lieu, les arguments traditionnels de l'Église catholique limitent largement les données pertinentes au physique. Le souci concerne la vie physique, son inviolabilité et sa préservation. Évidemment, les autres aspects de la vie humaine dépendent de la base biologique du corps humain, et, par conséquent, la primauté de ce souci est valide. Mais en somme, les arguments n'ont pas été étendus pour inclure le souci concernant le bien-être émotionnel et spirituel de la mère ou de l'enfant. On s'est plutôt consacré aux conséquences physiques de l'avortement.

En quatrième lieu, les arguments sont limités en se concentrant presque exclusivement sur le médecin et le patient au moment de la grossesse, tout en isolant les deux individus des autres relations de responsabilités multiples que chacun possède à l'égard des autres durant une longue période. La base évidente de tout cela est que les médecins doivent prendre des décisions concernant les cas d'avortement qui se présentent directement à eux. Mais ils ont aussi la responsabilité du bien-être de toute la société et du bien-être spirituel et moral des familles de leurs patients. On peut affirmer qu'il n'existe aucun désaccord entre ce qui devrait être décidé dans une relation particulière entre deux personnes et ce qui est bon pour la société ; mais ceci n'est pas une évidence en soi. La concentration sur la condition physique de la mère et sur elle comme un cas de statistique d'une catégorie générale et uniforme des mères, tout cela fait qu'il est difficile à considérer cette mère particulière avec ses relations particulières et son histoire spirituelle passée aussi bien que son histoire physique. Par exemple, les arguments que l'on utilise pour sauver la vie de la mère n'admettent pas comme évidence importante des facteurs comme le fait de savoir si cette femme, qui est présentement là, est la mère de six autres enfants qui dépendent d'elle ou qu'elle ne possède même pas d'autres enfants. Si on pouvait discuter autrement sur l'avortement, de telles informations pouvaient faire la différence.

En cinquième lieu, les arguments traditionnels de l'Église Catholique sont rationalistes. Il est vrai que pour avancer des arguments, on doit être rationnel. Et pour contrer un argument, on doit s'estimer suffisamment rationaliste et montrer ce que seraient les meilleures raisons pour argumenter autrement. On peut suffisamment se faire une idée en lisant les manuels de théologie morale traitant des questions comme l'avortement ou voir la structure des manuels d'éthique médicale. On trouve souvent des affirmations brèves des vérités fondamentales qui incluent des termes utilisés dans ces vérités ou dans les arguments qui suivent. Ceci peut être suivi par des principes de base qui vont inclure des distinctions entre les genres de loi ou principes appartenant à la conscience, des principes d'action, une définition du principe de double effet, et les autres. Le principe de l'inviolabilité de la vie humaine est discuté en long et en large, parce que son application est essentielle pour les cas particuliers.

On doit reconnaître que n'importe quel argument concernant l'avortement utilisera toujours des principes. Mais le caractère rationaliste des arguments semble réduire l'individualité spirituelle et personnelle aux cas abstraits. La leçon que l'on peut tirer des expériences historiques avec leurs nuances personnelles semble réduire aux abstractions sans fin. Le sens de la compassion humaine pour la souffrance et la tragédie profonde qui est construit dans n'importe quelle situation où la mise à mort d'un individu semble moralement vraisemblable n'existe plus. Chaque cas doit se traiter à part. Alors qu'il est tout à fait clair que n'importe quelle discussion doit extraire les faits et les principes de la vitalité et de la complexité de l'expérience vécue, le degré d'abstraction et de raisonnement déductif des arguments traditionnels de l'Église éloignent les problèmes loin de la vie. Il faudrait plutôt avoir une approche plus personnelle et orientée vers les expériences plus particulières.

En sixième lieu, la perspective traditionnelle cherche à développer des arguments qui sont basés sur la loi naturelle, et, par conséquent, doivent être persuasifs et astreindre tout le monde. D'une manière intentionnelle, le point de vue historique particulier et la substance du message chrétien sont subordonnés à la loi naturelle dans les arguments. Pour être certain, les arguments peuvent être donnés pour la consistance entre la loi naturelle et l'affirmation chrétienne particulière ; aussi, n'importe qui, qui commencerait avec des affirmations chrétiennes particulières, aurait à montrer leur viabilité sur les questions morales à ceux qui ne partagent pas ses propres perspectives et ses convictions religieuses. Pour indiquer que les arguments à partir de la loi naturelle peuvent être distingués des arguments qui placent les aspects historiques particuliers de la pensée chrétienne au point différent dans la discussion, il n'est pas nécessaire d'affirmer que la réponse aux questions concernant l'avortement peut être trouvée dans la Révélation ou que l'usage de la raison humaine est moins nécessaire. Notre attitude envers les personnes impliquées devrait être plus tolérante, patiente, aimante, et une attitude de pardon plutôt qu'une attitude de jugement. On doit chercher la consistance entre ses propres principes et les grands thèmes de la foi chrétienne.

4.2 La théorie libérale

Cette position affirme que quelle que serait la situation de sa grossesse, qu'elle l'ait voulue ou pas, la femme a le droit de faire l'avortement. Pour la position libérale extrême, le fœtus est toujours simplement *pars viscerum matris*, comme un appendice, et peut être détruit n'importe quand sur demande avant sa naissance. La position libérale s'adresse uniquement à la nature spéciale du fœtus. Celui-ci n'est pas une sorte d'entité dont on peut prendre en considération les droits et les intérêts pour déterminer la moralité de l'avortement. Le fœtus ne devient une personne qu'à la naissance. La raison qui est souvent avancée est que la femme possède un droit sur son corps et qu'elle peut en faire tout ce qu'elle veut avec. On peut aisément comprendre pourquoi la lutte pour la liberté de reproduction n'a jamais inclus le droit de la femme de refuser le sexe. Dans cette notion de libération sexuelle, le problème d'égalité a été envisagé comme une lutte pour la femme d'avoir le sexe avec l'homme au même niveau que ce dernier, c'est-à-dire avoir le sexe sans vraiment envisager des conséquences. Dans ce sens, le droit à l'avortement a été cherché comme liberté provenant des conséquences inégales de la reproduction à travers l'expression sexuelle ; la sexualité ici est définie comme centrée sur les relations hétérosexuelles. Sous les conditions d'inégalité sexuelle, la libération sexuelle ne libère pas du tout la femme ; elle libère l'agression sexuelle de l'homme. Ainsi, la disponibilité de l'avortement enlève la seule raison légitime restante que les femmes avaient pour refuser le sexe en plus des maux de tête.

4.2.1 Le droit à l'avortement

On entend souvent dire que la femme a le droit de contrôler sa reproduction. En acceptant que la femme puisse exercer son droit en avortant, on dénie d'autre part au fœtus le droit de vivre. Beaucoup de droits sont des produits des contrats ou des conventions. Lorsque l'on parle le plus souvent de la morale de l'avortement, on pense inévitablement des droits. J'ai le droit de conduire votre voiture à cause d'un accord qui existe entre vous et moi. Les droits conventionnels ne peuvent pas être des droits de base. Certains droits sont naturels, c'est-à-dire qu'ils appartiennent à l'individu indépendamment des accords et des conventions. De tels droits sont possédés par des gens uniquement à cause de leur nature. Les droits sont des sécurités pour les êtres qui sont suffisamment autonomes pour mener leur vie, mais qui sont également vulnérables à l'agression des autres et dépendent de ces mêmes personnes pour assouvir certaines nécessités de la vie. Les droits protègent les biens des propriétaires et les protègent des méchants.

Il y a des *droits négatifs et des droits positifs*. On exerce les premiers de la manière dont on veut vivre sans ingérence des autres. Ils protègent l'autonomie de l'individu. Avoir le droit de voyager, par exemple, c'est avoir le droit de décider soi-même si on doit voyager ou pas. On ne viole aucun droit en voyageant ou en restant chez soi. Le devoir des autres dans ces conditions, c'est justement de ne pas intervenir en mettant des obstacles. C'est être libre de la coercition des autres.

Une théorie des droits négatifs protège ainsi l'autonomie individuelle contre certains actes. La théorie exige une version de la dichotomie entre le privé et le public. Les droits négatifs s'appliquent uniquement aux actes privés : ceux qui ne posent pas de coercition sur les autres, donc ceux qui respectent la liberté des autres. Les limites des droits d'un individu sont définies par les limites des droits des autres individus. Il ne peut y avoir de devoirs dans la sphère privée. Tous les devoirs sont publics (interpersonnels) – les stipulations du devoir général de ne pas empiéter les frontières des autres sans leur assentiment. Tous les devoirs sont négatifs, c'est-à-dire que l'individu ait le droit de ne pas violer les libertés des autres.

Nous savons que du moment que la femme devient enceinte, son statut change dans la société comme un résultat des actions directes ou indirectes de l'état et à cause des mœurs de la société.

La grossesse, depuis le moment de la conception, limite rigoureusement la liberté de la femme. Dans plusieurs cas, la femme est forcée temporairement ou de manière permanente de quitter son travail lorsqu'elle devient enceinte. Elle perd ainsi sa source de revenue et est forcée à devenir économiquement dépendante des autres.

Un refus supplémentaire de liberté vient du fait qu'à cause de la grossesse, la femme est généralement forcée à mettre fin à son éducation. La fille qui attrape une grossesse est obligée de quitter l'école et toutes celles qui sont dans son cas ne peuvent continuer leur éducation à cause des règlements très durs qui les visent plus particulièrement. Lorsqu'une femme ou une jeune fille sait qu'elle ne sera pas dénigrée pour avoir fait un avortement ou qu'elle ne sera pas socialement marginalisée du fait d'avoir un enfant en dehors du mariage, et qu'elle sait qu'elle peut compter sur l'aide et l'assistance de sa communauté concernant la logistique et les coûts d'une demeure, de la nourriture, des vêtements et des soins pour l'enfant, il est possible qu'elle prenne une décision fondée et non forcée sur l'avortement.

L'importance de l'éducation dans la société moderne a été à plusieurs fois soulignées. Bien qu'il ait été reconnu qu'il existait des sérieux problèmes pour les femmes de jouir de la même éducation que les hommes, nous sommes en droit de dire que les femmes ne jouissent de la même égalité des chances que les hommes. Et une grossesse non désirée peut encore diminuer les chances de continuer l'éducation et la chance de développement et de la réalisation de soi-même pour la femme.

L'atteinte à la liberté de la femme non mariée qui devient enceinte est encore plus gave. Elle risque non seulement de perdre son emploi si elle travaille, mais elle doit arrêter son éducation si elle étudie. Dans certaines sociétés, elle est souvent forcée contre sa volonté de marier l'homme coupable de la grossesse. Ce qui arrive le plus souvent, c'est que l'homme refuse carrément de la prendre en mariage.

Il faudra dans ces conditions reconnaître dans la décision de la cour suprême des États-Unis dans le cas de *Roe contre Wade* du 22 janvier 1973 comme une libération de la femme face à l'avortement ? Cette décision de la cour affirme que le droit de la femme concernant sa vie privée s'étend jusqu'à la décision de continuer ou d'arrêter une grossesse non voulue.

Jane Roe, qui était la plaignante principale dans ce cas, était à l'époque des faits non mariée. Elle alla en procès à son propre nom et au nom de toutes les femmes qui ont cherché, de toutes celles qui continuent à chercher et au nom des autres femmes qui chercheront dans l'avenir, un avortement légalement et médicalement sûr. Elle n'avait pas terminé son école secondaire et éprouvait beaucoup de difficultés à trouver du travail. Et en plus, elle n'avait aucun soutien financier pour les soins médicaux liés à sa grossesse. Jane Roe chercha un avortement, mais elle n'obtint pas gain de cause surtout qu'elle était en bonne santé et que la loi texane où elle résidait n'autorisait l'avortement que dans le cas où la femme enceinte se trouverait en danger à cause de cette grossesse.

Sur le banc des plaignants, se trouvaient également Mary et John Doe, un couple sans enfants. La santé, et non la vie de Mary Doe, serait sérieusement en danger en cas de grossesse. À cause d'un désordre neurochimique, on la conseilla vivement de ne pas utiliser la pilule et de ne pas attraper la grossesse. Les Doe indiquèrent, chiffre en mains, que selon une étude nationale sur la fécondité aux États-Unis en 1965, on trouvait parmi les mariés vingt pour cent de grossesses non désirées.[144]

La cour fédérale régionale reconnue dans *Roe contre Wade* que le problème d'intimité de la femme était en jeu. Pour la cour, l'avortement est d'abord une décision médicale. Le droit fondamental de la femme de choisir de porter un enfant incluait le droit d'intimité en matière de mariage, de famille, et de sexe. Pour n'importe quelle raison, le concept de liberté personnelle incluait un droit à la vie privée qui, apparemment, est aussi assez étendu pour englober la décision d'arrêter une grossesse.

La cour définit l'intimité comme se composant de deux protections distinctes. La première, l'intimité veut dire qu'un individu possède le

---

[144] Cfr. BUMPASS, D. & WESTOFF, C.F., *The Perfect Contraceptive Population*, in: *Science* 169, 3951(September 18, 1970): 1177-1180. Cité par WEDDINGTON, S.R., *The Woman's Right of Privacy*, in: BATCHELOR, E. (Jr.) (ed.), *Abortion: The Moral Issues*, The Pilgrim Press, New York 1982, p. 16.

droit de ne pas révéler certaines affaires au public ou au gouvernement. La deuxième, l'intimité veut dire l'autonomie de prendre certaines formes de décisions importantes, comme le droit d'avoir un avortement ou le droit de se marier. Dans certains cas, comme celui qui concerne l'avortement, les deux formes d'intimité sont impliquées. Vous avez non seulement le droit de prendre cette décision, mais vous avez aussi le droit de prendre cette décision de manière anonyme sans la connaissance du public ou du gouvernement. On violerait votre droit constitutionnel à l'intimité si vous pouvez avoir un avortement, et que l'on vous demanderait en même temps de vous faire enregistrer publiquement pour signifier que vous étiez enceinte et quel choix vous avez fait.

L'argument d'intimité tel qu'il est exprimé dans *Roe* contre *Wade* est difficile à prouver. La difficulté se trouve dans le manque de clarté dans la notion d'intimité même.[145] Pour déterminer la force de l'argument sur l'intimité concernant les droits à l'avortement, il faudrait identifier les intérêts privés en jeu. Les difficultés principales résident dans le fait de déterminer le sens précis dans lequel les droits de l'avortement doivent être compris comme protégeant l'intérêt privé.

À ce propos, on peut parler au moins de trois intrusions spécifiques : L'*intérêt de la grossesse*. D'abord, un bannissement de l'avortement exige que les femmes qui désireraient mettre fin à leur grossesse, doivent subir une grossesse non désirée. L'intérêt spécifique ici est le pouvoir pour la femme de disposer de son propre corps. Être enceinte est, entre autres, une infirmité et un malaise. Cela peut être affligeant pour ce qui concerne ses effets au niveau des relations sociales et l'image propre. L'État ne demande pas d'habitude à ses citoyens de tolérer de telles conditions corporelles si on peut faire quelque chose pour les améliorer. Mais s'il arrivait à l'État de le faire, alors son action pourrait être considérée comme une intrusion dans la sphère privée des individus.

---

[145] Voir dans ce qui suit, WIKLER, D., *Abortion, Privacy, and Personhood : From Roe v. Wade to the Human Life Statute*, in: GARFIELD, J.L. & HENNESSEY, P. (eds.), *Abortion: Moral and Legal Perspectives*, The University Of Massachusetts Press, Amherst 1984, pp. 238-259, spécialement les pages 244-250.

L'intérêt du planning familial. Deuxièmement, un bannissement de l'avortement compromettrait l'intérêt de la femme en vue de contrôler le timing et le nombre de naissances. Ceci aurait un impact sérieux sur les plans de vie de l'une ou d'une autre façon. Le choix des professions à exercer ou carrément le choix des carrières, et le succès dans le domaine choisi, peuvent dépendre du timing optimal de la naissance des enfants. En effet, la présence des enfants affecte la plupart de choix et des activités des parents ; et l'absence aussi des enfants affecte de l'une ou de l'autre manière les parents.

L'intérêt de l'autonomie morale. Le troisième conflit entre les lois contre l'avortement et l'intimité proviendrait de la tentative de l'État de mettre la main sur le devoir des individus de définir leur propre moralité. C'est peut-être ici le plus personnel et le plus fondamental des intérêts que l'intimité devrait protéger. En même temps, l'intérêt de l'autonomie morale est moins perceptible que l'intérêt de la grossesse ou du planning familial.

Il y a une certaine intrusion dans l'autonomie morale de la femme en lui déniant les deux premiers intérêts plus haut. La décision d'avoir des enfants ou de ne pas les avoir est basée dans certains cas sur les valeurs, les idéaux, et les objectifs particuliers qui peuvent être de nature morale ; cela peut être vrai pour ce qui concerne le fait de prendre une grossesse. Un nombre important de normes morales et personnelles sont indirectement impliquées, comme celles qui ont un rapport avec la sexualité et la liberté. À cet égard, le débat sur l'avortement, et particulièrement le débat sur les droits d'intimité, est vraiment un combat pour l'émancipation de la femme.

La question morale centrale que l'État décide pour la femme en limitant l'avortement serait de savoir son attitude face au fœtus. La femme serait-elle contrainte de fournir au fœtus un environnement nutritionnel avec son corps ? Cette option est liée de très près à l'intérêt de la grossesse.

Mais on trouve encore impliqué un problème de base, c'est-à-dire, si la femme devait oui ou non se comporter vis-à-vis du fœtus comme si ce dernier était une personne à part entière. En effet, c'est tout simplement un problème de considération du fœtus comme une personne humaine. S'il s'avère qu'à un moment donné de son développement, le fœtus est une personne, alors il doit être traité comme telle. La question est de savoir si la femme doit donner au fœtus un statut moral ou se conformer au statut conféré par l'État. Dans ce sens, l'État va s'immiscer dans l'intimité de la femme en prenant une position sur le statut du fœtus comme étant une personne.

Ainsi, l'argument d'intimité devient quelque chose comme une plainte contre l'adoption par l'État d'une moralité officielle, c'est-à-dire contre le moralisme légal. On ne peut pas s'opposer à toute forme de moralisme légale, mais il est question ici de s'opposer à la tentative de dicter aux femmes quelles croyances morales, des idéaux personnels, des objectifs, et des normes qui devraient gouverner leurs choix en ce qui concerne la grossesse.

Les *droits positifs* sont des droits pour recevoir des autres des biens ou des services qui ne sont pas exigés par le strict respect pour les droits négatifs. Ils sont ainsi tous les cas particuliers du droit général à vivre une vie décente et satisfaisante. Les droits positifs protègent le bien-être individuel. Je respecte vos droits négatifs si je me retiens de vous agresser, si réellement je n'ai rien à faire avec vous. Pour vraiment respecter vos droits positifs, je dois établir une relation avec vous, au moins en mettant à votre disposition des biens qui vont accroître votre bien. Ces droits imposent des devoirs positifs plutôt que des devoirs purement négatifs. Les règles du devoir dans une théorie des droits positifs ne s'arrêtent pas en défendant de faire du mal aux autres, elles exigent que l'on puisse tirer avantage des autres, au moins dans certaines situations. Une telle théorie nous peint le monde moral comme un monde de dépendance mutuelle, dans lequel chacun d'entre nous porte quelques responsabilités pour s'assurer que les autres s'en tirent bien. Dans une telle théorie, être un bon samaritain peut être un devoir moral.

Dans les années 60 et 70, lorsque l'on parlait de l'avortement, on utilisait le terme de droit : le droit à l'avortement, plutôt que le choix à l'avortement. Ainsi, lorsque l'on parle des droits, on entend par-là comme étant un ensemble d'avantages que l'on doit à tous ceux qui sont des hommes, sans tenir compte de leurs moyens spéciaux. Par contre, le concept de choix est directement lié à la possession des moyens ; et, par conséquent, cela crée une hiérarchie parmi les femmes en se basant sur le fait de savoir qui était capable de faire des choix légitimes.[146] Et, par conséquent, ceux qui ont plus de moyens, et, donc, plus de ressources peuvent faire plus facilement de choix que les autres. Le paradigme du choix est qu'il préconise fréquemment des positions qui sont souvent accablantes pour les femmes venant des communautés marginalisées. Le paradigme rend parfois difficile le développement des positions nuancées sur l'utilisation de l'avortement lorsque la femme constate que le fœtus possède des anormalités. Le fait de se focaliser sur le choix que fait la femme d'avoir ou de ne pas avoir un enfant, ne prend pas suffisamment en compte le contexte plus élargi d'une société qui considère les enfants avec des handicaps comme étant des vies inutiles, et en plus, n'accorde pas des moyens adéquats aux femmes qui voudraient bien avoir ces enfants.

4.2.2 Le laisser-faire

Ni le fait que le fœtus ressemble à une personne, ni même potentiellement qu'il deviendrait un homme, tout cela ne donne aucun fondement pour exiger que cette petite créature puisse posséder un quelconque droit à la vie. Par conséquent, le droit d'une femme à protéger sa santé, son bonheur, sa liberté et même sa vie en se faisant avorter suite à une grossesse non désirée, foule aux pieds n'importe quel droit que l'on attribuerait au fœtus. En l'absence d'un désir social très fort qui protégerait tout enfant à naître, toutes les lois qui limitent la femme à faire un avortement ou qui mettent des limites précises sur les périodes de grossesse auxquelles il serait permis pour la femme de faire un avortement, représentent une violation injustifiée des droits élémentaires de la femme.

---

[146] Cfr. SOLINGER, R., *Beggars and Choosers*, Hill and Wang, New York 2001, p. 6; cite par SMITH, A., *Beyond Pro-Choice Versus Pro-Life: Women of Color and Reproductive Justice*, in: *NWSA Journal* 17, 1(Spring 2005): 119-140, ici p. 128. (NWSA = National Women's Studies Association).

Il est important de se demander si le droit d'une femme de ne pas avoir des activités liées à sa grossesse est soumis à la délibération ou à la contrainte publique provenant exclusivement d'une implication de sa revendication de la possession personnelle de son corps ou si cela fait partie d'un droit plus large qui la libère de la contrainte publique dans chaque aspect de son comportement qui implique son corps. Qui accepterait le fait que, parce que je possède le poing, il n'y a que moi qui possède l'autorité légitime de restreindre mon comportement belliqueux d'utiliser mon poing ? Et qui va admettre une justification contre la diffamation en se réfugiant derrière l'argument que la diffamation provenant de ma propre bouche, aucune cour ne pourra me poursuivre ? Pourtant, si on peut accorder aux femmes la liberté d'avorter, on ne pourrait accepter la raison que l'on avance en disant que c'est à chaque femme de décider, car l'utérus appartient à la femme.

C'est vrai que cette idée de possession de son propre corps et de ses parties est une idée légalement bizarre, dans la mesure où cette idée de possession dans la loi a toujours tendance à impliquer l'idée que l'objet est transmissible ou transférable. Éventuellement, la seule manière de donner sens à cette façon de voir les choses réside dans ce fait : une personne possède différents droits, et parmi ses droits, il y a le droit d'ingérence minimale. Les gens expriment leur liberté essentiellement de manière corporelle ; et ainsi, leurs corps et les parties de leur corps assument une marque secondaire de la coloration politique. Ils deviennent aussi des entreprises protégées par ces droits dans la mesure où ces actions ou ces habitudes, si nous les traduisons dans la réalité, vont violer les droits de la personne qui appartient le corps. Une femme possède un nez et elle a le droit de ne pas recevoir un coup de poing sur son nez, car en lui donnant un coup de poing, on l'atteint directement. Dans le même ordre d'idées, la femme possède un utérus ; et on ne saurait entreprendre l'hystérectomie sans son avis sans violer les droits de son corps comme une personne.

Si nous comprenons les choses de cette manière, il n'y a rien de surprenant, de douteux ou d'étrange qu'une femme puisse revendiquer les droits de son corps. Il est certainement vrai qu'une femme ne pourrait endurer un état ou une condition de son corps si cela pouvait constituer une violation flagrante de ses droits en tant qu'une personne. Ainsi, la question germaine qui se pose n'est pas de savoir si la femme possède de tels droits, mais plutôt si ces droits qu'elle possède incontestablement sont conciliables avec le fait que l'avortement n'est pas admissible.

Certaines personnes soutiennent qu'aux premières étapes de la grossesse, le fœtus est *pars viscerum matris*, une prolongation de l'utérus. Si cela se révélait vrai, alors il ne serait plus approprié de défendre le retrait de l'utérus du ventre maternel de la même manière que l'on peut éloigner la peau sèche du dos causée par la brûlure du soleil. Mais lorsque le fœtus devient viable, on ne pourrait faire l'avortement que dans le dessein de sauver la vie de la mère.

D'autres, par contre, trouvent que, bien que même dès la conception le fœtus fût plus que simplement une partie de l'utérus, il est un être distinct et unifié et se présente comme un parasite qui ne possède aucun droit de prendre résidence dans le ventre maternel de la même manière qu'un hématome sur son sein.

Il est vrai que dans un certain sens biologique du terme, le fœtus se présente comme un parasite ; c'est un animal vivant à l'intérieur d'un corps qui le nourrit.[147] Être l'hôte d'un parasite ou des vers ou d'une autre créature dégoûtante est semblable à être infesté par des asticots ; et, par conséquent, le fœtus n'a pas autant de droits de séjourner dans le ventre d'une femme qu'un asticot. Il existe également un danger, c'est celui de prendre le terme parasite, non dans son sens biologique, mais dans le sens moral. Un parasite dans ce sens est quelqu'un qui vit dans l'oisiveté, aux dépens des autres, de la société. C'est un exploiteur que la femme ne pourrait en aucune façon accepter comme hôte. Dans les deux façons de concevoir le fœtus, comme une partie de l'utérus ou comme parasite, il y a aussi le droit d'appartenance du fœtus qui est impliqué. Si une femme possède un ventre, elle possède également la paroi de son ventre.

---

[147] Cfr. WOODS, J., *Engineered Death: Abortion, Suicide, Euthanasia and Senecide*, University of Ottawa Press, Ottawa, Canada 1978, p. 76.

En parlant de fœtus comme parasite, on met parfois en avant l'argument d'*autodéfense*. La tradition sur la loi naturelle a longtemps reconnu le droit d'un individu d'utiliser la force ou la violence en vue de repousser une attaque qui menace la vie, même lorsqu'en le faisant, on arrive à la mort de l'agresseur.

L'agresseur dans le cas ici est supposé être un agent responsable qui est certainement un être humain adulte et compétent. Quant au défenseur, il est porteur d'un droit à la vie et aussi un être humain adulte et compétent. Imaginons que l'agresseur est au point ou est en train de commettre un certain acte. Si cet acte est commis, il se terminera par la mort du défenseur. En perpétrant cet acte, l'intention de l'agresseur était de tuer le défenseur. Cette attaque est gratuite ; il n'y a pas eu au départ aucune invitation, ni une provocation ou moins encore un consentement de la part du défenseur. On peut dire que l'attaque est injuste, dans la mesure où il n'y a aucune circonstance qui pouvait impliquer en même temps l'agresseur et le défenseur. En plus, il n'y a que le défenseur qui peut repousser avec succès cette attaque. Et pour repousser cette attaque, le défenseur ne peut le faire sans causer la mort de l'agresseur ; par conséquent, si l'attaque est repoussée, le défenseur va vivre et l'agresseur trouvera la mort. Mais, si l'attaque n'est pas repoussée, le défenseur va mourir et l'agresseur va survivre.

L'avortement de toutes les façons n'est jamais un cas de paradigme qui pourrait justifier l'autodéfense. On pourrait envisager le cas où la continuation de la grossesse risque de mettre la vie de la mère en danger de mort. Mais le fœtus n'est pas du tout un agent responsable ou mieux, pas du tout un agent. Le fœtus est donc incapable de commettre un acte qui puisse menacer la vie de la mère et, a fortiori, incapable de le faire d'une manière intentionnelle et de manière injuste. C'est plutôt la relation d'aide à la vie entre la mère et le fœtus qui place la vie de la mère en danger. Il est donc inapproprié de penser que le fœtus est un agresseur, bien que sa présence dans le corps de la femme soit une menace pour celle-ci.

L'objection que l'on peut faire est que l'on ne peut faire tout ce que l'on veut avec son corps si en le faisant cela porte préjudice aux autres personnes. Et puis, même s'il s'avérait que le fœtus n'était pas une personne, on ne pourrait disposer de lui comme on le voulût et de n'importe quelle façon. Les animaux, par exemple, ne sont pas des personnes, mais on ne peut les tuer ni les torturer sans raison.

La position libérale montre le fait que la politique restrictive d'avortement fasse augmenter le nombre des enfants non désirés, tout en indiquant que leur vie serait particulièrement dure. Ainsi, l'avortement deviendrait une forme d'euthanasie du fœtus. Ce problème reste secondaire pour ceux qui soutiennent cette position libérale pour qui la politique permissive repose sur les droits et les intérêts des femmes et non sur les bénéfices pour les fœtus et les enfants. Il est, de toutes les façons, secondaire pour la position conservative qui est habituellement opposée à l'euthanasie active.

Pour H. Morgentaler, l'avortement a conduit à faire décroître le crime aux USA et au Canada.[148] Particulièrement les crimes de violence comme les agressions, le viol et le meurtre ont sensiblement diminué. Certains démographes expliquent cette baisse par le fait que l'on trouve de moins en moins des jeunes gens. Et ce sont justement ces jeunes gens qui commettent le plus souvent ces crimes. Parmi ces jeunes gens qui sont responsables de ces délits, on trouve ceux qui ruminent de rage et de la vengeance dans leur cœur pour avoir subi des mauvais traitements ou cruellement traités comme enfants.

Beaucoup de femmes, qui étaient obligées de porter leur grossesse à terme, ont maintenant la possibilité de choisir un avortement médical lorsqu'elles ne sont prêtes à assumer le poids et les obligations de la maternité. On sait très bien que les enfants non désirés qui viennent au monde ont la plus grande probabilité d'être abandonnés, négligés et même de subir des mauvais traitements. De tels enfants développent ultérieurement une rage intérieure qui va conduire à un comportement violent contre les gens et la société. Les crimes de violence sont souvent perpétrés par des individus qui veulent, de manière inconsciente, se venger contre les mauvais traitements qu'ils

---

[148]   Cfr. MORGENTALER, H., *Abortion Has Led to a Decrease in Crime*, in: WILLIAMS, M.E.(ed.), *Abortion: Opposing Viewpoints*, Greenhaven Press, San Diego, California 2002, pp. 153-156

ont subis pendant qu'ils étaient des enfants. Ce besoin de satisfaire cette forte envie intérieure de vengeance a comme conséquence une violence envers les enfants, les femmes, les membres des groupes minoritaires ou quelqu'un qui devient une cible de haine par l'auteur.

D'habitude, les enfants, qui grandissent dans une atmosphère d'amour et d'affection, deviennent des membres aimants et sur le plan affectif, des gens responsables de leur communauté. Ils prennent soin des autres parce qu'ils ont été entre des bonnes-mains. Des enfants, qui ont été privés d'affections et des bons soins, qui ont été négligés ou maltraités, souffrent des maux considérables, de sorte que cela puisse causer des maladies mentales, des difficultés de vivre, et même une rage intérieure qui peut éventuellement conduire à la violence lorsqu'ils atteignent l'adolescence ou l'âge adulte.

La plupart des tueurs en série furent des enfants négligés et maltraités, privés d'affection. Hitler et un Staline, par exemple, furent cruellement battus par leurs pères et ils ont porté tellement de haine dans leur cœur que, lorsqu'ils furent au pouvoir, ils causèrent, sans aucune pitié, la mort des millions des personnes. Mieux vaut prévenir que guérir, dit-on ; et prévenir la naissance des enfants non désirés par le planning familial, le contrôle des naissances et l'avortement, reste une médecine préventive, une psychiatrie préventive et une prévention des crimes violents.[149]

Il n'est pas du tout impossible que l'avortement soit bénéfique pour sa victime. Pour que l'avortement soit réellement meilleur pour le fœtus que la naissance, il faudrait satisfaire deux conditions. D'abord, il faudrait prévoir de manière fiable que la vie après la naissance pour cette personne sera si exécrable que le fait de n'avoir pas de vie. Ensuite, qu'il n'y ait pas de moyens disponibles pour améliorer la qualité de cette vie. Il existe des cas où les deux conditions sont satisfaites. C'est le cas du fœtus qui souffre des anomalies terribles et incurables et dont la suite possible ne sera qu'une vie remplie des

---

[149] Mona Charen montre plutôt que c'est la baisse de la consommation de la drogue qui a fait baisser les crimes et non l'avortement. Cfr. CHAREN, M., *Abortion Has Not Led to a Decrease in Crime*, in: WILLIAMS, M.E.(ed.), H., *Op. cit.*, pp. 157-160.

souffrances. C'est possible que la vie des enfants non désirés soit inévitablement dure que les deux conditions soient satisfaites. Mais pour la plupart des enfants non désirés, spécialement dans les pays développés, les deux conditions font défaut. L'adoption en particulier est un moyen pour s'assurer qu'une grossesse non désirée produira un enfant désiré.

4.3 La théorie intermédiaire ou modérée

Cette position se place entre les deux premières. Pour cette théorie intermédiaire, l'avortement n'est acceptable que dans certaines conditions : ainsi, pour éviter que la santé de la mère ne s'aggrave ou que sa vie ne soit mise en danger, on peut procéder à un avortement. C'est l'avortement « thérapeutique ». Il faut dire qu'aujourd'hui, à cause des avancées médicales, le danger de la grossesse a considérablement diminué dans certaines parties du globe. Ou encore lorsque l'on constate que le fœtus est atteint de malformations ou d'anomalies, et que cela puisse représenter une menace pour la santé psychique et l'équilibre social de la famille, on peut également procéder à un avortement. Si, par exemple, la mère est atteinte d'un cancer de l'utérus, l'opération que l'on pourrait effectuer pour enlever le cancer peut conduire à la perte de la vie de l'enfant. Dans une grossesse extra-utérine, l'enfant se développe à l'extérieur de l'utérus et n'a pas de chance de survie. Il doit être enlevé en vue de sauver la vie de la mère. Ce sont des situations tragiques ; mais même si une vie doit être sacrifiée, il faudrait par tous les moyens sauver l'autre vie. C'est ce que l'on appelle l'avortement eugénique. Le consentement maternel à l'avortement implique toujours un conflit moral d'intérêt. Le conflit est entre l'obligation de la mère de protéger, même de tuer, la vie de son enfant, et le droit de la mère, même de tuer, en vue de protéger sa propre vie. Dans le premier cas, la mère est invitée à se sacrifier en se tuant elle-même ; dans le deuxième cas, elle est invitée à sacrifier son enfant en le tuant. Bien qu'elle possède en aucune façon le droit de se sacrifier en se tuant, elle ne possède d'autre part aucun droit de sacrifier son enfant en le tuant.

Il existe trois types principaux de considération qui peuvent conduire quelqu'un à adopter une position modérée concernant l'avortement. En premier lieu, on peut être d'accord avec la position libérale qui admet que l'avortement n'est pas une chose mauvaise en soit, mais soutient qu'il devrait y avoir quelques restrictions légales sur sa disponibilité pour la simple raison que l'acceptation complète de la pratique pourrait avoir des conséquences indésirables.

En deuxième lieu, quelqu'un peut être d'accord avec la position libérale en ce qui concerne les avortements pratiqués plus tôt et différer en ce qui concerne les avortements pratiqués à d'autres étapes de la grossesse. Quelqu'un peut soutenir par exemple qu'il existe de bonnes raisons de croire que l'organisme humain devient une personne à un certain moment de la grossesse avant la naissance, et soutenir ainsi que l'avortement ne pourrait en aucune façon être défendable. Ou encore de manière plus agnostique, nous pouvons tout simplement soutenir que la moralité de l'avortement devient de plus en plus problématique au fur et à mesure que l'organisme humain se développe ou bien à cause des informations empiriques essentielles qui pèsent sur la moralité de la destruction du fœtus, et que nous n'avons pas pour le moment – comme la connaissance au sujet du type de vie mentale un fœtus humain profite de différentes étapes de son développement – ou peut-être parce que le concept moralement pertinent de la personne n'est pas encore suffisamment clair pour que son applicabilité soit déterminée avec confiance, dans tous les cas. Étant donné ce point de vue, il semblerait raisonnable de ne placer aucune restriction sur les avortements précoces, mais de demander que les conditions de plus en plus rigoureuses soient appliquées lorsque le fœtus devient plus âgé, et l'incertitude concernant son statut de personne devient de plus en plus grand.

Finalement, on peut adopter la position modérée à cause du désaccord que l'on peut avoir avec les deux courants, les libéraux et les conservateurs, au sujet des caractéristiques pertinentes de méfait qui sont impliquées ou au sujet du poids qui leur sont affectés. On peut avoir ici un nombre important de possibilités. On peut être d'accord avec les conservateurs qui affirment que l'avortement est de prime abord sérieusement mauvais, mais soutiennent qu'il existe des circonstances dans lesquelles l'avortement est moralement acceptable, tout bien considéré. On peut être d'accord avec la position libérale du fait que le fœtus humain n'est pas encore une personne, mais penser qu'il est autre, quoique des facteurs moins substantiels qui doivent être pris en considération. Ou troisièmement, on peut soutenir que la position libérale et la position conservatrice sont erronées en supposant que l'on doive tirer des lignes claires sur ce terrain, en raison du fait que les propriétés qui pèsent sur l'acceptabilité à tuer un individu sont celles aussi qui admettent les mesures.

C'est ce que l'on appelle aussi le principe de *double effet*.[150] Celui-ci entraîne la mise à mort d'un être innocent dans la mesure où cette mise à mort se fait de manière indirecte. Lorsqu'un acte peut produire deux effets, un bon et un mauvais, l'acte est loisible lorsque toutes les conditions suivantes sont satisfaites :
- *La qualité intrinsèque d'un acte* : l'acte, considéré en lui-même et indépendamment
de ses effets, n'est pas inacceptable.
- *La causalité* : on ne se sert pas de l'effet mauvais pour produire le bon effet.
- *L'intention* : uniquement le bon effet est désiré ; le mauvais effet est simplement toléré.
- *La proportionnalité* : le bon effet et le mauvais effet sont plus ou moins pondérés en importance.

Lorsque ces conditions sont satisfaites, et lorsque le mauvais effet est la mort d'un être, nous nous trouvons en présence d'un cas de mise à mort indirecte. Lorsqu'une à plusieurs conditions sont violées, la mise à mort est directe. Bien que les agents soient strictement interdits de faire le mal, le principe définit des conditions auxquelles ces agents peuvent occasionner le mal. Lorsque la vie de la mère est en jeu, le bon effet d'un avortement est la préservation de cette vie, alors que le mauvais effet est la mort du fœtus.

---

[150] Voir ce que nous avons dit plus haut au point 4. 1. 3. Il faut signaler que dans l'Église catholique est l'accent est davantage mis sur l'intention que sur les autres points.

Prenons quelques cas[151] :

Les cas des avortements directs

Premier cas : au début de sa grossesse, on trouve qu'une femme souffre d'une hypertension chronique. Si la grossesse continue sa progression jusqu'au moment où le fœtus devient viable, la femme risque probablement d'avoir une surcharge de son système cardio-vasculaire.

Deuxième cas : Alors que la femme est en travail, on découvre que le fœtus a l'hydrocéphalie. La grosseur anormale de la tête du fœtus fait qu'un accouchement de manière normale est impossible. Et la mère et le fœtus vont trouver la mort si on essaye de faire l'accouchement de manière normale. Même en faisant la césarienne, les deux ne vont pas survivre. Le seul moyen qui reste pour sauver la vie de la mère, c'est d'écraser le crâne du fœtus (la craniotomie), et ainsi rendre possible l'accouchement du mort-né par voie vaginale.

Si la tête du fœtus est assez large pour passer à travers le bassin obstétrical à la naissance, serait-il moralement permis pour le médecin de réduire la taille de la tête en faisant sortir le liquide du crâne, étant donné que la procédure occasionne habituellement la mort du fœtus ? L'hydrocéphalie consiste en une accumulation anormale du liquide céphalorachidien à l'intérieur des ventricules, des cavités sous-arachnoïdiennes et le canal médullaire. Cette situation arrive dans environ 0,05 à 0,14 pour cent des fœtus, et compte parmi 12 pour cent environ de toutes les déformations sérieuses à la naissance.[152] Le liquide peut faire augmenter la pression intracrânienne, et si la

---

[151] Nous suivons ici SUMNER, L.W., *Abortion and Moral Theory*, Princeton University Press, Princeton, NJ 1981, pp. 116-123.

[152] Cfr. McINTOSH, R., MERRITT, K.K., RICHARDS, M.R., SAMUELS, M.R. & BELLOWS, M.T., *The Incidence of Congenital Malformation: A Study of 5.964 Pregnancies*, in: *Pediatrics* 14(1954): 505-521; EDWARDS, J.H., *Congenital in Scotland*, in: *British Journal of Preventive and Social Medicine* 12(1958): 115-130; PRITCHARD, J.A., MCDONALD, P.C. & GANT, N.F., *Williams Obstetrics*, 17th ed., Appleton-Century-Crofts, Norwalk 1985, p. 669.

pression reste obstinément élevée, il détruit la substance blanche cérébrale causant un handicap irréversible.[153] Une grande quantité de liquide peut augmenter le volume du crâne faisant le passage normal de la tête du fœtus à travers la filière pelvigénitale pratiquement impossible. Dans 70 à 86 pour cent des cas, l'hydrocéphalie est souvent accompagnée par d'autres graves anomalies, comme des défauts du cœur, les déformations du cerveau et, dans environ un tiers des cas, la myélographie (myéloméningocèle).[154]

---

[153] Cfr. MEALEY, J.(Jr.), GILMON, R.L. & BUBB, M.P., *The Prognosis of Hydrocephalus Overt at Birth*, in: *Journal of Neurosurgery* 39(1973): 348-55; WELLER, R.O. & SHULMAN, K., *Infantile Hydrocephalus: Clinical, Histological, and Ultrastructural Study of Brain Damage*, in: *Journal of Neurosurgery* 36(1972): 255-65; RUBIN, R.C., HOCHWALD, G. et al., *The Effect of Severe Hydrocephalus on Size and Number of Brain Cells*, in: *Developmental Medicine and Child Neurology* 14, Suppl. 27(1972): 117-20.

[154] Cfr. PRITCHARD, J.A., MCDONALD, P.C. & GANT, N.F., *Op. cit.*, p. 669; HARRISON, M.R., GOLBUS, M.S. & FILLY, R.A., *The Unborn Patient*, Grune & Stratton, Orlando 1984, pp. 349-77; CHERVENAK, F.A., BERKOWITZ, R.L., TORTORA, M. & HOBBINS, J.C., *The Management of Fetal Hydrocephalus*, in: *American Journal of Obstetrics and Gynecology* 151, 7(1985): 933-41; WILLIAMSON, R.A., SCHAUBERGER, C.W., VARNER, M.W. & ASCHENBRENER, C.A., *Heterogeneity of Prenatal Onset Hydrocephalus: Management and Counseling Implications*, in: *American Journal of Medical Genetics* 17(1984): 497-508; VINTZILEOS, A.M., CAMPBELL, W.A., WEINBAUM, P.J. & NOCHIMSON, D.J., *Perinatal Management and Outcome of Fetal Ventriculomegaly*, in: *Obstetrics and Gynecology* 69(1987): 5-11; NYBERG, D.A., MACK, L.A., HIRSCH, J., PAGON, R.O. & SHEPARD, T.H., *Fetal Hydrocephalus: Sonographic Detection and Clinical Significance of Associated Anomalies*, in: *Radiology* 163(1987): 187-91; HUDGINS, R.J., EDWARDS, M.S.B., et al., *Natural History of Fetal Ventriculomegaly*, in: *Pediatrics* 82(1988): 692-97; DRUGAN, A., KRAUSE, B., et al., *The Natural History of Prenatally Diagnosed Cerebral Ventriculomegaly*, in: *Journal of the American Medical Association* 261(1989): 1785-88.

Il existe deux approches principales pour l'accouchement d'un fœtus hydrocéphalique.[155] La première approche essaye de minimiser le traumatisme du fœtus. Cela implique qu'il faudrait procéder à l'accouchement aussitôt que les poumons du fœtus auraient atteint la maturité, de sorte que la situation du nourrisson puisse être évaluée et commencer le traitement qui comprend entre autres l'insertion de la ventriculopéritonéostomie si cela est possible en vue de drainer l'excès du liquide. Au moment de l'accouchement, on devrait tenir compte des risques de la prématurité, contrebalancés par le risque de lésion cérébrale due au rallongement de l'hydrocéphalie. Cette approche utilise la césarienne lorsque la tête du fœtus est plus large que l'ouverture pelvienne, en vue d'éviter un trauma au fœtus. L'inconvénient de cette approche est l'exposition de la femme aux risques d'opération. La césarienne représente deux à onze fois le taux de mortalité liée à la maternité.[156] Parmi les complications supplémentaires dues à la césarienne, nous trouvons les infections, l'hémorragie, et des blessures sur les voies urinaires.

La deuxième approche différente essaye de minimiser les risques physiques à la femme enceinte en évitant la césarienne. Cette approche implique la continuation de la grossesse jusqu'au moment où débute le travail suivi de l'accouchement. Si la tête du fœtus est trop large pour passer à travers le bassin obstétrical, alors on introduit une aiguille dans la tête du fœtus pour extraire le liquide

---

[155] Pour ce qui suit, on peut lire, STRONG, C., *Delivering Hydrocephalic Fetuses*, in : *Bioethics* 5, 1(1991) : 2-6.

[156] Cfr. PRITCHARD, J.A. & MACDONALD, P.C., *Williams Obstetrics*, 16th ed. Appleton-Century-Crofts, New York 1976, pp. 1082-83; EVRARD, J.R. & GOLD, E.M., *Cesarean Section and Maternal Mortality in Rhode Island*, in: *Obstetrics and Gynecology* 50(1977): 594-97; RUBIN, G.L., PETERSON, H.D., ROCHAT, R.W., MCCARTHY, B.J. & TERRY, T.S., *Maternal Death After Cesarean Section in Georgia*, in: *American Journal of Obstetrics and Gynecology* 139(1981): 681-85; MILLER, J.M. (Jr.), *Maternal and Neonatal Morbidity and Mortality in Cesarean Section*, in: *Obstetrics and Gynecology Clinics of North America* 15, 4(1988): 629-38.

céphalorachidien en vue de réduire la taille de la tête. Mais cette procédure se termine toujours par la mort du bébé.[157]

Les cas des avortements indirects

Troisième cas : En début de sa grossesse, on trouve qu'une femme souffre d'un cancer du col de l'utérus. Si on pratique l'hystérectomie, les chances de survie sont élevées ; autrement la femme risque de perdre la vie.

Quatrième cas : On constate en début de grossesse une grossesse tubaire. À moins de faire un avortement ou une excision au tube (la salpingectomie), la femme peut trouver la mort suite à la rupture de la trompe.

Tous ces cas ont deux traits en commun : - si une opération appropriée n'est pas réalisée, la femme va certainement ou probablement mourir ; - le fœtus va certainement mourir si on fait l'opération ; et va certainement ou probablement mourir si on ne fait pas cette opération. Aucun de ces traits cependant ne distingue un avortement direct d'un avortement indirect. Ainsi, si on peut distinguer les deux premiers cas de deux derniers, il faudrait le faire à partir de la causalité et des conditions d'intention. La valeur de base est que dans les premiers cas le fait de mettre à mort le fœtus est le moyen de sauver la vie de la mère, alors que dans les derniers cas, ce n'est pas le cas. Ainsi, dans les premiers cas, le médecin doit avoir l'intention de tuer le fœtus s'il veut réellement sauvegarder la vie de la mère ; alors que dans les derniers cas il n'a pas besoin et ne doit pas avoir l'intention de le faire.

---

[157]   Cfr. CHERVENAK, F.A., BERKOWITZ, R.L., TORTORA, M. & HOBBINS, J.C., *The Management of Fetal Hydrocephalus*, in: *American Journal Obstetrics and Gynecology* 151, 7(1985): 933-41; CHERVENAK, F.A. & ROMERO, R., *Is there a Role for Fetal Cephalocentesis in Modern Obstetrics?*, in: *American Journal of Perinatology* 1(1984): 170-73; MCCRANN, D.J. & SCHIFRIN, B.S., *Heart Rate Patterns of the Hydrocephalic Fetus*, in: *American Journal of Obstetrics and Gynecology* 117(1973): 69-74; COCHRANE, D.D. & MYLES, S.T., *Management of Intrauterine Hydrocephalus*, in: *Journal of Neurosurgery* 57(1982): 590-96.

Le médecin peut prévoir avec certitude que s'il fait l'hystérectomie ou la salpingectomie, le fœtus va mourir ; mais la mort du fœtus n'est pas en soi nécessairement entreprise pour sauver la vie de la femme. C'est plutôt la procédure chirurgicale qui est ici nécessaire au risque de mettre en danger la vie de la mère.

L'avortement dit thérapeutique. On pourrait parler ici d'une interruption volontaire de grossesse, car celle-ci est arrêtée lorsque l'on se trouve en présence d'un danger pour la vie ou pour la santé de la mère. On parle souvent d'« avortement indirect » lorsque, par exemple, on enlève une tumeur au niveau de l'utérus et que cela occasionne d'une manière indirecte la mort du fœtus.

On propose l'« avortement thérapeutique » comme unique moyen de pouvoir sauver la vie de la mère, dans la mesure où la poursuite de la grossesse causerait la mort de la mère. On peut pourtant se trouver en présence de deux situations : soit en poursuivant la grossesse, on arriverait à la mort de tous les deux, la mère et l'enfant ; soit alors on aurait la certitude de la mort de la mère, mais avec l'espoir de sauver l'enfant.

Lorsque l'on dit que l'avortement « thérapeutique » est offert en vue de sauvegarder la santé de la mère, on pourrait envisager certaines situations possibles : on pourrait envisager que la poursuite de la grossesse serait tout simplement un risque pour la vie de la mère ou que la grossesse pourrait présenter une aggravation permanente de la santé de la mère. On pourrait y ajouter aussi des conditions socio-économiques qui auraient de graves répercussions non seulement sur l'état de santé psychique de la mère, mais également sur la vie de toute la famille.

L'avortement eugénique. L'eugénisme vient du terme grec eugenos : *eu* qui veut dire bien et de *genos* signifiant, né. Le terme se réfère ainsi à l'amélioration de la race par la maternité des enfants en bonne santé. L'eugénisme est la science qui s'occupe de toutes les influences qui peuvent améliorer les qualités innées de l'espèce humaine, spécialement à travers le contrôle des facteurs héréditaires.[158] Un programme eugénique est une structure de politique publique conçue dans le but d'avoir ses effets sur les fréquences génétiques au niveau de toutes les populations. L'eugénisme négatif est un effort systématique au niveau décisionnel ou programmatique en vue de minimiser la transmission des gènes qui sont considérés comme délétères. L'eugénisme positif joue en sens inverse de l'eugénisme précédent, dans la mesure où celui-ci joue pour maximiser la transmission des gènes qui sont considérés comme désirables. On procède à l'avortement dans le but d'empêcher la naissance d'un enfant malformé, taré ou porteur de handicap. En faisant l'avortement, on évite ainsi à l'enfant de mener une vie non humaine et de porter un poids onéreux du sacrifice. C'est pour cette raison que l'on utilise des techniques du diagnostic prénatal.[159] Dans le but d'améliorer la lignée humaine, on propose parfois d'obtenir une bonne source de cette lignée. Le meilleur moyen d'arriver à l'élimination des caractéristiques non désirées, c'est de faire l'avortement.

L'argument eugénique est d'avoir une origine impressionnante et ancienne. Dans son livre, *La République*, Platon préfère aussi bien l'avortement eugénique que l'infanticide. La majeure partie de l'argument concernant l'avortement eugénique est que le patrimoine génétique de notre espèce devrait être amélioré en le libérant des éléments nuisibles. Mais de cette prémisse, on ne pourrait pas tirer une conclusion selon laquelle, on devrait mettre à mort tous les individus ayant des gènes défectueux ou qui sont indésirables de manière eugénique. On veut tout simplement dire qu'il faudrait faire en sorte que ces gènes soient inaccessibles au patrimoine génétique aux autres membres de cette espèce ou tout simplement les faire

---

[158] Cfr. GARVER, K.L. & GARVER, B., *Feature Article/ Historical Perspectives. Eugenics: Past, Present, and Future*, in: *American Journal of Human Genetics* 49(1991): 1109-1118, ici à la page 1109.

[159] Le Pape Jean-Paul II et la Congrégation pour la doctrine de la foi considéraient le diagnostic prénatal comme constituent une sérieuse invitation à l'avortement dans les cas où on découvrait des anomalies. Si l'on fait ce diagnostic avec le but avoué d'avorter dans le cas d'anomalies dans le fœtus, alors, l'utilisation du diagnostic prénatal est en lui-même mauvais.

disparaître. Pour y arriver, il y a un grand nombre de stratégies, comme l'abstinence sexuelle, la contraception ou la stérilisation. En plus, à part quelques exceptions, il est difficile à déterminer avec certitude le maquillage génétique d'un enfant se trouvant dans l'utérus.

Que pouvons-nous dire de la déformation d'un enfant suite à la rubéole contractée par la mère dès les premières heures de la grossesse ? En plus, il est difficile à dire avec précision si un cas isolé de rougeole équivaut à la rubéole ; ceci ne peut être déterminé avec un grand degré de certitude uniquement dans le cas d'épidémie de rubéole. Il est proposé que les femmes qui ont la rubéole durant la grossesse puissent faire un avortement au nom du bien-être de l'enfant.[160]

---

[160]   Le gouvernement français a cédé en 2002 sous la pression de l'opinion publique et renversa une disposition légale très controversée qui reconnaissait le droit à un enfant handicapé de chercher des dommages. Tout est parti de 1982. Cette-là, Josette Perruche découvre des points rouges sur le corps de sa fille de quatre ans. A l'hôpital, on découvrit que la fille souffrait de la rubéole. Madame Perruche demanda alors à son médecin que si jamais elle se trouvait elle-même infectée dans le futur par cette maladie, elle préférerait avorter que de donner naissance à un enfant sérieusement handicapé.

Madame Perruche subira deux tests de sang lors de sa prochaine grossesse en deux semaines. Le médecin rassure madame Perruche en lui disant qu'elle pouvait continuer sa grossesse sans danger. En fait, les tests qu'avait subis madame Perruche étaient contradictoires. Un test de sang qu'on fera plus tard, relèvera que le laboratoire avait fait une erreur.

Nicolas Perruche naîtra en 1983, sourd, à moitié aveugle et avec des lésions cérébrales graves. Ce fut une catastrophe pour madame Perruche qui tomba dans la dépression pendant deux ans. Aujourd'hui, c'est une institution gouvernementale qui s'occupe de Nicolas. Comme ses parents sont divorcés, Nicolas passe ses week-ends alternativement auprès de sa mère ou de son père.

En 2000, la plus haute cour d'appel de France accorda des dédommagements au jeune Nicolas Perruche, alors âgé de 17 ans. Cet arrêt de la cour fut interprété comme une reconnaissance du droit de l'enfant handicapé à chercher des dédommagements prétendument

Il faut dire que nous assistons depuis plusieurs décennies à une nette amélioration des conditions des personnes handicapées. En outre, les handicapés eux-mêmes ont engagé un grand combat contre l'institutionnalisation de la discrimination sur le lieu de travail, l'éducation, le transport et l'habitation. Ils ont combattu pour la réhabilitation et l'indépendance des programmes de vie, et ont, par la suite, démontré que les personnes handicapées pouvaient bien participer et contribuer à l'amélioration de la société. Les antibiotiques et les techniques chirurgicales perfectionnées ont aidé à adoucir les conditions qui étaient, par le passé, mortelles. Par conséquent, les gens handicapés vivent longuement et en bonne santé. Et on assiste également à une augmentation de la population avec des conditions de handicap sévère. Des fauteuils motorisés pour les handicapés, améliorations des conditions d'accès pour les handicapés dans des lieux publics comme les bus, les métros, les ascenseurs, etc., les appareils mobiles de respiration, et les ordinateurs et les nouvelles technologies de communication, ont augmenté la mobilité et l'accès à l'éducation et à l'emploi pour les gens qui, auparavant, étaient mis au ban de la société à cause de leurs handicaps.

Il est parfois ironique de constater qu'après tout ce progrès, les nouvelles techniques génétiques et les techniques de reproduction promettent aujourd'hui d'éliminer les naissances des enfants handicapés – les enfants avec le syndrome de Down, spina-bifida, les enfants avec des atrophies musculaires, l'anémie à hématies falciformes, et des centaines d'autres conditions. Les anencéphaliques, par exemple, ont peu ou pas de cerveau supérieur (principalement le tronc du cerveau) et sont uniformément reconnus pour avoir des soins de surveillance.

---

pour avoir été conçu. Avant cela, il n'y avait que les parents qui pouvaient demander un dédommagement. En février 1997, les parents reçurent la compensation, et en novembre 2000, Nicolas lui-même fut dédommagé. La cour considéra qu'il y avait des risques du fait de dédommager uniquement les parents à cause de la possibilité de la séparation ou de la mort des parents.

On peut lire toute cette controverse dans SPRIGGS, M. & SAVULESCU, J., *The Perruche Judgment and the « Right Not To Be Born »*, in: *The Journal of Medical Ethics* 28(2002): 63-64.

Ces enfants peuvent être sous respirateur pour le reste de leur vie.[161] Il en est de même pour les enfants ayant la trisomie 13 et 18. Ces enfants ont des conditions incompatibles avec le développement de la vie. Beaucoup de gens du métier sont d'accord pour ne pas donner un traitement spécialisé à ces enfants, mais par contre, il n'existe aucun consensus en ce qui concerne l'utilisation de l'alimentation, la respiration et des antibiotiques.[162] Plusieurs de ces enfants peuvent vivre plus longtemps s'ils reçoivent des traitements agressifs. À côté de ces enfants, il existe des enfants soumis à un traitement obligatoire. Ainsi en est-il des nouveau-nés ayant le syndrome de Down dont la seule complication est une atrésie duodénale ou les enfants avec le spina-bifida. Que dire alors des prématurés qui naissent avec 500 ou 600 grammes de poids ? Ces enfants ont la probabilité de mourir quels que soient les soins dont ils sont l'objet. Et si certains survivaient, ils auraient la chance de vivre avec des handicaps permanents. Le public a apparemment accepté ces technologies de protection basées sur la supposition du sens commun affirmant que l'examen prénatal et l'avortement sélectif peuvent potentiellement réduire l'incidence de la maladie et de handicap et, par conséquent améliorer la qualité de vie.

L'avortement spontané. On trouve plusieurs facteurs qui peuvent provoquer un avortement spontané : des facteurs chromosomiques, endocriniens, maladies infectieuses, troubles du métabolisme, malformations des organes génitaux, facteurs immunitaires et des causes psychologiques. Il est parfois difficile à cerner l'étiologie de

---

[161]   Cfr. WALTERS, J.W. & ASHWAL, S., *Organ Prolongation in Anencephalic Infants: Ethical and Medical Issues*, in: *Hastings Center Report* 18(1988): 19-27.

[162]   Cfr. WEIR, R., *Selective Non-Treatment of Handicapped Newborns*, Oxford University Press, New York 1984, p. 235; SHAW, A. et al., *Ethical Issues in Pediatric Surgery: A National Survey of Pediatricians and Pediatric Surgeons*, in: *Pediatrics* 60(1977): 588-599; LEVIN, B.W., *Consensus and Controversy in the Treatment of Catastrophically Ill Newborns, Report of a Survey*, in: MURRAY, T.H. & CAPLAN, A.L. (eds.), *Which Babies Shall Live? Humanistic Dimensions of the Case of Imperiled Newborns* The Humana Press, Clifton, N.J. 1985, pp. 169-212.

l'avortement spontané qui représente souvent dans la majorité des cas un épisode isolé.

Il existe des cas où l'avortement spontané se présente trois ou quatre fois de suite ou même plus. On parle alors d'avortement répété spontané (ARS). Selon la manière dont celui-ci se manifeste chez un couple, on peut diviser l'avortement répété spontané en primitif et secondaire, suivant que la femme n'a pas eu d'accouchement à terme ou prématuré, avec enfants vivants ou si, suite à la naissance d'un ou de plusieurs enfants, la femme a eu des avortements répétés.

Les causes de l'avortement répété spontané ne sont pas toujours décelables. On peut néanmoins trouver certains facteurs qui sont remarquables : des facteurs du milieu de vie ou du travail ; des facteurs chromosomiques ; des facteurs hormonaux ; des malformations, fibromes ou synéchies utérins, endométrites ; des infections comme celles qui sont à Ureaplasma Urealyticum, Mycoplasma Hominis, Chlamydia Trachomatis ; des facteurs auto-immunitaires ; des causes psychiques (on peut trouver le fait que la femme puisse désirer ardemment un enfant au niveau conscient alors qu'au niveau inconscient, elle ne veut pas du tout en avoir).

Lorsque la cause de l'avortement répété spontané est connue, il est possible d'intervenir efficacement. « Mieux vaut prévenir que guérir », dit-on. C'est ainsi que, dès qu'il y a la présomption de grossesse, chaque femme ou chaque couple devra prendre toutes les précautions possibles pour réduire au maximum le risque d'un avortement spontané. Mais il est vrai que parfois des facteurs de risque proviennent de l'environnement ; ce qui dépasse à ce moment-là le niveau de l'intervention individuelle. Il faudrait alors mettre en œuvre l'intervention de toute la communauté. Quelquefois, c'est une question d'une incapacité pathologique à continuer la grossesse, et dans ce cas, il serait vain de pratiquer des thérapies qui peuvent se révéler en définitive comme un acharnement thérapeutique à l'égard du fœtus dont on sait à l'avance que la mort est certaine.

Que dire d'une femme violée et qui porte la grossesse de ce viol ? Il faut dire que le viol n'est jamais la faute de l'enfant qui va naître et qu'il faut punir la partie coupable. Il s'avère que la plupart des femmes violées, qui donnent naissance à des enfants, ne veulent pas faire l'avortement. Certaines de ces femmes placent directement leurs enfants pour l'adoption après la naissance ; d'autres décident de prendre en charge elles-mêmes leurs enfants. Mais il faut dire que, comme plusieurs femmes qui sont en situation de crise, les femmes qui portent la grossesse due à un viol méritent de la compassion et un amour inconditionnel, qu'elles choisissent d'avorter ou pas. Mais de la compassion et un amour vrai impliquent de l'honnêteté en face des vérités morales difficiles et même, parfois, un appel à la générosité héroïque.

On pourrait toutefois élever une objection en disant qu'une personne moralement honnête n'a pas besoin d'accomplir des actes héroïques ; et qu'il n'est qu'indubitablement vrai qu'une femme qui mène à terme un enfant qu'elle porte suite à un viol accompli reste un acte héroïque. Normalement, une personne a un choix à faire entre ce qui est moralement mauvais, ce qui est moralement acceptable et ce qui est moralement héroïque. Mais dans certaines circonstances, y compris des circonstances créées par des choix mauvais des autres personnes, il arrive que soit omise la catégorie de ce qui est acceptable, nous laissant la possibilité de faire le choix entre ce qui est moralement mauvais et ce qui est moralement héroïque. À supposer qu'un dictateur vous demande à torturer votre mère à mort ou faire face à un peloton d'exécution, vous aurez à faire le choix entre ce qui est moralement mauvais et ce qui est moralement héroïque.[163] Une option acceptable n'est pas disponible ici. Le poids des réflexions philosophiques depuis Platon en passant par Kant, jusque Dietrich Bonhoeffer, nous recommande avec insistance de faire le bien et d'éviter de faire le mal, même si le coût personnel à payer est très élevé, même si nous sommes forcés à choisir entre ce qui est moralement acceptable et ce qui est moralement héroïque dans des cas où ce qui est acceptable n'est pas disponible à cause des mauvais choix imposés par d'autres personnes.

---

[163] Exemple donné par Christopher Kaczor, *op. cit.*, p. 185.

4.4 La politique officielle d'avortement

La procédure chirurgicale spécifique et ses conséquences sont la responsabilité du médecin. C'est lui qui, en consultation avec le patient, doit déterminer l'étape gestationnelle, rassembler les autres faits médicaux, et choisir la technique médicale appropriée. Alors que normalement l'État ne devrait pas intervenir dans les décisions médicales concernant la procédure de l'avortement, il peut cependant influencer les circonstances ou l'environnement dans lequel doit se tenir l'avortement, et, par conséquent, la procédure utilisée. Dans le sens plus large, le facteur plus important est l'attitude de l'État en général dans la régulation de la fertilité et le planning familial. Si le gouvernement adopte une position négative envers le planning familial et la contraception, il peut influencer les circonstances sous lesquelles s'effectue l'avortement.

Le problème de la grossesse indésirée a toujours existé depuis la nuit des temps. Ternie par la honte, le secret et l'ignorance, l'avortement a été entouré par une atmosphère d'ambivalence sociale à travers le monde. À partir de 1803, l'avortement devient en Angleterre un délit puni par la loi à la prison à perpétuité. Cette décision légale va se propager dans le monde de l'époque. Le but de cette loi contre l'avortement était de protéger la femme contre les infections et contre tous les dangers qui pouvaient envahir l'utérus en état de grossesse. Avec le peu des connaissances que l'on avait à l'époque sur l'antisepsie et sans des antibiotiques, les opérations étaient hautement dangereuses avant le milieu du vingtième siècle, à cause notamment du danger d'infection postopératoire.

Il ne faudrait pas non plus oublier l'influence de l'Église catholique, qui en 1869 va publiquement condamner l'avortement. Le pape Pie IX par sa constitution *Apostolicae Sedis* condamne toute forme d'avortement, même celui qui est entrepris pour sauver la femme. Aucune distinction n'est alors faite entre un fœtus qui a déjà pris forme ou pas lorsque l'Église impose l'excommunication à ses fidèles coupables d'avortement.

C'est vers le début du vingtième siècle que nous allons trouver une libéralisation de l'avortement. En 1920, l'Union Soviétique devint le premier pays à libéraliser l'avortement, suivi par l'Islande en 1935. Un mouvement à l'échelle planétaire va se poursuivre pour la libéralisation de l'avortement : les pays de l'Europe du Nord comme la Suède et le Danemark vont libéraliser en 1938, les pays de l'Europe de l'Est et du Centre en 1955, la Chine en 1957, la Tunisie en 1965, Le Royaume-Uni en 1967, et l'Inde en 1971. Avec la décision *Roe v. Wade*, les États-Unis, entre dans la libéralisation de l'avortement en 1973. Deux années plus tard, en 1975, des lois libérales passent en France, en Australie, la République Fédérale Allemande, l'Iran, le Libéria, et la Nouvelle-Zélande suivit, en 1977, par Israël et l'Italie. Un total de trente pays a ainsi changé leurs lois un peu plus de deux décennies après 1954. Nous trouvons des exceptions dans les pays d'Amérique Latine, l'Amérique centrale et l'Afrique.

Même certains pays musulmans comme le Bangladesh tolèrent encore l'avortement dans les premiers stades du développement du fœtus pour des raisons des valeurs religieuses, alors que dans les stades avancés du fœtus, l'avortement reste illégal. La libéralisation de l'avortement vint très rapidement dans les pays développés de l'Europe où le taux de natalité était déjà bas, bien qu'un tel développement ne servit pas en premier lieu les intérêts démographiques de ces pays. Les raisons principales que l'on avançait pour la libéralisation de l'avortement étaient des considérations de santé publique. Entre autres, pour baisser la mortalité et la morbidité provenant des avortements illégaux ; fournir de cette manière l'avortement aussi bien aux pauvres qu'aux riches ; et donner aux femmes le droit de contrôle sur leur fertilité.

La conférence mondiale sur les droits de l'homme de Vienne en 1993 a marqué un début important dans la reconnaissance des droits sexuels et reproductifs comme des droits humains. Parmi les autres objectifs, la conférence de Vienne chercha à mettre fin à la discrimination des sexes dans toutes ses manifestations ; la violence à base du sexe, l'exploitation sexuelle et le harassement sexuel. Cependant, le point essentiel pour le développement concernant les droits de reproduction et les droits sexuels fut le consensus que l'on a atteint lors de la conférence internationale sur la population et le développement qui s'était tenue au Caire en 1994,[164] et à la quatrième conférence mondiale sur les femmes qui a eu lieu à Beijing en Chine en 1995.[165]

La conférence du Caire a défini la santé reproductive comme un état complet de bien-être physique, mental et social, et non pas simplement l'absence de maladie dans tout ce qui a trait au système de reproduction et de ses fonctions et processus. La santé reproductive est conçue ici comme incluant un droit à une vie sexuelle satisfaisante et saine, avec la possibilité de se reproduire et la liberté de décider sur la possibilité, le temps et la fréquence de le faire. La conférence de Beijing a ainsi consolidé le terrain gagné durant la conférence du Caire. Celle-ci se prononça de manière claire pour souligner que les droits humains des femmes incluaient le droit d'avoir un contrôle et de décider librement de manière responsable sur les matières ayant trait à leur sexualité, y compris la santé reproductrice et sexuelle, exempt de toute coercition, de toute discrimination et de toute violence. Le respect pour l'autodétermination, aussi bien que la dignité humaine et l'égalité, sont des valeurs qui sont au cœur des droits de reproduction et de santé sexuelle.

Nous trouvons très peu de pays à travers le monde où l'avortement est illégal. La tendance aujourd'hui est à la libéralisation. Mais, dans certains pays, bien que l'avortement soit relativement facile à obtenir, il existe encore certaines restrictions légales. On peut classifier plusieurs formes de politique d'avortement. Il y a des pays où l'avortement est illégal dans toutes les circonstances.[166] Mais quel

---

[164] Cfr. UNITED NATIONS, *Population and Development, Programme of Action Adopted at the International Conference on Population and Development, Cairo, 5-13 September 1994*, United Nations, Department for Economic and Social Information and Policy Analysis, New York 1994; COOK, R.J., DICKENS, B.M. & FATHALLA, M.F., *Reproductive Health and Human Rights*, Clarendon Press, Oxford 2003, pp. 4, 11-12.

[165] Cfr. UNITED NATIONS, Department of Public Information, *Platform for Action and the Beijing Declaration. Fourth World Conference on Women, Beijing, China 4-15*, UN, New York 1995.

[166] Parmi les pays qui ne permettent pas l'avortement même lorsque la vie de la mère est en danger, il faut citer l'État du Vatican, le Chili, le

serait l'intérêt de l'État en bannissant l'avortement ? On peut ici imaginer toutes sortes des raisons et d'intérêts que l'État pourrait avoir, comme encourager l'augmentation de la population ou décourager des comportements sexuels illicites. Dans d'autres pays, on trouve une assistance psychologique pour les femmes qui désirent avorter. Cette assistance aide la femme à prendre une décision concernant la manière de faire face à une grossesse non désirée. Le but de l'assistance est de l'aider aussi à mettre en application sa décision. Et, finalement, la femme reçoit de l'assistance en vue de parvenir à contrôler sa fertilité future.[167]

Avec toutes ces théories qui circulent dans la société, ne serait-il pas sage pour l'État de rester neutre ? Il serait inapproprié pour l'État de supporter activement l'avortement avec des fonds publics au lieu de le tolérer dans un contexte de désaccord moral. Alors que la tolérance est acceptable, la prise en charge par l'État n'est pas du tout souhaitable dans une situation où les citoyens sont en désaccord dans des sujets éthiques. C'est une chose que de tolérer les pratiques de différentes religions, et c'est tout à fait autre chose que l'État puisse ouvertement proclamer la vérité d'une religion particulière et de la supporter avec l'argent des contribuables.

Le Brésil qui possède la plus grande population catholique de l'Amérique Latine ne donne accès à l'avortement qu'en cas de viol ou pour sauver la vie de la femme enceinte.[168] Et pourtant, chaque année 1,4 million des femmes cherchent l'avortement dans une sur trois grossesses. Environ 250 000 femmes brésiliennes ont recours à un traitement dans des hôpitaux publics suite aux complications de l'avortement. À travers le continent américain, plus de 3,8 millions des femmes ont pratiqué des avortements dangereux clandestins en 2000, avec 12 pour cent de mortalité maternelle.

Honduras, El Salvador et le Nicaragua. Cfr. RIPLOGLE, J., *Abortion Debate Heats Up in Latina America*, in: *The Lancet* 370(July 28, 2007): 305.

[167] Cfr. ASHER, J.D., *Abortion Counseling*, in: *American Journal of Public Health* 62(1972): 686-688.

[168] Pour ce qui suit, voir l'éditorial du journal *The Lancet*, *Making Abortion Legal, Safe, and Rare*, in: *The Lancet* 370(July 28, 2007) : 291.

Le poids de ces avortements dangereux est supporté de manière disproportionnée par les pauvres, les défavorisés et les jeunes. On estime chaque année 210 millions de grossesses dans le monde. Une sur cinq femmes va choisir l'avortement. Trois quarts de ces femmes vit dans les pays en développement où 97 pour cent des 20 millions d'avortements dangereux sont pratiqués. Un quart de ces femmes sont entre 15 et 19 ans. 68.000 femmes meurent des suites de ces avortements, et 5,3 millions des femmes restent avec des handicaps temporaires ou permanents. Au Kenya où l'avortement n'est pratiqué que pour sauver la vie de la femme enceinte, plus de 300 000 avortements sont pratiqués chaque année, dont 50 pour cent se termine par la mort de la femme.

Selon l'Organisation Mondiale de la Santé (OMS), il y a chaque année environ 46 millions d'avortements provoqués dans le monde, dont presque 20 millions de ces avortements sont conduits dans des conditions peu sûres.[169] On compte environ 585 000 femmes qui meurent chaque année durant la période de la grossesse ou immédiatement après l'accouchement ou après un avortement provoqué. 99% de la mortalité maternelle arrivent dans les pays à revenu faible.[170] L'avortement dangereux, qui désigne une procédure pratiquée par une personne manquant de compétences nécessaires ou exerçant dans un environnement manquant un minimum de critères médicaux ou les deux à la fois, contribue énormément à la mortalité maternelle. Les avortements dangereux sont responsables de 50 000 à 100 000 morts que l'on pourrait éviter chaque année à travers le monde.[171]

L'avortement provoqué est strictement restreint en Afrique au sud du Sahara. En dehors de quelques pays où l'avortement est permis, l'avortement n'est utilisé qu'au cas où la grossesse menacerait la vie de la femme. Même là où les lois sont libérales, la disponibilité des services est tellement médiocre et les exigences pour une procédure

---

[169]   Cfr. WHO 2003.

[170]   Cfr. WHO, *Maternal Mortality. A Global Factbook*, WHO, Geneva 1997.

[171]   Cfr. WHO, *Abortion. A Tabulation of Available Data on the Frequency and Mortality of Unsafe Abortion*, 2nd Edition, WHO, Geneva 1994.

élective sont aussi si terribles que beaucoup d'avortements se font de manière clandestine et de façon dangereuse.[172]

Les données sur l'étendue de l'avortement provoqué en Afrique subsaharienne sont contradictoires ; et un reportage étoffé et soutenu en la matière reste un grand problème. En République Démocratique du Congo, par exemple, 15% des femmes gestantes âgées de 13 à 49 ans signalent avoir eu un avortement provoqué.[173] Au Kenya, en Afrique du Sud, au Nigeria et en Ouganda, l'incidence parmi les adolescents varie de 1,5% à 29%.[174]

Les données recueillies auprès des femmes suspectées cliniquement d'avortement provoqué ne sont pas fiables. Dans les pays où l'intervention est illégale, les femmes qui ont eu un avortement provoqué ont de la peine à l'admettre. En Tanzanie, par exemple,

---

[172] Cfr. ROGO, K.O., *Induced Abortion in Sub-Saharan Africa*, in: *East African Medical Journal* 70(1993): 386-395; SIMS, P., *Abortion as a Public Health Problem in Zambia*, in: *Journal of Public Health Medicine* 18(1996): 232-233; MACHUNGO, F., ZANCONATO, G. & BERGSTRÖM, S., *Reproductive Characteristics and Post-Abortion Health Consequences in Women Undergoing Illegal and Legal Abortion in Maputo*, in: *Social Science and Medicine* 45(1997): 1607-1613.

[173] Cfr. SHAPIRO, D. & TAMBASHE, B.O., *The Impact of Women's Employment and Education on Contraceptive Use and Abortion in Kinshasa, Zaïre*, in: *Studies in Family Planning* 25(1994): 96-110.

[174] Cfr. AJAYI, A.A., MARANGU, L.T., MILLER, J. & PAXMAN, J.M., *Adolescent Sexuality and Fertility in Kenya : A Survey of Knowledge Perceptions, and Practices*, in: *Studies in Family Planning* 22(1991): 205-216; AGYEI, W.K. & EPEMA, E.J., *Sexual Behavior and Contraceptive Use Among 15-24 Year-Olds in Uganda*, in: *International Family Planning Perspectives* 18(1992): 13-17; BRABIN, L., KEMP, J., OBUNGE, O.K. et al., *Reproductive Tract Infections and Abortion Among Adolescent Girls in Rural Nigeria*, in: *Lancet* 345(1995): 300-304; BUGA, G.A., AMOKO, D.H. & NCAYIYANA, D.J., *Sexual Behaviour, Contraceptive Practice and Reproductive Health Among School Adolescents in Rural Transkei*, in: *South African Medical Journal* 86(1996): 523-527.

l'avortement est illégal, à part quelques exceptions. En outre, la portée exacte du problème de l'avortement provoqué est inconnue. La prépondérance des complications parmi les femmes hospitalisées pour cause d'avortement non achevé peut donner une certaine indication sur la prévalence de l'avortement.[175] En 1993, Mpangile et ses compagnons trouvèrent que sur 965 femmes ayant eu un avortement non achevé, 455 soit 47% avaient eu un avortement provoqué.[176] À Dar es Salaam 60% des avortements que l'on a qualifiés d'avortement spontané, étaient en fait des avortements provoqués à terme.[177] Dans le district d'Ilala à Dar es Salaam, on a constaté dans les années 1990, que les avortements dangereux provoqués étaient à la base de 15% des morts.[178]

On constate un nombre élevé des jeunes filles en dessous de vingt ans en Afrique subsaharienne parmi les femmes avec un avortement provoqué. Au Kenya, par exemple, elles sont 30%[179] ; au Mozambique,

---

[175] Cfr. JUSTESEN, A., KAPIGA, S.H. & VAN ASTEN, H., *Abortions in a Hospital Setting: Hidden Realities in Dar es Salaam, Tanzania*, in: *Studies in Family Planning* 23(1992): 325-329.

[176] Cfr. MPANGILE, G.S., LESHABARI, M.T. & KIHWELE, D.J., *Factors Associated with Induced Abortion in Public Hospitals in Dar es Salaam, Tanzania*, in: *Reproductive Health Matters* 2(1993): 21-31.

[177] Cfr. RASCH, V., MUHAMMAD, H., URASSA, E. & BERGSTRÖM, S., *Self-Reports of Induced Abortion: An Empathic Setting Can Improve Quality of Data*, in: *American Journal of Public Health* (2000); RASCH, V., & SILBERSCHMIDT, M., *Adolescent Girls with Illegally Induced Abortion in Dar es Salaam: The Discrepancy Between Sexual Behaviour and Lack of Access to Contraception*, in: *Reproductive Health Matters* (2000).

[178] Cfr. URASSA, E., MASSAWE, S., LINDMARK, G. & NYSTROM, L., *Maternal Mortality in Tanzania – Medical Causes are Interrelated with Socio-economic and Cultural Factors*, in: *South African Medical Journal* 86(1996): 436-444.

[179] Cfr. LEMA, V.M., ROGO, K.O. & KAMAU, R.K., *Induced Abortion in Kenya: Its Determinants and Associated Factors*, in: *East African Medical Journal* 73(1996): 164-168.

44%[180], et au Nigeria 52%.[181] Nous retrouvons le même problème en Asie où il existe des mariages précoces et l'initiation à la maternité par des adolescentes. Un grand nombre d'études ont documenté les problèmes sociaux, économiques, et de santé liés aux grossesses précoces et involontaires dans ces pays asiatiques.[182] Les jeunes filles sont réticentes à participer au planning familial par peur d'attitudes moralisantes ou à cause des jugements catégoriques de la part du personnel, et par peur d'être reconnues par des connaissances qui pourraient éventuellement informer les parents ou les curateurs. Sans accès aux mesures préventives de contraception, beaucoup de jeunes filles se fient à l'avortement qui reste en tous cas d'accès facile.[183] Le

---

[180] Cfr. HARDY, E, BUGALHO, A., FAUNDES, A., DUARTE, G.A. & BIQUE, C., *Comparison of Women Having Clandestine and Hospital Abortions: Maputo, Mozambique*, in: *Reproductive Health Matters* 9(1997): 108-115.

[181] Cfr. ANATE, M., AWOYEMI, O., OYAWOYE, O. & PETU, O., *Procured Abortion in Ilorin, Nigeria*, in: *East African Medical Journal* 72(1995): 386-390.

[182] Cfr. WHO, *Adolescent Health and Development: The Key to the Future*, WHO, Geneva 1995; -, *Unsafe Abortion: Global and Regional Estimates of Incidence of Mortality Due to Unsafe Abortion with a Listing of Available Country Data*, WHO, Geneva 1997; SINGH, S., *Adolescent Child Bearing in Developing Countries: A Global Review*, in: *Studies in Family Planning* 29(1998): 117-148; LIN, L., SHI-ZHONG, W., XIAO-QING, C. & MIN-XIANG, L., *Induced Abortion Among Unmarried Adolescents in Sichuan Province, China: A Survey*, in: MUNDIGO, A. & INDRISO, C. (eds.), *Abortion in the Developing World*, Zed Books, London 1999, pp. 337-345; TAI-HWAN, K., HEE, J.K. & SUNG-NAM, C., *Sexuality, Contraception and Abortion Among Unmarried Adolescents and Young Adults: The Case of Korea*, in: MUNDIGO, A. & INDRISO, C. (eds.), *Abortion in the Developing World*, Zed Books, London 1999, pp. 346-367; GANATRA, B. & HIRVE, S., *Induced Abortion Among Adolescent Women in Rural Maharashtra, India*, in: *Reproductive Health Matters* 10(2002): 76-85.

[183] Cfr. BARKER, G.K. & RICH, S., *Influences on Adolescent Sexuality in Nigeria and Kenya: Findings from Recent Focus-group Discussions*, in: *Studies in Family Planning* 23(1993) 199-210; RASCH, V. &

fait que les adolescents ne mordent pas aux dispositions établies par l'État suggère que l'on ait besoin d'établir des services spécifiques sensibles aux valeurs et aux comportements des adolescents.

Les femmes qui font des avortements provoqués se recrutent parmi les jeunes filles vivant seules ou vivant avec leurs parents ou des copains.[184] Quand on considère l'occupation des femmes qui pratiquent l'avortement provoqué, on constate que pour la plupart ce sont des élèves ou des étudiantes qui craignent d'être renvoyées de l'école. Cette situation ne laisse aucun autre choix pour ces filles que de faire l'avortement. Ces filles ne peuvent pas garder leur grossesse au risque d'être chassées de l'école ; une conséquence qui risque d'avoir de graves implications pour leur avenir. Elles peuvent alors décider de faire un avortement provoqué, et par-là courir des risques graves de santé qui sont associés à une telle procédure.

SILBERSCHMIDT, M., *Adolescent Girls with Illegally Induced Abortion in Dar es Salaam: The Discrepancy Between Sexual Behaviour and Lack of Access to Contraception*, in: *Reproductive Health Matters* (2000).

[184] Cfr. JUSTESEN, A., KAPIGA, S.H. & VAN ASTEN, H., *Abortions in a Hospital Setting: Hidden Realities in Dar es Salaam, Tanzania*, in: *Studies in Family Planning* 23(1992): 325-329; SJOSTRAND, M., QUIST, V., JACOBSON, A., BERGSTRÖM, S. & ROGO, K.O., *Socio-economic Client Characteristics and Consequences of Abortions in Nairobi*, in: *East African Medical Journal* 72(1995): 325-332; LEMA, V.M., ROGO, K.O. & KAMAU, R.K., *Induced Abortion in Kenya: Its Determinants and Associated Factors*, in: *East African Medical Journal* 73(1996): 164-168; OGUNNIYI, S.O. & FALEYIMU, B.L., *Trends in Maternal Deaths in Ilesa, Nigeria 1977-88*, in: *West African Journal of Medicine* 10(1991): 400-404; MADEBO, T. & TSADIC, T., *A Six Month Prospective Study on Different Aspects of Abortion*, in: *Ethiopian Medical Journal* 31(1993): 165-172; MACHUNGO, F., ZANCONATO, G. & BERGSTRÖM, S., *Reproductive Characteristics and Post-Abortion Health Consequences in Women Undergoing Illegal and Legal Abortion in Maputo*, in: *Social Science and Medicine* 45(1997): 1607-1613: -, *Socio-economic Background, Individual Cost and Hospital Care Expenditure in Cases of Illegal Abortion in Maputo*, in: *Health and Social Care in the Community* 5(1997): 71-76.

Le fait de mettre à la disposition de la femme des moyens contraceptifs disponibles, réduit la pratique de l'avortement. Si on pouvait mettre des moyens contraceptifs à la disposition de 137 millions de femmes que l'on estime en avoir besoin, mais n'ayant pas accès, alors la mortalité maternelle pourrait être réduite jusqu'à 25 ou à 35 pour cent, et améliorer ainsi la santé de la femme qui aurait des répercussions pour la survie de l'enfant. En Hollande, par exemple, où les moyens contraceptifs sont librement accessibles, et où les discussions sur la matière sont ouvertes, le besoin à l'avortement reste en dessous de dix pour mille femmes.

Bien que les moyens contraceptifs accessibles et la pratique d'un avortement sûr soient tout simplement un début de solution, il faudrait également des moyens additionnels. Les femmes enceintes ont besoin d'être rassurées que la société est prête à respecter n'importe quelle décision qu'elles peuvent prendre : un avortement, l'adoption d'un enfant ou rester fille mère. Les attitudes par rapport à la maternité à un âge bas, par rapport aux familles non nucléaires, et par rapport aux enfants en général, influencent normalement ce choix, comme aussi les mesures pratiques pour soutenir la femme durant et après la grossesse.

Il y a deux questions morales de base qui sont liées au débat sur l'avortement, c'est-à-dire, est-ce que l'avortement est un sujet moral et relève-t-il de la loi ? Si vraiment il arrive, comme nous venons de le dire plus haut, que l'État puisse donner des subsides pour l'avortement, alors cela viole la neutralité de l'État sur la première question, parce que nous pouvons répondre à la deuxième question d'une façon ou d'une autre. Personne ne pourra comprendre que l'État puisse dicter sa morale de l'avortement à la femme. Mais on peut objecter ici en disant que les fonds de l'État donnent la possibilité à chaque femme de faire le choix quelles que soient les positions morales auxquelles elles peuvent soutenir. Ensuite, cette capacité à choisir reste un déterminant important de la qualité de vie de la femme. C'est une manière aussi de donner la capacité aux femmes de contrôler leur destinée reproductive.

D'autre part, si l'État n'arrivait pas à subsidier l'avortement, il violerait la liberté de base des femmes nécessiteuses. Le refus d'allouer des fonds pour les avortements des femmes pauvres ferait que ces femmes seraient amenées à conduire à terme leurs grossesses. Nous trouvons des exemples où certains États financent les naissances dans le dessein d'encourager l'augmentation de la population.

Cette obligation de donner des fonds pour l'avortement est supportée par des considérations égalitaires. On peut comprendre cet égalitarisme dans les termes de John Rawls concernant le principe de différence. Rawls affirme que les inégalités dans les biens sociaux et économiques primaires ne sont justifiées que dans la mesure où elles seront pour l'avantage des moins nantis de la société. Ainsi, les partis politiques égalitaires devraient défendre toutes ces politiques qui devraient améliorer la qualité de vie des moins nantis et s'opposer de toute leur force à ces politiques qui aggraveraient plutôt leur sort.

Si la justice exige que l'État puisse adopter une certaine politique, alors il faudrait que le poids de l'établissement de cette politique puisse toucher tout le monde. Il ne faut pas que cette politique ne concerne que ceux qui croient que cette politique est bonne pour eux. Si on voulait faire des exceptions, il faudrait trouver alors des raisons évidentes pour le faire.

Il a été prouvé que lorsqu'une société va d'une politique restrictive d'avortement vers une politique plus libérale, on assiste à une amélioration considérable dans les indicateurs de santé infantile et maternelle ; inversement, lorsqu'une nation fait sa politique d'avortement plus restrictive, on constate certaines détériorations dans ces mêmes indicateurs.[185]

---

[185] Cfr. LEGGE, J.S(Jr.)., *Abortion Policy: An Evaluation of the Consequences for Maternal and Infant Health*, State University of New York Press, Albany 1985, pp. 40-43.

4.5 Conclusion : Le débat sur l'avortement est-il un débat sur la maternité ?

Lorsque l'on suit le débat sur l'avortement et lorsque l'on écoute attentivement les protagonistes de différentes positions, on trouve que la priorité que les femmes devraient donner à la maternité dans leur vie se trouve au cœur du conflit sur l'avortement. Pour ceux qui sont contre l'avortement, la maternité est le seul choix éthique pour une femme enceinte. Pour eux, une femme, qui considère une grossesse ou un enfant comme non désirée, manque simplement l'idée juste de ce que veut dire la maternité ou la féminité.[186] Une femme n'est réellement une femme que dans la mesure où elle se considère elle-même comme une bonne mère.

En conséquence, ceux qui sont contre l'avortement, considèrent l'avortement comme un outrage personnel envers les valeurs et le choix de vie de la femme. Ils considèrent qu'être pour l'avortement est une décision qui tourne en ridicule et déprécie la maternité et les femmes.

La plupart des femmes, qui choisissent de faire un avortement, le font parce qu'elles ne peuvent pas se permettre d'avoir un enfant ou ne veulent pas en avoir sans un père pour cet enfant. Si une femme choisit de faire l'avortement, cela ne veut pas dire qu'elles n'éprouvent pas de la peine. Si elles choisissent la maternité, elles ont de la peine et éprouvent la perte d'une vie de célibataire, de la liberté personnelle, la fin de l'innocence et le début de responsabilité en prenant en main leur vie et la vie de l'enfant qui va naître. Si par contre elles décident de faire l'avortement, elles éprouvent la perte de devenir mère et d'assurer l'éducation d'une vie potentielle.

Ce que les femmes qui choisissent l'avortement veulent affirmer, c'est qu'elles puissent organiser leur vie et leur destiné. Bien que presque

---

[186] Nous suivons ici CANNOLD, L., *The Abortion Myth: Feminism, Morality, and the Hard Choices Women Make*, Wesleyan University Press, Middletown, Connecticut 2000, pp. 118-125.

toutes ces femmes soient déjà des mères ou veulent un jour le devenir, elles ne considèrent pas explicitement la maternité comme faisant une partie obligatoire de la définition d'une femme morale.

Un aspect central dans le débat sur l'avortement est le moment de choisir pour avoir un enfant. Bien que les femmes qui sont pour l'avortement croient que la femme enceinte dispose du temps de refuser de prendre la responsabilité de la maternité, celles qui sont contre l'avortement pensent qu'une fois qu'une femme tombe enceinte, elle n'a pas d'autre choix que de devenir mère. Ceux qui sont contre l'avortement semblent devoir accepter le fait qu'une femme puisse retarder ou espacer la ou les grossesses en utilisant le contrôle des naissances, mais, n'acceptent pas que cela puisse durer longtemps ou pour toujours à cause par exemple de la carrière de la femme. Si la maternité n'est plus l'objectif primordial de la femme, alors elle devient peu féminine et par conséquent immorale aux yeux de ceux qui sont contre l'avortement.

Chapitre V

Faut-il une implication de la famille dans l'avortement ou suivre les théories morales?

Une décision morale est un choix parmi les lignes de conduite qui sont basées sur une certaine conception de ce qui est moralement bon ou juste à faire. Une règle ou un principe moral est une formule générale capable de servir directement ou indirectement comme guide en vue de prendre des décisions morales. Une théorie morale est une série d'un à plusieurs principes moraux de base qui peuvent être utilisés pour produire davantage des règles, des normes ou des directives morales. Une théorie morale nous est adressée dans nos propres capacités comme des agents moraux, des êtres capables de régler nos vies pratiques au moyen des croyances concernant le bien et le mal. C'est un plan pour vivre la vie morale.

On peut distinguer deux dimensions parmi les nombreuses théories morales. La première dimension concerne la sphère privée. Les actions sont privées dans la mesure où elles ne concernent pas les intérêts ou l'autonomie d'un individu en dehors de ceux de leur agent. Une théorie morale va, soit contenir soit impliquer des normes pour la sphère privée, soit pas du tout. Si elle le fait, alors c'est une théorie *idéale*. Si elle ne le fait pas, alors c'est une théorie *discrétionnaire*. Les théories discrétionnaires traitent la sphère privée comme le domaine de goût plutôt que celui des valeurs, et donc de la moralité. À l'intérieur de la sphère privée les actions peuvent n'être que rationnelles ou irrationnelles, prudentes ou imprudentes – mais jamais morales ou immorales. Une théorie discrétionnaire limite ainsi le champ de moralité à l'évaluation des activités interpersonnelles ; le but des principes moraux est de résoudre les conflits d'intérêts ou d'autonomie parmi les agents qui sont chacun pour sa part le centre de sa propre sphère privée. Lorsque les individus empiètent sur les sphères des autres, ils doivent régulariser leurs affaires en référence aux normes et règles morales ; mais à l'intérieur de leur propre sphère, ils sont souverains. Pour une théorie discrétionnaire, on peut avoir des devoirs moraux envers les autres, mais pas de tels devoirs envers soi-même.

Voyons d'abord le rôle que pourraient jouer les membres de la famille dans l'avortement et ensuite les théories morales.

5.1 La famille face à l'avortement

La question que l'on peut se poser est de savoir pourquoi on n'accorderait pas aux membres de la famille un statut légal ou moral dans le dilemme de l'avortement. Il faut admettre que la décision d'avorter est une décision morale dans la mesure où elle affecte beaucoup de personnes. Nous avons des problèmes moraux qui se posent lorsque la décision d'un agent a une incidence sur le bien-être des autres.[187] C'est ainsi que la décision que prend une femme d'avoir ou de ne pas avoir un avortement ne concerne pas uniquement cette femme. Cette décision détermine, si oui, ou non un nouveau membre va grossir ou modifier la famille de la femme, sa situation vitale et sa communauté. Le résultat de sa décision va concerner de manière favorable ou défavorable beaucoup d'autres personnes dans leur bien-être et dans leurs intérêts. En plus, ces intérêts et ces besoins entrent souvent en conflit en créant un conflit moral entre les obligations en concurrence.

Le principe de base d'une démocratie est que tous ceux qui seront concernés par des actions et des décisions des autres puissent avoir

---

[187]   Cfr. SUMNER, L.W., *Abortion and Moral Theory*, Princeton University Press, Princeton, N.J. 1981, p. 211.

voix au chapitre.[188] Il faudrait également dans le cas de l'avortement, que tous les adultes qui sont étroitement concernés puissent dire quelque chose.

Lorsqu'une femme mariée se décide contre un avortement et donne naissance à un enfant, les effets de la venue du nouveau bébé sur son mari et les autres enfants – s'il y en a – peuvent être positifs ou négatifs. Comme on peut s'y attendre, l'époux ou le petit ami possède une position différente concernant l'avortement dont il n'a pas donné un accord. En dehors du stress, de l'anxiété et probablement d'un conflit qui peut éclater concernant la décision et de l'événement même, un avortement peut avoir des effets dramatiques et à long terme sur les relations du couple. On peut ainsi avoir des relations qui s'estompent entre les couples, entre les parents et les adolescentes et parfois des grands-parents potentiels sont profondément affectés et peinés par l'avortement et ont de la peine à cause de la perte d'un(e) petit(e) enfant.

Un des moyens pour éviter la détresse et la colère est de garder le secret de l'avortement à la personne dont on craint la réaction. Il s'agit souvent de l'époux, du petit ami ou d'un parent. La femme pourrait alors dire que l'avortement ne concernerait à rien les relations de sa famille. Mais nous sommes malgré tout en présence de deux problèmes. D'abord, le mari ou le petit ami ou le parent qui est biologiquement lié au fœtus semble être dépossédé d'une chance d'exprimer leur opinion par le fait d'être un parent ou grands-parents et d'influencer ainsi la décision. Ensuite, la femme ou l'adolescente enceinte peut avoir pris une décision d'avorter ou de garder l'enfant sur base de désinformation ou des mauvaises hypothèses concernant la manière dont ses parents ou son époux réagirait ou serait affecté.

La deuxième question principale est celle de savoir les genres de raisons familiales avancées qui pourraient être considérées comme des motifs légitimes pour un avortement. Les femmes avancent rarement des raisons en liaison avec leur propre santé physique pour avorter. L'incapacité financière pour subvenir aux besoins d'un autre

---

[188] Cfr. CALLAHAN, D., *Abortion, Law, Choice and Morality*, Macmillan, New York 1970, p. 466.

enfant ; ou tout simplement que l'on n'était pas prêt pour avoir un (autre) enfant, peuvent être des facteurs de commodité.

Dans le cas où l'enfant ne serait pas désiré par les parents biologiques, une alternative pour l'avortement serait l'adoption. La plupart des cas révèlent que les femmes enceintes et particulièrement les adolescentes ne considèrent pas l'adoption comme étant une alternative solide soit pour l'avortement ou pour garder l'enfant.

Ce que nous pouvons finalement dire est que, si certains membres de la famille ont été impliqués dans la décision de la grossesse de la femme, cela ne veut pas dire qu'ils détiennent un droit de veto. Seule la femme enceinte doit, pour des raisons éthiques et pratiques, prendre la responsabilité finale de décision. Personne ne pourra forcer la femme ou l'adolescente à faire un avortement ou à devenir parente.

5.2 L'utilitarisme et l'avortement

L'utilitarisme classique implique un critère d'état moral. La théorie distingue la moralité liée à la contraception de celle qui est liée à l'infanticide. Ainsi, l'homicide est un meurtre, et le meurtre est mauvais. Si un utilitariste devait expliquer pourquoi le meurtre est mauvais, il commencerait par jeter un coup d'œil sur les conséquences du meurtre. On peut distinguer ici deux sortes de conséquences : les effets essentiels sont des conséquences pour la victime ; les effets secondaires sont des conséquences pour les autres.[189] Les effets secondaires sont habituellement obtenus par les personnes qui continuent à exister après le meurtre. Or, ces personnes ne continuent pas à subsister après le meurtre, ces effets semblent problématiques

---

[189] Pour les utilitaristes, il ne serait pas indiqué de ne pas procréer lorsque la procréation aurait comme résultat la naissance d'une nouvelle vie qui vaut la peine d'être vécue. Lorsqu'on regarde à travers le monde la surpopulation et la destitution, l'obligation à la procréation veut tout simplement dire, selon la position utilitariste, de ne pas du tout procréer. Pour approfondir cette position utilitariste, on peut lire avec intérêt MUNTHE, C., *The Argument from Transfer*, in : *Bioethics* 10, 1(1996) : 27-42.

en principe pour la théorie. Mais l'effet essentiel du meurtre pour la victime est justement sa non-existence. La moralité du bon sens considère le meurtre comme mauvais principalement à cause de ses effets essentiels plutôt que par ses effets secondaires. Si le meurtre devait être classé comme un acte mauvais par un utilitariste, alors cet acte doit causer à la victime certaines formes de tort. Mais le tort est interprété par un utilitariste en termes des expériences reconnues comme désagréables par leur sujet. Si les morts ne peuvent plus avoir des expériences, comment peuvent-ils alors subir du tort par le fait qu'ils trouvent la mort ? Et s'ils ne subissent aucun tort, alors comment le meurtre peut-il être un acte mauvais ?

La résolution de cette énigme exige de montrer comment la mort peut être un malheur. Mourir, c'est cesser d'exister de manière permanente.[190] Pour les êtres doués de sensations, la manière pertinente de non-existence est la disparition de la conscience ; la mort par conséquent est la fin permanente de la conscience. Comme la mort n'est rien en elle-même, son malheur doit être cherché dans le fait que c'est une perte de la vie. L'alternatif à la mort reste la vie. La mort est donc un malheur dans la mesure où une vie plus poussée serait un avantage évident.

Lorsque l'on souffre des torts, cela suppose que l'on continue à vivre. On peut ranger les pertes ou les privations de deux sortes. On risque de perdre des choses particulières, et le sujet qui subit la perte continue à vivre. Mais on peut aussi perdre tous les biens de la vie d'un coup et de manière irrévocable, et ainsi le sujet qui subit la perte cesse d'exister. La conscience est la condition pour posséder des biens. Être privé de manière permanente de la conscience, c'est perdre la possibilité de garder des biens. La mort est d'habitude un grand malheur parce qu'elle est une grande perte. Sa particularité est que, lorsqu'elle arrive, il n'existe plus de sujet qui subit la perte. Tuer quelqu'un est par conséquent causé à la personne qui meurt une grande perte et ainsi un grand tort.

---

[190] Pour ce qui suit, voir SUMNER, L.W., *Abortion and Moral Theory*, Princeton University Press, Princeton, New Jersey 1981, spécialement le chapitre six sur *Life and Death* pp. 195-228.

Le mal du meurtre est par conséquent situé, d'après les utilitaristes, premièrement dans ses utilités principales, c'est-à-dire dans le fait d'exister. Les effets secondaires de l'utilité du meurtre ne sont pas cependant négligeables. La vie d'un être adulte est généralement implantée de façon profonde dans la vie des autres : la famille, les amis, les associés, ainsi de suite. L'arrêt de la vie est aussi une grande perte pour eux.

Il serait intéressant de faire une observation de deux contextes particuliers : l'euthanasie et l'autodéfense. Dans les cas d'euthanasie, la présomption de la norme que la victime avait une vie qui valait la peine d'être vécue peut bien passer à côté de la plaque. Lorsque l'euthanasie peut être justifiée, la mort n'est pas un malheur pour la victime, et ainsi les effets nuisibles essentiels de meurtre sont non existants. Avec les circonstances appropriées, alors les utilitaristes ne vont pas considérer l'euthanasie comme un mal. Définir « les circonstances appropriées » exige la notion d'une vie qui ne vaut pas la peine d'être vécue. La valeur d'une vie est d'être estimée à partir du point de vue de celui qui la vit et en termes de son contenu. Les individus seront capables d'ordonner les différentes vies possibles qui s'ouvrent à eux, au moins en gros, en termes de l'étendue à laquelle ils les trouvent souhaitables. Quelque part dans cet ordre, il n'y aura un point d'équilibre, tel que les vies au-dessus d'un certain point où la vie vaut la peine d'être vécue, et celles qui sont en dessous d'un certain point où il ne fait pas bon vivre. Pour valoir la peine d'être vécue, la vie doit être meilleure que l'absence de la vie – meilleure que la non-existence. Les vies qui ne valent pas la peine d'être vécues sont, par conséquent, pires que la non-existence. Dans le contexte d'homicide, il n'est pas tout à fait possible que les vies dont la valeur dans ce sens doit être comparée soient semblables aux vies qui doivent encore arriver. Ainsi, les individus peuvent tout à fait choisir d'une manière rationnelle de mener des vies qui sont semées de souffrance, si tout au moins ces vies contiennent aussi certains biens qui compensent pour eux ces souffrances.

Certains individus peuvent être en présence d'un avenir inévitable qu'ils trouvent intolérable. Si cela est le cas, la vie cesse de se profiler comme un avantage et la mort cesse d'être un malheur. Le suicide semble être dans ce cas une issue de secours ; et si le suicide est impraticable, on peut alors faire appel à l'assistance des autres. Dans ces circonstances, l'euthanasie volontaire semble être pour le mieux. Quant à savoir si tout cela est loisible, c'est une autre question. Une simple prohibition de l'euthanasie va forcer quelques individus malchanceux à supporter une tristesse évitable. Il faudrait trouver un équilibre entre la protection de la vie et la prévention des souffrances gratuites. Une possibilité que l'on pourrait envisager est que les victimes aient la possibilité de mourir sans que l'on puisse prendre l'initiative d'écourter leur vie.

L'autodéfense définit une catégorie d'homicides défendables. Si je vous tue en vue de repousser votre attaque meurtrière contre moi, il s'agit de votre vie ou de la mienne. Dans tous les cas, l'un de nous deux doit mourir. En termes d'utilités essentielles, nous pouvons dire que votre vie a autant de valeur à vos yeux que ma propre vie à mes yeux. Mais cette approche étroite ignore les effets secondaires de nos actes. Si vous avez du succès dans votre attaque, la sécurité des autres est en conséquence diminuée ; mais si j'ai du succès dans ma défense, cette sécurité est ainsi augmentée. Autant les utilitaristes ont de bonnes raisons de s'assurer la protection étendue de la vie, autant ils ont de bonnes raisons à considérer la mise à mort par autodéfense dans des circonstances appropriées comme homicide loisible. Les mêmes considérations déterminent son statut déontique. Si on ne fait pas d'exception en ce qui concerne l'autodéfense à l'intérieur de la prohibition d'homicide, on risque de rendre les victimes sans protection contre les attaques, alors qu'une exception généreuse donnerait facilement des prétextes pour les meurtres.

Les effets essentiels nous conduiraient à s'attendre à ce que, les autres facteurs étant égaux par ailleurs, le mal de la mort soit directement proportionnel à la durée restante de la vie. Si nos évaluations s'éloignent de ce modèle, nous sommes probablement en présence des effets secondaires. Au fur et à mesure que la vie se développe et atteint une forme déterminée, elle devient de plus en plus et de manière complexe tissée dans la vie des autres personnes. Une vie développée possède une individualité, c'est-à-dire, c'est la vie d'une personne bien déterminée avec ses idiosyncrasies, des habitudes,

des intérêts, des goûts, des ambitions, des rôles, des liens d'affection, des dépendances, ainsi de suite. Une vie développée est une réalité concrète qui peut devenir une portion unique et irremplaçable faisant partie de la vie des autres membres de la société. Et lorsqu'une telle vie disparaît, il y a un vide dans la vie des autres membres qui étaient intimement liés à cette vie. Une vie, qui reste encore non développée et qui manque encore ce tissu riche des relations, peut être facilement remplacée. Un fœtus mature ou un jeune nourrisson est encore largement un individu potentiel. Sa mort est ressentie comme une perte, mais le vide que cette mort laisse est facilement bouché – même pour les parents, qui peuvent s'arranger pour avoir un autre enfant. Ainsi pour l'utilitarisme, la contraception est meilleure par rapport à l'avortement, et ce dernier est meilleur par rapport à l'infanticide. À l'étape de la contraception, les vies auxquelles on barre la route sont des cryptogrammes parfaits, et comme des individus particuliers, ils n'ont aucune relation avec les autres personnes existantes. À l'étape de l'avortement, spécialement à son étape précoce, nous retrouvons la même argumentation que dans l'étape de la contraception. C'est à ce niveau que l'avortement est admissible. L'avortement dans d'autres étapes de la grossesse ne pourrait avoir lieu que s'il y a des raisons thérapeutiques et eugéniques valables.

Ceux qui défendent le droit à l'avortement en se basant sur des raisons utilitaristes, soutiennent leur point de vue non pas en indiquant de manière restrictive qu'ils protègent la valeur du respect du choix individuel dans le domaine de la procréation, mais plutôt en indiquant les conséquences malheureuses qui peuvent suivre si la femme poussait sa grossesse à terme. Ce n'est pas la qualité de vie que la femme mène durant et après la grossesse qui intéresse les utilitaristes. Les conséquences qu'ils considèrent sont profondes et répandues. Ils mettent l'accent sur les problèmes des enfants qui naissent des familles qui ne sont pas prêtes émotionnellement, psychologiquement, sur le plan éducatif à devenir des parents responsables, et les conséquences sociales de la défaillance de toute la société à prendre en même temps des mesures pour décourager la naissance des enfants dans de telles circonstances.

Les utilitaristes qui soutiennent la liberté des femmes à faire le choix donnent des études empiriques qui suggèrent que l'incidence des enfants délaissés et maltraités soit très élevée dans des foyers où l'on trouve des mères très jeunes, pauvres et sans instruction. Ils s'appuient aussi sur les études qui indiquent que les enfants qui ont souffert de mauvais traitements et délaissés comme enfants en bas âge et comme jeunes enfants ont plus de chances de commettre et d'être victimes de violence et d'abus.[191] Ils peuvent reconnaître que l'adoption peut parfois être préférable à l'avortement dans des termes utilitaristes, par exemple, lorsque la femme enceinte est capable de continuer la grossesse sans encourir des sérieux problèmes physiques, psychologiques et économiques et qu'elle est prête à céder l'enfant lorsqu'il y a des individus compétents et affectueux qui sont capables d'élever l'enfant.

---

[191] Cfr. HAUGAARD, J.J. & REPUCCI, N.D., *The Sexual Abuse of Children*, Jossey-Bass, San Francisco, CA. 1989 ; WIND, T. & SILVERN, L., *Type and Extent of Child Abuse as Predictors of Adult Functioning*, in : *Journal of Family Violence* 7 (1992) : 261-281 ; IWANEC, D., *The Emotionally Abused and Neglected Child*, John Wiley and Sons, Chichester 1995.

Chapitre VI

La stérilisation

6.1 L'état de la stérilisation dans le monde

Dans l'histoire, nous connaissons une forme de castration pratiquée pour des raisons que nous pouvons appeler *pseudo-religieuses*. L'exemple le plus connu est celui d'Origène, le célèbre maître d'exégèse biblique de l'école d'Alexandrie, qui prit à la lettre l'appel de l'Évangile : « Il est des eunuques qui se sont eux-mêmes rendu tels à cause du Royaume des cieux. »[192] On rapporte également le cas d'Abélard, un philosophe médiéval, qui se fut castré dans le but de mettre fin à une relation amoureuse. Les chapelles musicales romaines de la Renaissance firent pendant longtemps appel à la castration des chanteurs préadolescents pour obtenir des voix blanches. Cette pratique prit fin en 1587.[193]

On connaît la *castration pénale ou punitive* imposée à des prisonniers reconnus responsables des crimes sexuels spécialement graves ou les récidivistes.

La *stérilisation eugénique* a été pratiquée d'une manière raciste à l'époque nazie à la fois au niveau individuel et de manière planifiée pour éradiquer des maladies héréditaires et pour purifier la race.

---

[192] Mt 19, 12.

[193] C'est le pape Sixte V qui, par la Constitution *Dum frequenter* fit déposséder du moins sur le plan éthique, le privilège « laudes Domini suavius cantere » (chanter plus suavement le Seigneur) comme motif de castration des chanteurs préadolescents.

L'avortement eugénique tel qu'il est pratiqué aujourd'hui répond à la même logique, c'est-à-dire, éliminer le fœtus pour éviter la naissance d'un individu affecté d'un défaut grave ou de malformation.[194] C'est ainsi que les enfants qui naissaient aveugles ou sourds, les imbéciles, les épileptiques, des gens qui étaient coupables des abus sexuels, ceux qui étaient reconnus coupables d'avoir des enfants en dehors du mariage, etc. tous devaient être stérilisés.[195]

La politique sur la stérilisation forcée apparaît très tôt et se fait de manière ouverte en Allemagne nazie.[196] La loi de juillet 1933 pour la Prévention de la progéniture atteinte de manière héréditaire établit une série des cours de santé génétique qui avaient à leur tête un avocat et deux médecins. Ces cours avaient le pouvoir de citer les documents médicaux personnels, et en effet, ils firent des médecins et des psychiatres des espions de l'État qui devaient alors rendre compte et même signaler des individus qui pouvaient passer pour des candidats éventuels à la stérilisation. Du point de vue du

---

[194] La stérilisation eugénique ne fut pas pratiquée uniquement en Allemagne nazie. On dénombre en 1920 dix-neuf États qui la pratique, tandis que dix ans plus tard, c'est-à-dire en 1930, on en comptait déjà vingt-cinq. De manière clandestine, on continue à pratiquer la stérilisation forcée sur des porteurs d'handicap et sur des minorités ethniques. Cfr. DOROZYNSKI, A., *France to investigate illegal Sterilization of Mentally Ill Patients*, in : *British Medical Journal* 7110(1997): 697; AMSTRONG, C., *Thousands of Women Sterilized in Sweden Without Consent*, in: *British Medical Journal* 7108(1997): 563.

[195] Certains eugénistes américains préconisèrent la stérilisation des gens atteints de tuberculose au début du vingtième siècle ; cfr. WILSON, P.K., *Confronting « Hereditary » Disease : Eugenic Attempts to Eliminate Tuberculosis in Progressive Era America*, in : *Journal of Medical Humanities* 27, 1(Spring 2006) : 19-37.

[196] Cfr. BOCK, G., *Zwangssterilisation im Nationalsozialismus: Studien zur Rassenpolitik und Frauenpolitik*, Westdeutscher Verlag, Opladen 1986; NOAKES, J., *Nazism and Eugenics: The Background to the Nazi Sterilization Law of 14 July 1933*, in: BULLEN, R.J., POGGE VON STRANDMANN, H. & POLONSKY, A.(eds.), *Ideas in Politics: Aspects of European History, 1880-1950*, Croom Helm, London 1984, pp. 75-94.

nombre, on dénombrerait les plus importants types des cas étaient des faibles d'esprit congénitaux (53%) et la schizophrénie (20%). L'action était aussi ouverte à tous ceux qui étaient des maniaco-dépressifs, à tous ceux qui souffraient de l'épilepsie héréditaire, de la chorée de Huntington, de surdité et de cécité congénitales, des sérieuses malformations physiques, et d'alcoolisme chronique. La législation fut ensuite étendue pour inclure les criminels dangereux, et l'ouverture à un possible avortement dans les six premiers mois de la grossesse dans le cas où la mère aurait une maladie héréditaire. Les 400 000 stérilisations que l'on dénombre alors datent d'avant la Deuxième Guerre mondiale. On trouvait aussi bien des femmes que des hommes. Alors que les derniers subissaient la vasectomie, les femmes étaient l'objet de la ligature des tubes ou l'exposition au rayon X. Pour ce dernier, le nombre va s'élever dramatiquement vers la fin des années 1930. Il faudrait également souligner que la plupart de ceux qui étaient stérilisés étaient des Allemands.[197]

Lorsque nous jetons un coup d'œil dans le passé, les eugénistes américains ont affirmé que la stérilisation forcée qui était toujours en pratique au début du vingtième siècle était pour le meilleur intérêt de la société. Inspirés par le darwinisme social avancé par Francis Galton, beaucoup sont arrivés à la conclusion que les malades sociaux pouvaient provenir des caractéristiques transmises génétiquement chez les populations « inaptes ». Ils crurent que les « défectueux » se reproduisaient rapidement, que les criminels et les gens handicapés sur le plan du développement ont tendance à avoir des enfants ayant les mêmes problèmes, et que la reproduction parmi ces gens affaiblissait le patrimoine génétique.[198]

---

[197]   Cfr. BIDDISS, M., *Disease and Dictatorship: The Case of Hitler's Reich*, in: *Journal of the Royal Society of Medicine* 90(June 1997): 343-344.

[198]   Cfr. REILLY, P.R., *The Surgical Solution: A History of Involuntary Sterilization in the United States*, Johns Hopkins University Press, Baltimore, MD 1991, pp. 59-160; cité par PHAM, H.H. & LERNER, B.H., *In the Patient's Best Interest? Revisiting Sexual Autonomy and Sterilization of the Developmentally Disabled*, in: *Western Journal of Medicine* 175(2007): 280.

En 1907, répercutant l'influence des eugénistes, les différents États commencèrent à décréter des lois qui autorisaient la stérilisation involontaire des personnes handicapées sur le plan du développement. Les cours déclarèrent dès le départ que la stérilisation précoce était inconstitutionnelle. Ce soutien connaîtra une grande expansion après la Première Guerre mondiale. L'arrêt de la cour suprême de 1927 soutint des lois en faveur de la stérilisation. Dans le différend *Buck* contre *Bell*, qui montre le cas d'une femme handicapée vivant dans une institution donnant naissance à un enfant illégitime, la cour décida que la stérilisation forcée était tout à fait constitutionnelle dans certaines circonstances. Il serait mieux, si au lieu d'attendre des années plus tard pour mettre à mort un jeune pervers à cause de ses crimes ou le laisser mourir de faim à cause de son imbécillité ; et la société pourrait bien prévenir tout cela.

Le différend *Buck* contre *Bell* déclencha une vague de stérilisations forcées. Alors que les médecins avaient pratiqué 10 877 stérilisations chez des personnes handicapées vivant dans des institutions au courant de l'année 1928, ils pratiquèrent 27 210 stérilisations entre 1929 et 1941. Les autorités publiques mirent momentanément certaines femmes dans des institutions, uniquement dans le dessein de les stériliser. Entre 1907 et 1963, plus de 60 000 Américains, pour la plupart des femmes, furent stérilisés sans leur consentement.

Après la connaissance des atrocités nazies durant la Deuxième Guerre mondiale, et aussi avec la montée en force des droits civils et du féminisme, la stérilisation tomba rapidement en désuétude et conduisit au rejet des doctrines eugéniques.[199]

La *stérilisation thérapeutique ou curative* est encore pratiquée aujourd'hui. On intervient directement pour éloigner une tumeur ou un organe malade ou qui est directement à l'origine d'une maladie, en occasionnant de façon indirecte la stérilité. Étant donné que le but de l'intervention n'est pas la stérilisation mais bien l'exérèse de l'organe ou du tissu malade, on appelle alors cette intervention une stérilisation

---

[199] Cfr. PHAM, H.H. & LERNER, B.H., *In the Patient's Best Interest? Revisiting Sexual Autonomy and Sterilization of the Developmentally Disabled*, in: *Western Journal of Medicine* 175(2001): 280-281.

indirecte ou involontaire. La stérilisation involontaire résulte parfois d'une chirurgie, d'une radiothérapie ou d'une chimiothérapie que l'on réalise sur des femmes en âge de procréer. Ce genre de traitement peut s'avérer nécessaire à cause d'une maladie maligne ou d'une pathologie pelvienne bilatérale bénigne comme l'hydrosalpinx, des kystes ovariens ou une seconde grossesse extra-utérine.

La *stérilisation contraceptive ou antiprocréative* est la plus largement répandue aujourd'hui. L'ONU rapporte que plus de 190 millions des couples à travers le monde ont pratiqué l'occlusion tubaire bilatérale comme moyen contraceptif.[200] Elle est souvent l'affaire des États, surtout dans les pays en développement, pour une réduction sensible de l'explosion démographique. C'est le cas, par exemple, de l'Inde sous le gouvernement de madame Indira Gandhi des années 60 et 70. Beaucoup de femmes utilisent de plus en plus la stérilisation permanente par la stérilisation tubaire. La prépondérance considérable de la stérilisation féminine devient plus compréhensible lorsque l'on considère la survenance élevée de la grossesse non désirée. La stérilisation est un des moyens les plus efficaces pour empêcher une grossesse non désirée.[201] Plus de la moitié des grossesses non désirées

---

[200] Cfr. UNITED NATIONS, *World Population Monitoring*, United Nations, New York 2002; cité par TSEPOV, D., ORGAN, A., EVANS, T. & FOX, R., *Sterilisation Counselling: A Role for the Gynaecology* 27, 1(2007): 51.

[201] Le Brésil reste un des pays au monde où la césarienne est la plus pratiquée. On compte 25 à 30 pour cent de césariennes pratiquées dans les hôpitaux publics et 70 pour cent dans les hôpitaux privés. Cfr. POTTER, J.E., BERQUO, E., IGNEZ, H.O.P., ONDINA FACHEL, HOPKINS, K., SOUZA, M.R. & DE CARVALHO FORMIZA, M.C., *Unwanted Caesarean Sections Among Public and Private Patients in Brazil: Prospective Study*, in: *British Medical Journal* 323(2001): 1155-1158.
Les accouchements chirurgicaux contribuent à la survenance de la stérilisation due à des césariennes répétées conjointement avec la pratique habituelle de la stérilisation après trois césariennes consécutives. La recommandation étant que, une fois la femme a eu une césarienne, toutes les grossesses futures se termineront par une césarienne due au risque de rupture utérine. Cfr. FAUDES, A.

qui arrivent chaque année, la majorité survient parmi les femmes qui utilisent les méthodes contraceptives.[202]

Dans les pays développés, la stérilisation peut être pratiquée sans enfreindre la loi. En 1994, on trouvait 39 pour cent de femmes stérilisées par rapport à l'ensemble de la population féminine de la République Dominicaine, 35 pour cent en Corée, 34 pour cent en Chine, 31 pour cent au Canada et à 23 pour cent aux États-Unis.[203] Il faut signaler que, malgré cette avancée presque partout de la stérilisation féminine, la vasectomie masculine devient aussi de plus en plus courante.

6.2 Les différentes techniques utilisées

Un moyen vulgaire de faire une stérilisation est de priver un homme de ses testicules. Cette méthode trouve son application loin dans le passé. Nous savons qu'elle a été pratiquée à l'époque du philosophe grec Platon comme une forme de punition destinée aux criminels. Comme suite à cette castration, l'homme perd tous ses désirs sexuels, devenant ainsi incapable d'avoir des relations sexuelles, pendant que ses caractéristiques masculines sont modifiées au profit des

---

& CECATTI, J.G., *Which Policy for Caesarean Sections in Brazil? An Analysis of Trends and Consequences,* in: *Health Policy and Planning* 8, 1(1993): 33-42; voir aussi BARROS, F.C., VAUGHAN, J.P., VICTORA, C.G. & HUTTLY, S.R.A., *Epidemic of Caesarean Sections in Brazil,* in: *The Lancet* 338(1991): 167-169.
Une troisième césarienne donne une justification médicale pour faire une ligature tubaire. Cfr. HUNTER DE BESSA, G., *Medicalization, Reproductive Agency, and the Desire for Surgical Sterilization Among Low-Income Women,* in: *Medical Anthropology* 25(2006): 221-263.

[202] Cfr. BAILL, C.I., CULLINS, V.E. & SANGEETA PATI, *Counseling Issues in Tubal Sterilization,* in: *American Family Physician* 67, 6(March 15, 2003): 1287-1294, ici voir la page 1287.

[203] Cfr. UNITED NATIONS, Department for Economic and Social Information and Policy Analysis, Population Division, *World Contraceptive Use 1994.*

caractéristiques féminines. Les poils sur sa face tentent de disparaître. Pourvu que cette castration se fasse avant ou pendant l'âge mûr.

Dans le cas des femmes, une méthode vulgaire de stérilisation est le retrait de l'utérus et des ovaires. Dans le cas de la dépossession des ovaires, l'effet sur le sujet est analogue au cas du retrait des testicules chez l'homme. Si l'opération se passe avant ou durant l'âge mûr, la voix change et devient une voix masculine. On constate aussi une augmentation remarquée des poils sur la face, l'atrophie des seins et l'arrêt des menstruations. Le retrait de l'utérus est une opération sérieuse et non nécessaire pour la stérilisation. Celle-ci est justifiée lorsque l'organe lui-même est malade.

Une nouvelle étape dans l'histoire de la stérilisation humaine fut l'effort d'éviter la mutilation et les résultats indésirables produits par l'ablation des organes sexuels.

L'utilisation du rayon X et du radium a apporté des résultats concluants, sans mutilation, qui sont semblables à ceux de la castration. Le rayon X et le radium détruisent les glandes endocrines sexuelles, privant ainsi le sujet des désirs sexuels, tout en produisant des changements précoces au niveau de la ménopause.

Il y a plusieurs méthodes de stérilisation féminine,[204] comme l'opération Pomeroy qui est probablement l'une des méthodes la plus utilisée dans le monde, la fimbritectomie, la méthode Uchida, la technique d'Irving, la technique de Packland et l'hystérectomie, en plus des méthodes communément connues de l'occlusion tubaire et les méthodes laparoscopiques. On trouve actuellement différentes techniques de stérilisation féminine qui, presque toutes, ont lieu sur les trompes. Nous avons également des modalités de stérilisation tubaire. De l'approche transabdominale par laparotomie, minilaparotomie ou laparoscopie, on est passé à l'approche vaginale, à travers le cul-de-sac vaginal postérieur ou à l'approche transcervicale ou hystéroscopique. La laparoscopie est une méthode bien acceptée de contraception à

---

[204]   Cfr. KILLICK, S., *La stérilisation féminine*, in : GIAMI, A. & LERIDON, H. (eds.), *Les enjeux de la stérilisation*, Institut national de la santé et de la recherche médicale (Inserm), Paris 2000, pp. 213-224.

cause de son efficacité à long terme, de son temps de rétablissement court et rapide, et d'un taux très bas de complication.

L'énergie laser fut introduite dans la pratique gynécologique, il y a de cela plus de trente ans, et continue d'être un instrument chirurgical valable, particulièrement dans le domaine de la chirurgie reproductive, comme durant l'adhésiolyse ou l'ablation des sédiments endométriotiques.

Pour obtenir l'occlusion tubaire, nous avons des méthodes comme l'excision et la ligature des trompes, l'électrocautérisation, l'emploi d'agrafes ou d'anneaux, l'emploi de produits occlusifs intratubaires (à base de silicones, céramique, nylon, polyéthylène) ou de substances chimiques sclérosantes (à base de phénol, atrabine, tétracycline, quinacrine).[205]

On appelle aussi par euphémisme la stérilisation pratiquée sur les trompes « isolement utérin » parce que le maniement que l'on effectue sur la traversée des gamètes féminins (ovocytes) de l'ovaire vers l'utérus place ce dernier dans un état d'isolement relativement aux gonades.

Dans le cadre d'interventions thérapeutiques comme les tumeurs ou les hémorragies et non pas uniquement à des fins contraceptives, on utilise des techniques plus radicales et irréversibles comme l'ablation des ovaires (ovariectomie) et l'ablation de l'utérus (hystérectomie).

En ce qui concerne la stérilisation de l'homme, on se limite à la vasectomie chirurgicale ou mécanique ; par section et ligature des canaux déférents pour la vasectomie chirurgicale ou par insertion

---

[205] Cfr. WILSON, E.W., *The Evolution of Methods for Female Sterilization*, in: *International Journal of Gynecology and Obstetrics* 51(suppl.1) (1995): S3-S13; SOKAL, D.C., ZIPPER, J. & KING, T., *Transcervical Quinacrine Sterilization : Clinical Experience,* in : *International Journal of Gynecology and Obstetrics* 51(suppl.1)(1995) : S57-S59.

dans ces canaux de petits bouchons de polyuréthanne pour la vasectomie mécanique.[206]

Il faut prendre en considération le fait que l'on puisse avoir des risques suite à une stérilisation. On signale un risque accru de grossesses ectopiques. On parle d'un tiers des grossesses après stérilisation tubaire comme étant ectopiques, et, donc, n'est pas compatible avec la survie de l'embryon, sans oublier le danger pour la vie de la femme.[207] On a constaté dans le traitement de la stérilité masculine l'apparition de granulomes, hématomes et infections dans les interventions. Les complications de la vasectomie tournent autour de la possibilité d'une augmentation de l'incidence des tumeurs de la prostate et d'une activation d'états précancéreux testiculaires.[208]

---

[206] Cfr. COMHAIRE, F.H., *Male Contraception: Hormonal, Mechanical and Other*, in : *Human Reproduction* 9,4(1999) : 586-590.

[207] Cfr. PETERSON, H.B., XIA, Z., HUGHES, J.M., et al., *The Risk of Ectopic Pregnancy After Tubal Sterilization, US Collaborative Review of Sterilization Working Group*, in : *The New England Journal of Medicine* 336,11(1997) : 762-767 ; TULANDI, T., *Tubal Sterilization*, in : *The New England Journal of Medicine* 336, 11(1997) : 796-797.

[208] Cfr. JURGENSEN, N., GIWERCMAN, A., HASEN, S.W., SKAKKEBAEK, N.E., *Testicular Cancer After Vasectomy : Origin from Carcinoma in situ of the Testis*, in : *European Journal of Cancer* 29A, 7(1993) : 1062-1064 ; LYNGE, E., KNUDSEN, L.B., MULLER, H., *Vasectomy and Testicular Cancer : Epidemiological Evidence of Association*, in : *European Journal of Cancer* 29A, 7(1993) : 1064-1066 ; GIOVANNUCCI, E., TOSTESON, T.D., SPEIZER, F.E. et al., *A Retrospective Cohort Study of Vasectomy and Prostate Cancer in US Men*, in : *JAMA* 269(1993) : 878-882 ; GIOVANNUCCI, E., ASCHERIO, A., RIMM, E.B. et al., *A Prospective Cohort Study of Vasectomy and Prostate Cancer in US Men*, in : *JAMA* 269(1993) : 873-877 ; DIECKMANN, K.P., *Vasectomy and Testicular Cancer*, in : *European Journal of Cancer* 30A, 7(1994) : 1040-1041 ; ROSEMBERG, L., PALMER, J.R., ZAUBER, A.G. et al., *The Relation of Vasectomy to the Risk of Cancer*, in : *American Journal of Epidemiology* 140, 5(1994) : 431-438.

6.3 L'évaluation morale : le respect de la personne et le respect du bien-être conjugal et familial

La stérilisation est souvent sollicitée pour des raisons personnelles ou sociales lorsque le couple a déjà achevé de faire leur famille ou lorsque les autres méthodes contraceptives sont inadéquates. On recommande rarement la stérilisation pour des raisons médicales, si la maternité pose un risque sérieux à la mère après plusieurs opérations césariennes antérieures, après des avortements spontanés répétés ou des conditions cardiaques, rénales ou hépatiques sérieuses ou pour des raisons de multiparité imposante.[209] Outre la stérilisation volontaire qui cherche directement et uniquement à obtenir l'infertilité, nous avons la stérilisation coercitive et la stérilisation thérapeutique. La stérilisation coercitive a été condamnée parce qu'elle fait tort à l'intégrité et offense la liberté de la personne. Quant à la stérilisation thérapeutique ou curative, elle ne soulève pas de problèmes moraux particuliers. Elle est pratiquée lorsqu'il y a la présence d'une tumeur ou d'un processus pathologique qui ne peuvent être soignés de façon efficace que par l'ablation des organes reproductifs. Ce type de stérilisation est moralement licite, dans la mesure où son intervention est ordonnée au bien de la totalité de l'organisme et que cette intervention soit d'une nécessité unique et actuelle pour sauver le corps.

La personne se présente comme étant la valeur première et transcendante. Lorsque l'on se reconnaît responsable de sa propre personne, on respecte celle-ci dans ses exigences, ses potentialités et son intégrité. C'est ainsi que le corps est une partie constitutive de l'homme et est une manifestation et un moyen d'expression de la personne tout entière.

---

[209] Cfr. FILSHIE, M.G., *Sterilisation*, in : *Obstetrician and Gynaecologist* 1(1999): 26-32; cité par UMA KRISHNAMOORTHY, ZAKLAMA, M.S. & GURRAN, S., *Sterilisation at Caesarean Section – an Audit from a District General Hospital*, in: *Journal of Obstetrics and Gynaecology* 23, 5(September 2003): 500-502, ici à la p. 501.

La sexualité est une dimension importante du point de vue physique, psychologique et spirituel de la totalité de la personne. L'exercice de la sexualité présente deux dimensions qui sont à la fois distinctes et unies. Il s'agit des dimensions unitive et procréatrice.

Nous ne saurions admettre de supprimer un bien physique parce que cela nous plaît ou par commodité psychologique. Pour faire une quelconque intervention sur le corps humain, il faudrait satisfaire certaines conditions, c'est-à-dire, avoir le consentement du patient, que ladite intervention puisse servir au bien de l'organisme tout entier et elle doit être nécessaire et effective au moment de l'intervention.

La stérilisation sera combattue entre 1918 et 1945 par des pays natalistes et surtout par l'Église catholique. La stérilisation est considérée comme étant immorale dans la mesure où elle fait une nette séparation entre les plaisirs du mariage et la fonction génératrice favorisant par-là la débauche. Certains théologiens protestants vont jusqu'à admettre certains cas de stérilisation punitive par comparaison à la peine de mort. Certains théologiens catholiques vont se référer à saint Thomas d'Aquin pour légitimer certaines stérilisations argumentant du fait que le but principal étant punitif alors que l'effet contraceptif n'en serait qu'un fruit secondaire. Ainsi pour saint Thomas, la stérilisation punitive ne serait pas contraire au droit naturel.[210] Il faut rappeler que le pape Pie XI dans son encyclique *casti Connubi* condamnait toute forme de stérilisation à l'exception des cas des raisons médicales strictes.

Pour sauvegarder l'union conjugale, il est possible de supprimer la fécondité par des moyens contraceptifs ou par la stérilisation. Le fait d'avoir beaucoup d'enfants porte les stigmates associés à la pauvreté, à la vie de campagne, et au retard par rapport à la civilisation. Le désir des femmes pour la stérilisation représente à leurs yeux une tentative de mobilité sociale pour elles-mêmes ou pour leurs enfants ; et la stérilisation reste pour ces femmes une marque de maternité responsable. La stérilisation est également considérée comme la seule méthode qui fonctionne réellement, et, par conséquent, elle est un moyen de se prendre en charge.

---

[210] Cfr. THOMAS D'AQUIN, *Summa theologiae*, IIa. IIac. P. 65, a. I.

Cependant, il faut le reconnaître, les tentatives des femmes de devenir de bonnes mères et des femmes modernes s'achoppent souvent à un conflit ouvert avec leurs maris qu'elles considèrent comme des gens vivant en dehors de leur temps.

6.4 À propos des cas-limites

On peut se trouver en présence des cas difficiles où il faut faire recours à la stérilisation. C'est le cas des époux dans le couple, le cas aussi des malades mentaux qui peuvent être victimes d'abus sexuels[211] ou le cas de la violence sexuelle dont peuvent être victimes les femmes mariées ou pas.

On a parfois des cas où une nouvelle grossesse est médicalement déconseillée à cause, soit des maladies cardiaques, circulatoires, rénales, soit à cause des antécédents de cicatrices multiples de césariennes. Pour ne pas interrompre l'intimité conjugale, on peut justifier la stérilisation dans ces cas comme raison ultime (extrema ratio).

Il faut noter que l'Église Catholique interdit absolument la stérilisation volontaire. Comme remède l'Église propose que les époux puissent entretenir leur amour et d'être prêts au sacrifice.[212] En outre, la stérilisation n'est pas la seule technique pour éviter une grossesse. On

---

[211] Voir l'étude qui a été réalisée en Belgique, surtout dans la région de Bruxelles-Capitale et dans la province du Brabant Wallon : SERVAIS, L., JACQUES, D., LEACH, R., CONOD, L., HOYOIS, P., DAN, B. & ROUSSAUX, J.P., *Contraception of Women with Intellectual Disability : Prevalence and Determinants*, in : *Journal of Intellectual Disability Research* 46, 2(October 2005) : 108-119. On peut lire également le cas de « Eve » dans les années 1980 au Canada où la cour a refusé la stérilisation sur demande de la mère. Voir ce cas dans, DICKENS, B., *No Contraceptive Sterilization of the Mentally Retarded : The Dawn of « Eve »*, in: *Canadian Medical Association Journal* 137(July 1, 1987): 65-67.

[212] Cfr. CONCILE VATICAN II, *Constitution Pastorale « Gaudium et spes »*, n° 49 et suivant.

trouve, outre la continence, les autres méthodes de régulation naturelle de la fertilité. Et ainsi, c'est l'exercice de l'activité procréatrice qu'il faudrait exercer et non pas supprimer la faculté de procréer.

Que pouvons-nous alors dire des cas où la procréation est imposée par la force, par exemple, par la violence sexuelle avec le risque de maternité ? En pratique, on autorise l'intervention de la stérilisation chez les sujets handicapés mentaux. C'est ainsi qu'en 1987, en Grande-Bretagne, la Cour d'Appel donna le droit de pratiquer la stérilisation sur une jeune fille mineure qui était porteuse d'un grave handicap mental.[213] Par la suite, l'autorité judiciaire exerçant son pouvoir sur les orphelins, les mineurs ou incapables majeurs placés en tutelle peut donner la permission de stériliser une femme, même mineure, qui est porteuse d'un grave handicap mental, si cette stérilisation peut lui préserver des dommages psychophysiques graves et, dans certains cas, des grossesses.[214]

Dans le cas de déficience profonde, il s'avère que l'activité hétérosexuelle spontanée est presque inexistante. En outre, des problèmes d'hygiène menstruelle se posent, aussi bien que des désordres psychologiques tout en entraînant une limitation de leurs activités. La question qui se pose alors est de savoir si on peut pratiquer une hystérectomie pour arriver à mieux contrôler la menstruation de ces malades de façon permanente.

Quant aux déficients mentaux légers qui sont capables d'altérité et qui éprouvent le besoin de gratifications affectives normales, mais sont dans l'impossibilité d'assumer la responsabilité liée à une grossesse, on pourrait envisager l'éventualité d'une stérilisation permanente. Ces femmes ne sont pas assez autonomes pour assumer une relation

---

[213] Cfr. DYER, C., *Sterization of Mentally Handicapped Woman*, in : *British Medical Journal* 294(1987): 825; CHAKRABORTI, D., *Sterilization and the Mentally Handicapped*, in: *British Medical Journal* 294(1987): 794.

[214] Cfr. PETERSEN, K., *Private Decision and Public Scrutiny : Sterilization and Minors in Australia and England*, in : MCLEAN, S.A.M(ed.), *Contemporary Issues in Law, Medicine and Ethics*, Brookfield, Vermont 1966, pp. 57-77.

de couple, mais réagissent de manière sensible aux plaisirs de l'activité hétérosexuelle. On constate que les déficientes modérées éprouvent souvent le désir de maternité comme source de joie, mais ils sont incapables de saisir les responsabilités qui sont liées à cette fonction.[215]

6.5 La stérilisation eugénique durant la période nazie en Allemagne (1933 - 1945)

Alors qu'une grande partie de l'Europe avait des lois eugénistes, c'est en Allemagne que ces lois trouvèrent une application la plus radicale, la plus extrême et la plus inhumaine.[216] La loi de la stérilisation n'est qu'une partie d'un long et vaste programme eugéniste auquel s'ajoutent l'euthanasie et une législation raciale et antisémite.

6.5.1 La loi du 14 juillet 1933

Bien avant l'arrivée des nazis au pouvoir, il existait déjà une ambiance qui avait préparé cette loi eugénique. La *Deutsches* Ärztevereinsbund, la Ligue de l'Association des médecins allemands qui fixait l'activité de la totalité des médecins allemands et qui était en même temps le principal syndicat des médecins demandait impérativement au gouvernement de Weimar la publication d'une loi sur la stérilisation eugénique en vue d'éviter l'opposition des catholiques au Parlement. C'est dire que ce ne sont pas les politiciens qui voulaient imposer la stérilisation eugénique.

---

[215]   Cfr. ROBILLARD, D., *Faut-il stériliser les handicapés mentaux?*, in: *The Canadian Medical Association Journal* 120(March 17, 1979): 756-757.

[216]   Nous suivons pour ce point MASSIN, B., *Stérilisation eugénique et contrôle médico-étatique des naissances en Allemagne nazie (1933 – 1945): la mise en pratique de l'Utopie biomédicale*, in: GIAMI, A. & LERIDON, H. (eds.), *Les enjeux de la stérilisation*, Institut national de la santé et de la recherché médicale (Inserm), Paris 2000, pp.63 – 122.

La loi de 1933 va s'inspirer en grande partie du projet de loi qui avait été élaboré une année auparavant par des experts du « Comité d'hygiène raciale » du Conseil de Santé de l'État de Prusse. À cette époque, ce sont les socialistes (SPD) et les libéraux de gauche (DDP) qui étaient au pouvoir. C'est, en 1920, que ce Comité verra le jour sous la République de Weimar. On retrouvait en grande partie dans ce Comité d'éminents professeurs de médecine comme le psychiatre Bonhoeffer, des statisticiens médicaux, des hauts fonctionnaires de l'administration de la santé et des généticiens.

Ce sont ces experts médicaux et des juristes qui vont élaborer la loi eugénique de stérilisation. Les plus importants parmi eux furent entre autres le médecin nazi Arthur Gütt, spécialiste en ce qui concerne les questions liées à l'eugénisme pour le parti, le psychiatre généticien Ernst Rüdin, et le juriste nazi Falk Ruttke. Le professeur Rüdin fut jusque dans les années 1940 le généticien le plus apprécié dans le domaine de la psychiatrie. C'est depuis 1917 que l'on lui confia la direction du département de génétique et d'épidémiologie de l'« Institut allemand de recherche psychiatrique » (DFA) centre de la recherche psychiatrique en Allemagne. En plus de ces trois responsables, on trouvera pour l'élaboration de la loi un « Conseil des experts pour la politique démographique et raciale ». Dans ce conseil, on trouvait divers représentants nazis de l'État, du Parti, de la profession médicale, de l'économie et des organisations féminines.[217]

La loi qui fut adoptée le 14 juillet 1933 lors de la réunion du gouvernement ne sera rendue publique que le 26 juillet. Comme l'on pût bien s'y attendre, les catholiques s'y opposèrent vigoureusement à la loi. Comme Hitler cherchât à signer un concordat avec l'Église, il attendra jusqu'à la signature le 20 juillet avant de promulguer la loi le 26 juillet. Il fallut attendre encore six mois, le temps que toute intention hésitante de contestation ne disparaisse, avant que la loi ne prenne force le 1er janvier 1934. On trouvait des lois de stérilisation forcée aux États-Unis, mais il faut dire que la loi nazie n'aurait pas

---

[217] Cfr. KAUPEN-HAAS, H. (ed.), *Der Griff nach der Bevölkerung. Aktualität und Kontinuität nazistischer Bevölkerungspolitik*, Greno, Nördlingen 1986, pp. 94-97, 103-120; cite par GIAMI, A. & LERIDON, H. (eds.), *op. cit.*, p. 68.

trouvé prise dans un régime parlementaire de Weimar, surtout dans les régions catholiques de l'Allemagne comme en Bavière. Alors que durant la période entre 1933 et 1945, il y eut aux États-Unis environ 29 000 personnes stérilisées, en Allemagne, il y eut environ 400 000 personnes stérilisées. Ce qui veut dire que l'Allemagne stérilisait 14 fois plus de personnes que les États-Unis.

Cette loi va trouver de l'enthousiasme parmi le corps médical et les eugénistes ; cela pour plusieurs facteurs dont entre autres les facteurs économiques et scientifiques. Les facteurs économiques ont fait qu'à cause de la crise économique de 1929, l'Allemagne avait fait subir des déductions rigoureuses au budget public de l'assistance sociale. En 1932, on comptait en Allemagne plus de 44% de la population active au chômage. Avec un taux si élevé de chômeurs, on pouvait déduire qu'il y avait une diminution sensible de cotisations sociales dans les caisses de l'État. Une telle situation venait apporter de l'eau au moulin des eugénistes qui mettaient l'accent sur la logique du capital humain. Pourquoi fallait-il dépenser autant d'argent pour des gens inutiles et sans valeur dans la société comme les handicapés alors que ceux qui contribuaient à l'essor de cette communauté étaient délaissés sinon ne recevaient presque rien pour vivre ? Les arguments des eugénistes visaient en particulier les malades héréditaires et les inférieurs héréditaires qui coûtaient énormément à la collectivité. Si ces personnes qui coûtaient énormément à l'État transmettaient leur tare à leur descendance, cela veut dire que l'État devait davantage augmenter ses dépenses dans l'avenir. La stérilisation eugénique pouvait éliminer à terme tous ces malades incurables et tous ces inférieurs incorrigibles. Le coût du programme de stérilisation, qui serait d'ailleurs rapidement remboursé, était inférieur par rapport à l'argent alloué chaque année à cette catégorie des personnes. Se débarrassant de ces gens inutiles et nuisibles à la société, l'État allait faire des économies et l'on pouvait ainsi investir sur des technologies modernes qui pourront aider les malades présentant un espoir de guérison.

En ce qui concerne les facteurs scientifiques, il faut dire que les études génétiques entreprises à l'époque ont montré que certaines malformations congénitales étaient héréditaires. Pour ces pathologies physiques héréditaires, il peut s'avérer le cas échéant que la stérilisation pouvait être une technique efficace pour les faire disparaître. Par contre, cela pouvait s'avérer plus fragile pour les patients psychiatriques. Ansi, par exemple, en est-il de la transmission de la schizophrénie ne rentrait pas dans les ratios mendéliens et que la maladie devait inclure beaucoup de gènes.[218] Les travaux sur la débilité mentale n'étaient pas clairs sur le mode de transmission héréditaire. C'est ainsi que la décision d'entreprendre la stérilisation reposait sur la probabilité et non sur la certitude.

6.5.2 La décision et la stérilisation

C'est le patient lui-même qui fait la demande de stérilisation ; soit alors le tuteur légal, les médecins fonctionnaires des Offices de santé ou les directeurs d'asiles, d'hôpitaux ou de prison en font la demande pour un patient. Très peu de demandes provenaient des patients eux-mêmes ou de leurs tuteurs. Pour éviter la stérilisation, il fallait que le patient choisisse l'internement à vie dans un asile que le patient payait de ses propres moyens. On constate qu'après 1945, il y a une augmentation nette des demandes de stérilisation par les familles pour les membres malades en vue d'éviter l'asile et même l'euthanasie. Les Offices de santé rassemblaient des fiches de plus de 10 millions de personnes et il était alors simple de repérer les personnes aptes à être stérilisées.[219]

C'est au cours d'un procès civil (il y avait 205 tribunaux de santé héréditaire créés et qui étaient rattachés aux tribunaux régionaux et pour les litiges à une des 18 Cours d'Appel des États régionaux) que l'on prenait la décision de stérilisation. On retrouvait une surreprésentation des psychiatres dans ces tribunaux médicaux. Le jugement que l'on prenait était rédigé et commenté. On pouvait faire appel du jugement dans le mois qui suivait et rendait le jugement

---

[218] Cfr. BAUR, E., FISCHER, E. & LENZ, F., *Menschliche Erblehre*, 4e Edition, Vol.1, Lehmann, München 1936, pp. 532-537.

[219] Cfr. WEINGART, P., KROLL, J. & BAYERTZ, K., *Rasse, Blut und Gene. Geschichte der Eugenik und Rassenhygiene in Deutschland*, Suhrkamp, Frankfurt/Main 1988, pp. 480-494.

suspensif. Mais, selon la loi, la stérilisation pouvait bien se faire contre la volonté de l'intéressé. En général, on arrivait à un jugement en moins de 15 minutes et l'on pouvait traiter 15 à 40 cas en une demi-journée.

Ce sont des médecins compétents qui se chargeaient de faire l'opération dans les 144 hôpitaux autorisés. Pour les hommes, on faisait la ligature des canaux déférents et chez les femmes la ligature ou l'ablation des trompes ou simplement l'ablation de l'utérus. L'intervention se faisait sous anesthésie totale et trois semaines d'hospitalisation chez la femme. La stérilisation pouvait se faire au moyen des rayons X ou au moyen de radioactivité du radium. Ce procédé était rapide et propre, se faisant sans anesthésie ; mais avec des effets secondaires comme des brûlures internes, la désorganisation d'autres organes et des dangers de cancer. Privée de cycle menstruel, la femme trouve précocement la ménopause.

Quant au chiffre des personnes qui furent stérilisées suite à cette loi du 14 juillet 1933, on estime le nombre de 400 000. À la mi-1937, on parle de 197 419 stérilisés dont 73 000 en 1935 et à 63 500 en 1936. À partir de 1937, on va parler d'estimation dans la mesure où Hitler va interdire la publication des chiffres pour ne pas provoquer des agitations au sein de la population. 290 000 à 300 000 sont stérilisés en août 1939. Durant la période de la guerre, c'est-à-dire entre 1939 et 1945, on avance le chiffre de 60 000 personnes stérilisées. Dans l'ensemble, il est question de 350 000 – 360 000 stérilisés entre 1934 et 1945. Avec ce chiffre, on ne prend pas en compte les personnes stérilisées dans les territoires conquis ou annexés.[220]

6.5.3 *Qui doivent être stérilisés ?*

D'après le projet de loi de juillet 1932 au premier paragraphe, la stérilisation concernait toute personne souffrant de maladie mentale héréditaire, d'arriération mentale héréditaire, d'épilepsie héréditaire, ainsi que d'autres maladies héréditaires. À ceux-là s'ajoutent également tous les porteurs sains ayant des dispositions

---

[220] Pour tous les chiffres donnés ici, voir MASSIN, B., *op. cit.*, p. 76.

héréditaires susceptibles de provoquer des maladies. À la publication de la loi le 14 juillet 1933, on trouve des changements notoires ; notamment que la stérilisation était obligatoire et non volontaire. On y introduisait également la spécification des maladies héréditaires qui étaient soumises à la stérilisation : faiblesse mentale congénitale, schizophrénie, folie maniaco-dépressive, épilepsie héréditaire, danse de saint Guy héréditaire (chorée de Huntington), cécité héréditaire, surdité-mutité héréditaire, malformation physique grave héréditaire, et alcoolisme grave. Il y aura par la suite une extension de cette loi de 1933 pour inclure : les criminels héréditaires et les délinquants récidivistes, les asociaux, les homosexuels et criminels sexuels, les tziganes, les bâtards de Rhénanie, les slaves, les métis juifs et juifs. Parcourons en quelques mots ces personnes qui sont venues gonfler cette extension de la loi.

6.5.3.1 Les alcooliques, Criminels héréditaires et délinquants récidivistes

La loi du 14 juillet 1933 ne parle pas d'alcoolisme héréditaire, mais bien d'alcoolisme grave. Selon les experts médicaux de l'époque, l'alcoolisme provenait d'une infériorité psychique génétique qui serait transmise à la descendance. Ainsi, 50 % des enfants alcooliques graves étaient des débiles, 31% des alcooliques, 23% des malades mentaux et 20% des épileptiques ou des hystériques. Ces données proviennent d'une étude effectuée à cette époque. Ce qui fait qu'il fallait stériliser les alcooliques pour éliminer cette tare dans la société.

La politique de prohibition de l'alcool aux États-Unis entre 1920 et 1933 a échoué et le seul moyen disponible pour éradiquer ce mal restait la stérilisation des gens dits inférieurs. Les ivrognes se recrutent parmi les psychopathes.[221] C'est justement ce plan d'action qui fut suivi en 1933. C'est ainsi qu'entre 1934 et 1939, en cinq ans,

---

[221] Cfr. JACOBI, H., CHROUST, P. & HAMANN, M., *Äskulap & Hakenkreuz. Zur Geschichte der Medizinischen Fakultät in Giessen zwischen 1933 und 1945*, Mabuse, Frankfurt am Main 1989, p. 126.

sur les 100 000 à 150 000 alcooliques de l'époque, 8000 alcooliques graves furent stérilisés.[222]

C'est aux États-Unis, dans l'État de l'Indiana, que nous retrouvons, en 1907, la première loi de stérilisation obligatoire des criminels, idiots, imbéciles et voleurs. Pendant ce temps en Allemagne, on hésitait entre la stérilisation, la castration et l'euthanasie. Un professeur détenteur de la chaire de psychiatrie à l'université de Hambourg, Wilhelm Weygandt, alla jusqu'à proposer la peine de mort pour les criminels. On ne peut pas s'étonner de cette prise de position dans la mesure où les psychiatres allemands de l'époque croyaient à l'hérédité de l'infériorité psychopathique d'où provient le crime. Ainsi, un criminel-né était inévitablement un psychopathe dégénéré.

Le 24 novembre 1933 est promulgué la loi contre les criminels habituels dangereux et sur les mesures de sûreté et d'amendements qui prévoit la castration et diverses dispositions d'internement d'office dans les asiles psychiatriques, les camps de concentration, etc. Nous trouvons déjà au début de 1934 quatre premiers centres de castration de criminels sexuels dans les départements hospitaliers des maisons de détention. En 1936, on aura un total de 27 centres de castration répartis dans toute l'Allemagne. Cette castration consistait à faire l'ablation des testicules. Après l'intervention, ils sont suivis attentivement au niveau médical, corporel et psychologique. C'est ainsi que 7 000 délinquants et criminels sexuels vont subir chaque année ce traitement en 1934 et en 1935.[223]

En 1935 est promulguée la loi sur la santé du mariage. Cette loi vise à interdire le mariage à tous les asociaux, c'est-à-dire les vagabonds, les clochards, les délinquants et les criminels.[224] Dans l'ensemble, seule

---

[222] Cfr. MAGNUSSEN, K., *Rassen- und bevölkerungspolitisches Rüstzeug. Statistik, Gesetzgebung und Kriegsaufgaben*, 3. Auflage, JF Lehmann, München 1943, p. 140.

[223] Cfr. ROTH, K.H. (ed.), *Erfassung zur Vernichtung: von der Sozialhygiene zum "Gesetz über Sterbehilfe"*, Verlagsgesellschaft Gesundheit, West-Berlin 1984, p. 82.

[224] Cfr. SIEMEN, H.L., *Das Grauen ist vorprogrammiert. Psychiatrie zwischen Faschismus und Atomkrieg*, Focus, Giessen 1982, p. 118.

une frange de criminels et délinquants récidivistes fut stérilisée ; sinon, la plupart fut déportée dans des camps de concentration pour être supprimée par le travail. Ceux qui étaient internés dans des hôpitaux psychiatriques furent euthanasiés.

6.5.3.2 Les asociaux, les prostituées, les enfants abandonnés, les homosexuels et criminels sexuels, les Tziganes

Les asociaux sont des individus qui sont inaptes à la vie en société ; ils sont incapables de se conformer aux normes sociales ; ils sont impulsifs ou incapables de planifier à l'avance ; ils sont irresponsables de manière persistante de sorte qu'ils ne peuvent pas assumer un emploi stable ; ils sont agressifs et sont souvent bagarreurs.

De manière concrète, on peut dire que les asociaux étaient des mendiants, des vagabonds, des clochards, des marginaux, des inadaptés, des récalcitrants au travail, des assistés sociaux, des prostitués, des pères ou mères de famille irresponsable, des jeunes violents et des alcooliques. S'il fallait une différence de ces gens d'avec les criminels, il faut signaler que les asociaux n'avaient jamais été condamnés à des peines de prison ou s'ils furent condamnés, c'est pour des délits mineurs comme le vagabondage, la mendicité, le vol à l'étalage, etc.

Comme la loi de 1933 ne prévoyait pas la stérilisation des asociaux, les médecins eugénistes les mirent sous la rubrique de l'arriération mentale congénitale.

Les prostituées qui se retrouvaient parmi les asociaux étaient des femmes asociales, psychopathes et mentalement inférieures. On dénombrait environ 20 000 personnes ayant des rapports sexuels fréquents et changeants et qui étaient sous surveillance médicale. Pour stériliser ces prostituées de manière forcée, on se servit de leurs dossiers médicaux qui se trouvaient dans des centres prophylactiques contre les maladies sexuellement transmissibles (MST).

Les enfants abandonnés ou dont la garde avait été soustraite à leurs parents qui se retrouvaient soit dans des prisons ou soit dans des asiles psychiatriques, devaient être stérilisés suivant la recommandation des hygiénistes raciaux. On parle du nombre de 70 000 à 90 000 orphelins mineurs qui étaient placés sous tutelle de l'assistance publique ; à cela s'ajoutent aussi plus de 100 000 enfants en 1939 provenant des écoles spéciales appelées *Hilfsschulen* destinées aux enfants attardés ou difficiles qui furent stérilisés.[225] Tout jeune délinquant suspecté d'avoir une hérédité chargée en matière criminelle devait être stérilisé quelle que soit la gravité de sa propre faute. Ici la culpabilité ne joue aucun rôle lorsque l'intérêt de la collectivité est en jeu.

Les homosexuels devaient de l'une ou de l'autre manière perturber l'ordre de la société allemande. D'après les hygiénistes raciaux et les nazis, les homosexuels représentaient un double danger : en ne faisant pas d'enfants, ils réduisaient la force reproductive de la société ; et s'ils arrivaient à avoir des enfants, leur déviance sexuelle étant une altération pathologique héréditaire, ils risquaient de transmettre ce défaut héréditaire à leur filiation. Il fallait par tous les moyens empêcher aux homosexuels congénitaux de se reproduire. On comptait à l'époque de l'Allemagne nazie entre 200 000 et 2 millions d'homosexuels hommes.

On utilisa plusieurs mesures contre les homosexuels : des menaces de terreur et de rééducation dans les camps de concentration, on introduisit également la castration avec le § 42 g de la loi contre les criminels récidivistes dangereux de novembre 1933. Cette loi envisageait l'éventualité de castration en ce qui concerne les viols et détournements de mineurs, les incitations au viol, l'exhibitionnisme et des délits sexuels avec meurtre. Mais dans cette loi, on ne retrouvait nulle part les homosexuels. C'est avec la loi du 25 juin 1935 portant modification de la loi sur la stérilisation eugénique de 1933, que l'on trouvera une clause sur la castration des homosexuels si cette intervention pouvait bien les libérer de leur instinct sexuel perverti. Cette castration ne s'appliquait que dans certains cas tout

---

[225] Cfr. HOHMANN, J.S., *Robert Ritter und die Erben der Kriminalbiologie. "Zigeunerforschung" im Nationalsozialismus*, Peter Lang, Frankfurt am Main 1991, pp. 41-42.

en tenant compte de l'avis d'un expert médical des tribunaux et de l'autorisation de la personne intéressée ne subissant aucune influence, ni une pression quelconque.[226]

Dans le contexte de l'hygiène raciale nazie, les Tziganes furent rejetés de la société allemande en tant que groupe qui était racialement distinct par rapport à l'Europe et comme un groupe des primitifs et des asociaux.

Le sort des Tziganes durant la période nazie est étroitement lié à la carrière du bio-criminologue R. Ritter, docteur en pédagogie et docteur en médecine. Il dirigeait deux instituts : Office de la santé du Reich et l'Office du Reich de la police criminelle. Pour faire disparaître le mal tzigane, il fallait en premier lieu faire le dénombrement de la population tzigane, des assimilés tziganes (gens de la route), et leur descendance. Ensuite, classés tous ces gens dans des fichiers parmi les asociaux. En 1941, ce recensement indique que 90% des gens que l'on désignait communément comme étant des Tziganes, n'étaient que des métis Tziganes, c'est-à-dire un mélange entre un groupe racial primitif venu de l'Inde et les inférieurs asociaux des grandes villes allemandes. Ces croisements contribuent à l'accroissement de la criminalité dans la mesure où ces gens sont incapables de vivre de manière convenable dans une société civilisée complexe. Le seul moyen d'arrêter l'afflux héréditaire nocif était de stériliser une grande partie de ces Tziganes.

On décida alors de la stérilisation de tous les métis Tziganes qui ne prirent pas le chemin de la déportation.[227] La dernière masse de stérilisation qui eut lieu entre 1943 et 1944 n'aurait touché que quelque 2 500 Tziganes qui étaient intégrés et qui furent épargnés de la déportation.[228] Les autres Tziganes, qui subirent la déportation dans des camps de concentration, furent presque tous exterminés.

---

[226] Cfr. GRAU, G., *Homosexualität in der NS-Zeit. Dokumente einer Diskriminierung und Verfolgung*, Fischer Taschenbuch, Farnkfurt/Main 1993, pp. 305-306.

[227] Cfr. HOHMANN, J.S., *op. cit.*, pp. 75-77.

[228] Cfr. ZIMMERMANN, M., *Rassenutopie und Genozid. Die nationalsozialistische "Lösung der Zigeunerfrage"*, H. Christians,

6.5.3.3 Les bâtards de Rhénanie, les slaves, métis juifs et juifs

Les bâtards de Rhénanie sont des enfants ou adolescents de 12 ans et plus issus des liaisons des mères allemandes et des pères des soldats de l'armée française d'occupation dans la région de la Ruhr en 1923. Ces pères étaient pour la plupart des Africains, nord-africains et indochinois. Comme ces enfants n'étaient ni schizophrènes, ni maniaco-dépressifs, ni attardés mentaux, ni alcooliques, et n'étaient en proie à aucune maladie héréditaire prévue par la loi, il fallut une intervention spéciale du *Führer*, Adolf Hitler, en 1937 pour faire subir la stérilisation à ces enfants. Au total, 385 enfants métis furent stérilisés de force.[229]

Environ 10 millions d'hommes étrangers vivaient sur le sol allemand en 1944. Parmi eux, on retrouvait des prisonniers de guerre et des personnes pour le service du travail obligatoire. On dénombrait 6 millions de travailleurs civils étrangers, 2 millions de femmes pour la plupart des Polonais et des Soviétiques. Ces travailleurs contribuaient à l'effort de guerre. Toute femme polonaise, qui se retrouvait enceinte, grossesse causée par un non allemand, était renvoyée en Pologne. Par contre, les femmes qui avaient des relations sexuelles avec des hommes allemands se retrouvaient dans les camps de concentration. Les hommes étrangers qui avaient des relations sexuelles avec des Allemandes étaient pendus ou déportés dans les camps de concentration. Vers la fin de l'année 1942, on interdit aux femmes slaves enceintes de retourner dans leur pays ; elles durent alors servir dans des postes les plus dures dans les usines d'armement où elles subissaient diverses pressions à avorter. Au final, les enfants qui naquirent mouraient faute des soins ou soit étaient germanisés s'ils étaient de bon type racial.

La politique raciale des nazis dans les pays slaves fut de germaniser les populations. Ceux qui étaient de type de descendance indésirable devaient être stérilisés. Ce qui fait que toutes les formes d'avortement

---

Hamburg 1996, p. 362.

[229] Cfr. POMMERIN, *Sterilisierung der Rheinlandbastarde. Das Schicksal einer farbigen deutschen Minderheit 1918-1937*, Droste, Düsseldorf 1979.

et de stérilisation étaient favorisées et tolérées ; les moyens contraceptifs se vendaient librement.

Comme race nuisible, les juifs devaient être stérilisés. Mais, avec la solution finale à la question juive de mars 1942, les juifs sont écartés de la stérilisation eugénique. L'on se rappellera que dans le cadre des lois raciales de Nuremberg du 15 septembre 1935, on promulgua la loi pour la protection du sang allemand et de l'honneur allemand. Cette loi interdisait tout mariage et même des relations sexuelles hors mariage entre les juifs et les personnes de nationalité allemande. La question qui se posait alors était celle de savoir le statut de 300 000 métis juifs. La réponse fut obtenue en divisant les juifs en catégorie. Les juifs métis du premier degré, c'est-à-dire ceux qui avaient deux grands-parents juifs et n'avaient pas été de croyance juive ni être mariés à un conjoint juif. Les juifs métis du second degré sont ceux qui avaient exclusivement des grands-parents juifs. Ainsi, les juifs métis du second degré pouvaient bien s'unir en mariage sans autorisation avec des Allemands et il était formellement interdit qu'ils contractent mariage avec des juifs ou métis juifs assimilés juifs.[230]

On décida finalement la stérilisation volontaire des juifs métis du premier degré en âge de se reproduire durant la guerre. Cela évitait à la personne d'être déportée et avoir le droit de demeurer sur le sol allemand.

6.6 La stérilisation par rapport aux autres méthodes contraceptives

Les *avantages* et les *désavantages* des méthodes contraceptives[231] :

---

[230] Cfr. WEINGART, P., KROLL, J. & BAYERTZ, K., *Rasse, Blut und Gene. Geschichte der Eugenik und Rassenhygiene in Deutschland*, Suhrkamp, Frankfurt/Main 1988, pp. 505-513.

[231] Voir pour ce qui suit, BAIL, C.I., CULLINS, V.E. & SANGEETA PATI, *Counselling Issues in Tubal Sterilization*, in : *American Family Physician* 67, 6(March 15, 2003): 1287-1294, ici pp. 1288-1289.

1.- <u>Implant de Lévonorgestre</u> : Parmi les *avantages* de ce produit, on peut citer :

- Ce produit peut avoir une durée d'efficacité d'au moins cinq ans ; il est aussi efficace que la stérilisation durant une période de cinq ans ;
- un retour rapide de la fécondité ;
- les autres avantages sont semblables à ceux que procure l'acétate de médroxyprogestérone ;
- ne dépend pas de la complaisance de l'utilisatrice.

Parmi les *désavantages*, on trouve :
- demande un procédé chirurgical mineur pour l'amorce et un retrait habile de la part d'un médecin ;
- a un coût initial très élevé ; - le contour de l'implant peut être visible à travers la peau ;
- certaines personnes font l'expérience des symptômes de nuisance comme la nausée, un contrôle médiocre du cycle, l'acné, acquisition du poids, et la dépression ;
- peut demander plus d'une année lorsqu'on l'arrête avant de reprendre le cycle normal et la fécondité ;
- ne protège pas contre les maladies sexuellement transmissibles ;
- une augmentation légère dans le taux d'échec si l'utilisatrice pèse 90 kilos ou plus.

2.- <u>La vasectomie</u> :

Les avantages :

- C'est une méthode destinée aux hommes ;
- c'est un procédé plus rapide et plus sûr que la stérilisation tubaire ;
- c'est une méthode contraceptive qui se fait une fois dans la vie et reste effective de façon permanente.

Les désavantages :

-   Un coût initial élevé ;
-   se fait par un procédé chirurgical ; et les risques comprennent l'infection, l'hémorragie, et même l'échec ;
-   les complications sont rares ;
-   possibilités d'avoir des regrets après la stérilisation ;
-   ne protège pas contre les maladies sexuellement transmissibles ;
-   la vasectomie n'est pas réversible ;
-   elle ne devient efficace qu'après quelques semaines suivant l'intervention lorsque tout le stock des spermes a été éjaculé ou absorbé.

3.- L'acétate de médroxyprogestérone/ estradiol cypionate (lunelle)

Les avantages :

-   hautement efficace ;
-   une irrégularité ultime des cycles ;
-   facilement réversible.

Les désavantages :

-   des injections mensuelles ;
-   l'apparition des cycles irréguliers au départ ;
-   certaines femmes font l'expérience des symptômes de nuisance, comme la nausée, contrôle médiocre du cycle, l'acné, acquisition du poids, et la dépression.
-   ne protège pas contre les maladies sexuellement transmissibles.

4.- L'acétate de médroxyprogestérone (Dépo-Provera)

Les avantages :

-   L'utilisatrice se soumet à quatre prises par an ;
-   Hautement efficace ;
-   absence d'effets secondaires liés à l'estrogène ;

- peut réduire des épisodes des crises chez les femmes atteintes de maladie microdrépanocytaire ;
- coût effectif ;
- décroît le risque d'infection génitale haute ;
- améliore l'endométriose.

Les désavantages :

- certaines femmes éprouvent des symptômes de nuisance comme la nausée, le contrôle médiocre du cycle, l'acné, augmentation du poids, et la dépression ;
- à l'arrêt, on peut aller jusqu'à plus d'une année avant de reprendre le cycle normal et la fécondité ;
- ne protège pas contre les maladies sexuellement transmissibles ;
- peut diminuer la densité des os.

5.- La stérilisation tubaire

Les avantages :

- Une contraception permanente ;
- taux d'échec bas / hautement efficace ;
- décroît le risque d'infection génitale haute ;
- décroît le risque du cancer ovarien.

Les désavantages :

- coût initial élevé ;
- procédé chirurgical comportant des risques ;
- le risque de grossesse tubaire varie par la méthode ;
- des regrets après la stérilisation ;
- aucune protection contre les maladies sexuellement transmissibles ;
- la stérilisation est permanente.

5.- Dispositif intra-utérin

Les avantages :

- Allège la conformité ;
- hautement efficace ; aussi efficace que la stérilisation féminine ;
- efficacité allant de cinq à dix ans ;
- réduit l'hémorragie menstruelle et même dans certains cas l'algoménorrhée.

Les désavantages :

- Coût initial élevé ;
- risque accru d'infection génitale haute, bien que n'ayant pas de risque à long terme ;
- demande une insertion et un retrait habile par un médecin ;
- risque de perforation utérine surtout à l'insertion ;
- les douleurs et l'hémorragie chez certaines femmes, conduisent dans cinq jusqu'à quinze pour cent des cas à l'arrêt de la procédure ;
- on peut avoir des complications lorsque survient une grossesse pendant que le dispositif intra-utérin est encore en place ;
- on peut avoir l'expulsion, spécialement dans les trois premiers mois de l'utilisation ;
- ne protège pas contre les maladies sexuellement transmissibles.

6.- Le timbre contraceptif « Evra » (0,15 mg norelgestromin/ 0,02 mg ethinyl – estradiol par jour

Les avantages :

- Une fois prescrit, l'utilisation est contrôlée par la femme ;
- une rustine (timbre) par semaine durant trois semaines et rien durant la quatrième semaine ; n'est pas lié à la relation sexuelle ;
- la régularité des cycles ;

- probabilités d'avoir les mêmes avantages que lorsqu'on n'utilise pas les méthodes contraceptives.

Les désavantages :

- exige une prescription médicale du médecin ;
- ne protège pas contre les maladies sexuellement transmissibles ;
- possibilité d'irritation de la peau ;
- apparition des symptômes de nuisance, comme le changement du poids, percée de l'hémorragie ou la sensibilité de la poitrine ;
- détachement facile sans que l'on s'en aperçoive de la rustine (timbre) ;
- une augmentation légère dans le taux d'échec si l'utilisatrice pèse 90 kilos ou plus.

7.- La bague Nuva (etonogestrel 0,12 mg / ethinyl estradiol 0,15 mg par jour la bague vaginale

Les avantages :

- Une fois prescrite, l'utilisation est entièrement contrôlée par la femme ;
- mise sans interruption durant trois semaines, ensuite elle est retirée pour la menstruation ; ainsi, elle n'est pas liée à la relation sexuelle et est indétectable par le partenaire ;
- réduit la survenance de la nausée et du vomissement qui peut arriver lorsqu'on utilise la pilule ;
- la régularité du cycle ;
- la possibilité d'avoir les mêmes avantages lorsqu'on n'utilise pas les méthodes contraceptives ;

Les désavantages :

- exige de l'aisance dans l'insertion comme dans le retrait vaginal ;

- exige une prescription médicale ; si elle est retirée du vagin pendant plus de trois heures durant les trois semaines exigées pour l'utilisation intra vaginale, un autre contraceptif doit être utilisé pendant une semaine (sept jours) jusqu'au moment où la bague aura été mise en place.
- ne protège pas contre les maladies sexuellement transmissibles ;
- possibilité d'avoir l'irritation du vagin ;
- possibilité de changement dans la nature de l'écoulement vaginal ;
- apparition des symptômes de nuisance, comme le changement du poids, percée de l'hémorragie ou de la sensibilité de la poitrine ;
- expulsion parfois de façon inaperçue de la bague Nuva.

8.- La pilule contraceptive

Les avantages :

- On peut s'en procurer facilement ;
- protège contre le cancer ovarien et celui de l'endomètre ;
- décroît les maladies du sein ;
- soulage l'algoménorrhée et l'anémie due à la carence du fer ;
- la régularité du cycle ;
- diminution du risque d'infection génitale haute et de la grossesse ectopique ;
- amélioration du teint de la peau (diminution d'acné) ;
- facilement réversible ;
- amélioration de l'endométriose.

Les désavantages :

- accroît les risques des maladies cardio-vasculaires et thromboemboliques chez les fumeuses âgées de plus de 35 ans ;
- peut aggraver les migraines ;
- exige une prise quotidienne ;

- l'efficacité peut être réduite suite à la prise d'autres médicaments, comme par exemple les anticonvulsivants ;
- aucune protection contre les maladies sexuellement transmissibles ;
- apparition des symptômes de nuisance, comme l'augmentation du poids, percée de l'hémorragie, et de la sensibilité de la poitrine (on trouve de moins en moins ces symptômes dans les préparations actuelles à faible dosage) ;
- augmentation légère du taux d'échec si la femme pèse 90 kilos ou plus.

9.- Les condoms masculins et féminins

Les avantages :

- Protection contre les maladies sexuellement transmissibles et contre le sida ;
- vente libre et sans ordonnances ;
- coût efficace ;

Les désavantages :

- perturbation du coït ;
- conformité à la variabilité (« roulette des condoms ») ;
- peut explose ou glisser ;
- il existe des utilisateurs sensibles au latex ou aux spermicides.

10.- Le diaphragme

Les avantages :

- Facilement réversible ;
- peut être inséré jusqu'à quatre heures avant de faire l'amour ;
- quelques protections contre les maladies sexuellement transmissibles.

Les désavantages :

- exige que l'utilisatrice soit hautement motivée ;
- possibilité d'avoir des utilisatrices qui sont sensibles aux crèmes ou gèles spermaticides ;
- demande d'être remplacé chaque année ;
- une réinstallation est recommandée si on gagne de façon importante du poids ou si on perd le diaphragme ou s'il y a une naissance qui intervient.

11.- La méthode naturelle de planning familial

Les avantages :

- Il n'existe aucun coût.

Les désavantages :

- demande une grande motivation ;
- quelques techniques dépendent de la régularité du cycle ;
- très peu de médecins sont instruits dans l'enseignement des différentes techniques ;
- aucune protection contre les maladies sexuellement transmissibles.

12.- Les spermicides

Les avantages :

- Quelques protections contre les maladies sexuellement transmissibles ;
- achat libre et sans ordonnance.

Les désavantages :

- Il est possible d'avoir la sensibilité, ou des allergies ;
- juste pour l'efficacité modeste des contraceptifs ;
- perturbation du coït ;
- conformité à la variabilité (« roulette des condoms »).

Conclusion générale : l'objection de conscience

Ce travail nous aide-t-il à mieux comprendre l'avortement et la stérilisation ? Le but était de nous éclairer la lanterne sur la question. Parler de l'avortement, c'est aborder un sujet qui a trait à l'arrêt d'une grossesse en cours. Le point central dans le débat est celui de savoir si l'avortement est licite. Cette question se pose parce que le petit être qui grandit dans le ventre de la femme possède un statut que lui accordent les hommes en rapport avec la société dans laquelle ils vivent. Si cet être est un être humain ou une personne, alors il a le droit d'avoir tous les égards que possèdent tous les hommes. Sinon, on peut en faire tout ce que l'on veut. On comprendra aisément pourquoi dans ce débat, on se trouve en présence de trois positions. Il y a ceux qui s'opposent à l'avortement ; ceux qui l'admettent ; et ceux qui ne disent pas totalement oui ou non et qui se retrouvent entre les deux. Mais quoiqu'il en soi, l'avortement concerne en premier lieu la femme enceinte.

Quant à la stérilisation, il s'agit de l'utilisation des moyens capables d'empêcher la conception d'un enfant. Cela concerne aussi bien les hommes que les femmes. Il faudrait qu'il y ait des raisons valables pour qu'un couple puisse décider de ne plus avoir d'enfants. L'histoire nous montre que la stérilisation fut utilisée par le pouvoir en place pour contrôler les naissances et surtout faire le choix des naissances désirables. La question est toujours d'actualité dans la mesure où la régulation du patrimoine eugénique d'une société reste un problème récurrent. La stérilisation n'est certainement pas la meilleure solution, surtout si cela doit se faire sans l'accord des personnes concernées.

Au terme de ce travail, il faudrait dire un mot sur l'objection de conscience qui concerne non seulement ceux qui font la stérilisation et l'avortement, mais également les médecins. Les premiers bénéficiaires de l'objection de conscience sont les médecins.

L'objection de conscience ne concerne pas uniquement la bioéthique ; elle est également l'objet de la philosophie du droit, du droit constitutionnel, du droit pénal et de la médecine légale.

De quoi s'agit-il lorsque l'on parle ici de conscience ? Nous devons distinguer la conscience psychologique de la conscience morale. La conscience psychologique est la prise de connaissance de l'action humaine dans sa réalisation. Tandis que la conscience morale est l'accomplissement de la valeur morale de cette action. Ce qui fait que la conscience psychologique est le présupposé dont on ne peut se passer de la conscience morale. Le jugement moral comprend une évaluation qui doit normalement être examinée avant l'action et une évaluation après l'action. Les deux moments se produisent en même temps lorsque l'on prend comme norme le jugement préalable et que l'on le suit. Un désaccord apparaît quand la liberté ne suit pas ce que dicte la conscience.

La question que l'on peut bien se poser ici est de savoir pourquoi on devrait toujours suivre la conscience et ne jamais agir contre elle. La conscience se présente comme une appréciation ou un jugement rationnel, plus ou moins systématique ou intuitif, sur la valeur d'une action précise. Cette valeur morale s'appuie sur la vérité ontologique ; c'est-à-dire en d'autres termes que la vérité objective maintient un lien avec la raison, et celle-ci avec la conscience. Ainsi, le jugement pratique de la conscience impose l'obligation d'accomplir un acte bien déterminé. Le degré de maturité et de responsabilité des jugements et de l'homme se mesure par une pressante recherche de la vérité.

Avant de parler de l'objection de conscience face à l'avortement, il faudrait dire un mot sur la normativité de la loi et le lien de la conscience. Lorsque l'on parle de la loi humaine, on entend par-là la décision par l'autorité légitime en vue d'atteindre certaines exigences du bien commun. Cette décision concerne une société bien déterminée et elle n'est valable que dans un moment historique précis. Ainsi, la loi prend comme base la raison en recherchant le bien commun. Cette recherche du bien commun se fait en suivant les structures prévues par chaque société à travers la consultation des organes constitutionnels et dans le respect de la liberté de conscience et de religion.

La loi en soi ne forme pas la base de l'éthique et ne peut obliger à faire subir sa propre moralité. Elle doit tout au plus témoigner du respect et posséder des compétences d'engendrer des conditions nécessaires à la réalisation des personnes. La loi exige parfois des sacrifices en vue du bien commun, mais ne peut malheureusement empêcher toujours le mal et les abus dans l'exercice des libertés individuelles. Pour que la loi puisse réellement jouer son rôle de garant du bien des personnes et du bien commun, il faut la réalisation de ces deux conditions objectives : d'une part, la loi doit protéger la vie de tous, spécialement des plus faibles et des innocents. D'autre part, elle ne peut permettre que l'on puisse ôter la vie à certaines personnes, si ce n'est par légitime défense contre un injuste agresseur.

De par sa profession et sa propre déontologie, le médecin est appelé à prodiguer des soins aux malades, à soutenir la vie et à être respecté dans son autonomie. Or, il existe actuellement des lois dans plusieurs pays qui légitiment l'avortement. C'est ici que nous pouvons parler de l'objection de conscience pour les médecins qui trouvent une obligation grave de s'opposer à l'avortement. Cette objection de conscience est un devoir pour ceux qui, comme le médecin, peuvent se trouver impliqués dans les procédures ou dans la pratique de l'avortement. Il s'agit principalement du personnel paramédical, des responsables des institutions hospitalières, des cliniques, des pharmaciens et des centres de santé. On pourrait étendre ce droit à la non-coopération à des actions mauvaises, aux parlementaires dans le cadre législatif.[232] Il arrive que même en faisant peser de leur poids au parlement, les parlementaires qui font valoir leur objection de conscience n'arrivent pas à amender une loi qui reste toujours permissive à ce propos. S'il n'est pas possible d'abroger complètement une loi qui permet l'avortement, un parlementaire dont l'opposition

---

[232] Cfr. JEAN-PAUL II, *Evangelium vitae*, n° 73-74.

personnelle à l'avortement est connue et manifeste pourrait lutter pour au moins en limiter les préjudices d'une telle loi.

L'objection de conscience exempte le personnel sanitaire et pratiquant les activités auxiliaires à la médecine d'une obligation de la réalisation des méthodes et des occupations qui sont liées d'une manière nécessaire à l'interruption de grossesse mais non pas à l'aide qui se situe immédiatement avant et après les interruptions.

On ne saurait parler de l'objection de conscience lorsqu'il s'agit d'intervenir pour sauver la vie de la femme en danger imminent.

Bibliographie

A. L'avortement

AGAR, N., *Embryonic Potential and Stem Cells*, in: *Bioethics* 21, 4(2007): 198-207.

AGYEI, W.K. & EPEMA, E.J., *Sexual Behavior and Contraceptive Use Among 15-24 Year- Olds in Uganda*, in: *International Family Planning Perspectives* 18(1992): 13-17.

AJAYI, A.A., MARANGU, L.T., MILLER, J. & PAXMAN, J.M., *Adolescent Sexuality and Fertility in Kenya: A Survey of Knowledge Perceptions, and Practices*, in: *Studies in Family Planning* 22(1991): 205-216.

ALLANSON, S. & ASTBURY, J., *The Abortion Decision : Reasons and Ambivalence*, in : *Journal of Psychosomatic Obstetrics and Gynecology* 16(1995) : 123-136

ALWARD, P., *Thomson, the Right to Life, and Partial Birth Abortion or Two MULES for Sister Sarah*, in: *The Journal of Medical Ethics* 28(2002): 99-101.

ANATE, M., AWOYEMI, O., OYAWOYE, O. & PETU, O., *Procured Abortion in Ilorin, Nigeria*, in: *East African Medical Journal* 72(1995): 386-390.

ANDERSON, R.S., *On Being Human*, Eerdmans, Grand Rapids 1982.

ANSTÖTZ, C., *Should a Brain-Dead Pregnant Woman Carry her Child to Full Term? The Case of the 'Erlanger Baby'*, in: *Bioethics* 7, 4(1993): 340-350.

ARISTOTE, *Des Parties des animaux, suivi de la Génération des animaux (De Generatione Animalium)*, Les Belles Lettres, Paris 2002.

ASHER, J.D., *Abortion Counseling*, in: *American Journal of Public Health* 62(1972): 686- 688.

ASHMA RANA, NEELAM PRADHAM, GEETA GURUNG & MEETA SINGH, *Induced Septic Abortion: A Major Factor in Maternal Mortality and Morbidity*, in: *Journal of Obstetrics and Gynaecology Research* 30, 1(February 2004): 3-8.

AUGUSTIN, *De Trinitate*, in: www.abbaye-saint-benoit.ch/saints/augustin/trinité/index.htm.

BAILEY, R., LEE, P. & GEORGE, R.P., *A Debate on the Moral Status of Human Embryos in the Context Obtaining Stem Cells for Research*[On-Line]. Disponible sur http://reason.com/rb/rb08060L.shtml.

BAIRD, R.M. & ROSENBAUM, S.E., *The Ethics of Abortion: Pro-Life vs. Pro-Choice!*, Prometheus Books, Buffalo, New York 1989.

BANJA, J., *Personhood: Elusive But Not Illusory*, in: *The American Journal of Bioethics* 7, 1 (2007): 60-62.

BARKER, G.K. & RICH, S., *Influences on Adolescent Sexuality in Nigeria and Kenya: Findings from Recent Focus-group Discussions*, in: *Studies in Family Planning* 23(1993) 199-210.

BARNEA, E.R., HUSTIN, J. & JAUNIAUX, E. (eds.), *The First Twelve Weeks of Gestation*, Springer-Verlag, Berlin/New York 1992.

BARTH, K., *Church Dogmatics* III/1, T. and T. Clark, Edinburgh 1958.

-, *Church Dogmatics* III/2, T and T. Clark, Edinburgh 1960.

BASSEN, P., *Present Stakes and Future Prospects: The Status of Early Abortion*, in: *Philosophy and Public Affairs* 11(1982): 314.

BATCHELOR, E.(Jr.) (ed.), *Abortion: The Moral Issues*, The Pilgrim Press, New York 1982.

BAZIRA, E.R., *Induced Abortion at Mulago Hospital, Kampala, 1983-1987: A Case for Contraception and Abortion Law Reform*, in: *Tropical Health* 11(1992): 13-16.

BEAUCHAMP, T.L. & WALTERS, L. (eds.), *Contemporary Issues in Bioethics*, Dickenson Publishing Co, Encino, Calif. 1978.

BECK, M.B., NEWMAN, S.H. & LEWIT, S., *Abortion: A National Public and Mental Health Problem – Past, Present, and Proposed Research*, in: *American Journal of Public Health* 59, 12(1969): 2131-2143.

BECKWITH, F.J., *The Explanatory Power of the Substance View of Persons*, in: *Christian Bioethics* 10(2004): 33-54.

BEIRNAERT, L., *L'avortement est-il infanticide?*, in : *Etudes* 333 (1970): 522.

BIBLE (LA), Traduction œcuménique, Les Editions du Cerf & Société Biblique Française, 5ᵉ édition 85ᵉ mille, Paris 1994.

BIDDISS, M., *Disease and Dictatorship: The Case of Hitler's Reich*, in: *Journal of the Royal Society of Medicine* 90(June 1997): 342-346.

BLACKFORD, R., *Differing Vulnerabilities: The Moral Significance of Lockean Personhood*, in: *The American Journal of Bioethics* 7, 1(2007): 70-71.

BOONIN, D., *A Defence of Abortion*, Cambridge University Press, Cambridge 2003.

BOUMAN, C.A., *The Immaculate Conception in the Liturgy*, in : O'CONNOR, E.D. (ed.), *The Dogma of the Immaculate Conception*, University of Notre Dame Press, Notre Dame 1958, pp. 125-126.

BOYLE, J., *Abortion and Christian Bioethics: The Continuing Ethical Importance of Abortion*, in: *Christian Bioethics* 10(2004): 1-5.

BOYLE, M., *Re-thinking Abortion – Psychology, Gender, Power and the Law*, Routledge, London 1997.

BRABIN, L., KEMP, J., OBUNGE, O.K. et al., *Reproductive Tract Infections and Abortion among Adolescent Girls in Rural Nigeria*, in: *Lancet* 345(1995): 300-304.

BRASIER, M. & ARCHARD, D., *Letting Babies Die*, in: *The Journal of Medical Ethics* 33 (2007): 125-126.

BRODY, B.A., *Abortion and the Law*, in: *Journal of Philosophy* 68, 12(1971): 357-369.

-, *On the Humanity of the Fetus*, in: GOODMAN, M.F. (ed.), *What is a Person ?*, Humana Press, Clifton, NJ. 1988, pp. 229-250.

-, *The Ethics of Biomedical Research – An International Perspective*, Oxford University Press, New York 1998.

BROWN, M.T., *The Morality of Abortion and the Deprivation of Futures*, in: *The Journal of Medical Ethics* 26(2000): 103-107.

-, *Abortion and the Value of the Future. A Reply to: A Defence of the Potential Future of Value Theory*, in: *The Journal of Medical Ethics* 28(2002): 202.

-, *A Future like Ours Revisited*, in: *The Journal of Medical Ethics* 28(2002): 192-195.

BRUNNER, E., *Natural Theology*, Geoffrey Bles, London 1946.

-, *Man in Revolt*, Westminster, Philadelphia 1947.

BUGA, G.A., AMOKO, D.H. & NCAYIYANA, D.J., *Sexual Behaviour, Contraceptive Practice and Reproductive Health among School Adolescents in Rural Transkei*, in: *South African Medical Journal* 86(1996):532-527.

BUMPASS, D. & WESTOFF, C.F., The Perfect Contraceptive Population, in: Science 169, 3951(September 18, 1970): 1177-1180.

CABULEA MAY, S., *Principled Compromise and the Abortion Controversy*, in: *Philosophy and Public Affairs* 33, 4(2005): 317-348.

CAIRNS, D., *The Image of God in Man*, SCM, London 1953.

CALLAHAN, D., *Abortion: Law, Choice and Morality*, Macmillan, New York 1970.

CALLAHAN, S. & CALLAHAN, S. (eds.), *Abortion: Understanding Differences*, Plenum Press, New York/ London 1984.

CAMERON, C. & WILLIAMSON, R., *Is there an Ethical Difference Between Preimplantation Genetic Diagnosis and Abortion?*, in: *The Journal of Medical Ethics* 29(2003): 90-92.

CANNOLD, L., *The Abortion Myth: Feminism, Morality, and the Hard Choices Women Make*, Wesleyan University Press, Middletown, Connecticut 2000.

CARD, R.F., *Infanticide and the Liberal View on Abortion*, in: *Bioethics* 14, 4(2000): 340- 351.

-, *Two Puzzles For Marquis's Conservative View on Abortion*, in: *Bioethics* 20, 5(2006): 264-277.

CASSANOVA, J.B., LAMBERT, J. & SUCHOCKI, M.H., *What About Abortion?*, in: POLK, D.P. (ed.), *What's a Christian to Do?*, Chalise Press, St. Louis, MO. 1991, pp. 113-136

CHALONER, J.K., *Ethics of Abortion: The Arguments For and Against*, in: *Nursing Standard* 21, 37(April 4, 2007): 45-48.

CHAREN, M., *Abortion Has Not Led to a Decrease in Crime*, in: WILLIAMS, M.E.(ed.), *Abortion: Opposing Viewpoints*, Greenhaven Press, San Diego, California 2002, pp. 157-160.

CHERVENAK, F.A., BERKOWITZ, R.L., TORTORA, M. & HOBBINS, J.C., *The Management of Fetal Hydrocephalus*, in: *American Journal of Obstetrics and Gynecology* 151, 7(1985): 933-41.

CHERVENAK, F.A. & ROMERO, R., *Is there a Role for Fetal Cephalocentesis in Modern Obstetrics?*, in: *American Journal of Perinatology* 1(1984): 170-173.

CHITTY, L.S., BARNES, C.A. & BERRY, C., *Continuing with Pregnancy After a Diagnosis of Lethal Abnormality: Experience of Five Couples and Recommendations for Management*, in: *British Medical Journal* 313(1996): 478-480.

CIBA FOUNDATION SYMPOSIUM 115, *Abortion: Medical Progress and Social Implications*, Pitman, London 1985.

CIOFFI, A., *The Fetus as Medical Patient – Moral Dilemmas in Prenatal Diagnosis from a Catholic Perspective*, University Press of America, London 1995.

CLAMAN, A.D., WAKEFORD, J.R., TURNER, J.M.M. & HAYDEN, B., *Impact on Hospital Practice of Liberalizing Abortions and Female Sterilizations*, in: *Canadian Medical Association Journal* 105(July 10, 1971): 35-41, 83.

CLARKE, A., *Genetic Counseling*, Routledge, London 1995.

COCHRANE, D.D. & MYLES, S.T., *Management of Intrauterine Hydrocephalus*, in: *Journal of Neurosurgery* 57(1982): 590-96.

COLEMAN, P.K., REARDON, D.C., STRAHAN, T. & COUGLE, J.R., *The Psychology of Abortion: A Review and Suggestions for Future Research*, in: *Psychology and Health* 20, 2(2005): 237-271.

CONGREGATION POUR LA DOCTRINE DE LA FOI (LA), *Instruction sur le respect pour la vie humaine dans son origine et sur la dignité de la procréation*, 1987.

COOK, R.J., DICKENS, B.M. & FATHALLA, M.F., *Reproductive Health and Human Rights*, Clarendon Press, Oxford 2003.

COUGHLAN, M.J., *'From the Moment of Conception...': The Vatican Instruction on Artificial Procreation Techniques*, in: *Bioethics* 2, 4(1988): 294-316.

COVEY, E., *Physical Possibility and Potentiality in Ethics*, in: *American Philosophical Quarterly* 28, 3(1991): 237.

COYAJI, K., KRISHNA, U., AMBARDEKAR, S., BRACKEN, H., RAOTE, V., MANDLEKAR, A. & WINIKOFF, B., *Are Two Doses of Misoprostol After Mifepristone for Early Abortion Better than One*, in: *British Journal of Obstetrics and Gynaecology* 114(2007): 271-278.

CROSBY, J.F., *Person and Consciousness*, in: *Christian Bioethics* 6, 1(2000): 37-48.

DECKERS, J., *Why Two Arguments from Probability Fail and One Argument from Thomson's Analogy of the Violinist Succeeds in Justifying Embryo Destructions in some Situations*, in: *The Journal of Medical Ethics* 33(2007): 160-164.

DELLAPENNA, J.W., *Dispelling the Myths of Abortion History*, Carolina Academic Press, Durham, N.C. 2006.

DE MUYLDER, X., *Questions d'un médecin Chrétien face aux demandes d'avortements*, in : *Acta Medica Catholica* 3(1997) : 161-167.

DENZINGER, H., SCHÖNMETZER, A., *Enchiridion symbolorum definitionum et declarationum re rebus fidei et morum*, Herder, Barcelone 1963.

DICKENSON, D.L., *Ethical Issues in Maternal-Fetal Medicine*, Cambridge University Press, Cambridge 2002.

-, *Property in the Body: Feminist Perspectives*, Cambridge University Press, Cambridge 2007.

DOBSON, R., *Review of Abortion Law Demanded After Abortion for Cleft Palate*, in: *British Medical Journal* 327(November 29, 2003): 1250.

DONAGAN, A., *The Theory of Morality*, University of Chicago Press, Chicago & London 1977, pp. 153-155.

DONCHIN, A. & PURDY, L.M., *Embodying Bioethics – Recent Feminist Advances*, Rowman & Littlefield Publishers, Inc. Lanham, Maryland 1999.

DRUGAN, A., KRAUSE, B., et al., *The Natural History of Prenatally Diagnosed Cerebral Ventriculomegaly*, in: *Journal of the American Medical Association* 261(1989): 1785- 88.

DUNSTAN, G.R., *The Moral Status of the Human Embryo: A Tradition Recalled*, in: *The Journal of Medical Ethics* 1(1984): 38-44.

-, *The Human Embryo – Aristotle and the Arabic and European Traditions*, University of Exeter Press, Exeter 1990.

DYSON, A. & HARRIS, J., *Experiments on Embryos*, Routledge, London 1990.

EDWARDS, J.H., *Congenital in Scotland*, in: *British Journal of Preventive and Social Medicine* 12(1958): 115-130.

EDWARDS, R.B. & EDWARD BITTAR, E., *Advances in Bioethics – New Essays on Abortion and Bioethics*, JAI Press, London 1997.

EDWARDS, R.B. & GRABER, G.C. (eds.), *BioEthics*, Harcourt Brace Jovanovich, New York 1988

ELLIOT, K., *An Ironic Reduction For a 'Pro-Life' Argument: Hurlbut's Proposal for Stem Cell Research*, in: *Bioethics* 21, 2(2007): 98-110.

ENGLISH, J., *Abortion and the Concept of a Person*, in : BEAUCHAMP, T.L. & LEROY WALTERS (eds.), *Contemporary Issues in Bioethics*, Dickenson Publishing Company, In., Encino, California 1978, pp. 241-243.

EVINS, G. & CHESCHEIR, N., *Prevalence of Domestic Violence among Women Seeking Abortion Services*, in: *Women's Health Issues* 6, 4(1996): 204-210.

EVRARD, J.R. & GOLD, E.M., *Cesarean Section and Maternal Mortality in Rhode Island*, in: *Obstetrics and Gynecology* 50(1977): 594-97.

FARIA, G., BARRETT, E. & GOODMAN, L.M., *Women and Abortion: Attitudes, Social Networks, Decision-Making*, in: *Social Work in Health Care* 11(1985): 85-99.

FEINBERG, J., *The Problem of Abortion*, Wadsworth Publishing Co., Belmont, Calif. 1973.

FELDMAN, D.M., *Health and Medicine in the Jewish Tradition*, Crossroad, New York 1986.

FERGUSSON, D.M., HORWOOD, L.J. & RIDDER, E.M., *Abortion in Young Women and Subsequent Mental Health*, in: *Journal of Child Psychology and Psychiatry* 47, 1(2006): 16-24.

FLETCHER, J.C., *Humanhood: Essays in Biomedical Ethics*, Prometheus Books, Buffalo, N.Y. 1979.

GALLIE, W.B., *Essentially Contested Concepts*, in: *Proceedings of the Aristotelian Society* 56(1956): 167-198.

GALVÃO, P., *Boonin on the Future-Like-Ours Argument against Abortion*, in: *Bioethics* 21, 6(2007): 324-328.

GANATRA, B. & HIRVE, S., *Induced Abortion Among Adolescent Women in Rural Maharashtra, India*, in: *Reproductive Health Matters* 10(2002): 76-85.

GARFIELD, J.L. & HENNESSEY, P.(eds.), *Abortion: Moral and Legal Perspectives*, The University of Massachusetts Press, Amherst 1984.

GARVER, K.L. & GARVER, B., *Eugenics: Past, Present, and the Future*, in: *American Journal of Human Genetics* 49(1991): 1109-1118.

GENSLER, H.J., *A Kantian Argument Against Abortion*, in: *Philosophical Studies* 49(1986) : 83-98.

-, *An Appeal for Consistency*, in: BAIRD, R.M. & ROSENBAUM, S.E.(eds.), *The Ethics of Abortion: Pro-Life! Vs. Pro-Choice!*, Prometheus Books, Buffalo, New York 1989, pp. 93-107.

GIBSON, S., *The Problem of Abortion: Essentially Contested Concepts and Moral Autonomy*, in: *Bioethics* 18, 3(2004): 221-233.

GLANDER, S.S., MOORE, M.L., MICHIELUTTE, R. & PARSONS, L.H., *The Prevalence of Domestic Violence Among Women Seeking Abortion*, in : *Obstetrics' and Gynaecology* 91(1998): 1002-1006.

GLANNON, W., *Tracing the Soul: Medical Decisions at the Margins of Life*, in: *Christian Bioethics* 6, 1(2000): 49-69.

-, *Persons, Metaphysics and Ethics*, in: *The American Journal of Bioethics* 7, 1(2007): 68-69.

GOLDENRING, J.M., *Development of the Fetal Brain*, in: *The New England Journal of Medicine* 307(1982): 564.

-, *The Brain-Life Theory: Towards a Consistent Biological Definition of Humanness*, in: *Journal of Medical Ethics* 11(1985): 198-204.

GOODMAN, M.F.(ed.), *What is a Person ?*, Humana Press, Clifton, NJ. 1988.

GOODMAN, K.W., *Ethics and Evidence-Based Medicine: Fallibility and Responsibility in Clinical Science*, Cambridge University Press, Cambridge 2003.

GOODWIN, P. & OGDEN, J., *Women's Reflections Upon their Past Abortions: An Exploration of How and Why Emotional Reactions Change over Time*, in: *Psychology and Health* 22, 2(2007): 231-248.

GORMAN, M.J., *Abortion and the Early Church: Christian, Jewish and Pagan Attitudes in the Greco-Roman World*, Inter Varsity Press, Downers Grove, IL. 1982.

GRANFIELD, D., *The Abortion Decision*, Doubleday & Co, Garden City, New York 1969.

GRIFFITH, S., *The Moral Status of a Human Fetus: A Response to Lee*, in: *Christian Bioethics* 10(2004): 55-61.

GROSS, M.L., *Avoiding Anomalous Newborns: Preemptive Abortion, Treatment Thresholds and the Case of Baby Messenger*, in: *The Journal of Medical Ethics* 26(2000): 242-248.

GUSTAFSON, J.M., *A Protestant Ethical Approach*, in: BATCHELOR, E. (Jr.) (ed.), *Abortion: The Moral Issues*, The Pilgrim Press, New York 1982, pp. 191-209.

HADLEY, J., *Abortion: Between Freedom and Necessity*, Temple University Press, Philadelphia 1996.

HARDY, E, BUGALHO, A., FAUNDES, A., DUARTE, G.A. & BIQUE, C., *Comparison of Women Having Clandestine and Hospital Abortions: Maputo, Mozambique*, in: *Reproductive Health Matters* 9(1997): 108-115.

HARE, R.M., *Abortion and the Golden Rule*, in: *Philosophy and Public Affairs* 4(1975): 201-222.

-, *Possible People*, in: *Bioethics* 2, 4(1988): 279-293.

HARRISON, B.W., *Our Right to Choose: Toward a New Ethic of Abortion*, Beacon Press, Boston 1983.

HARRISON, M.R., GOLBUS, M.S. & FILLY, R.A., *The Unborn Patient*, Grune & Stratton, Orlando 1984.

HAYES, T.L., *A Biological View*, in: *Commonwealth* 85(March 7 1967): 677-678.

HEANEY, S.J., *Aquinas and the Presence of the Human Soul in the Early Embryo*, in: *The Thomist*, 56, 1(1992): 19-48.

HEHIR, B., *Policy Arguments in a Public Church: Catholic Social Ethics and Bioethics*, in: *The Journal of Medicine and Philosophy* 17, 3(1992): 347-364.

HELLEGERS, A.E., *Fetal Development*, in: EDWARDS, R.B. & GRABER, G.C.(eds.), *BioEthics*, Harcourt Brace Jovanovich, New York 1988, pp. 543-548.

HEWSON, B., *Reproductive Autonomy and the Ethics of Abortion*, in: *Journal of Medical Ethics* 27(2001): ii10-ii14.

HIMMA, K.E., *A Dualist Analysis of Abortion: Personhood and the Concept of Self qua Experiential Subject*, in: *Journal of Medical Ethics* 31(2005): 48-55.

HODGSON, J.E., *Abortion Procedures and Abortifacients*, in: EDWARDS, R.B.(ed.), *Advances in Bioethics: New Essays on Abortion and Bioethics*, Volume 2, JAI Press Inc., Greenwich, Connecticut/ London, England 1997, pp. 75-106.

-, *Abortion and Sterilization: Medical and Social Aspects*, Academic Press/Grune & Stratton, London/New York 1981.

HOWSEPIAN, A.A., *Toward a General Theory of Persons*, in: *Christian Bioethics* 6, 1 (2000): 15-35.

HUDGINS, R.J., EDWARDS, M.S.B., et al., *Natural History of foetal Ventriculomegaly*, in: *Paediatrics'* 82(1988): 692-97.

HUNT, R. & ARRAS, J.(eds.), *Ethical Issues in Modern Medicine*, Mayfield Publishing Company, Palo Alto, CA. 1977.

IRENÉE DE LYON, *Contre les hérésies (Adversus Haereses)*, Livre III-2, Les Éditions du Cerf, Paris 2002.

JEAN-PAUL II, *Lettre **Encyclique** « Evangelium vitae »*, in: www.vatican.va/holy_father/john_paul-ii/encyclicals/documents/hf_jp- ii_enc_25031995_evangelium-vitae_fr.html

-,   *Veritatis Splendor*, In: http://www.vatican.va/
holy_father/john_paul_ii/ency clicals/documents/
hf_jp-ii_enc_06081993_veritatis-splendor_fr.html

JEFFCOATE, T.N.A., *Indications for Therapeutic Abortion*, in:
British Medical Journal (February 27, 1960): 581-588.

JERSILD, P.T. & JOHNSON, D.A. (eds.), *Moral Issues and Christian
Response*, Holt, Rinehart, & Winston, Inc., New York 1988.

JONES, D.A., *The Soul of the Embryo: An Enquiry into the Status of
the Human Embryo in the Christian Tradition*, Continuum 2004.

-, *The Human Embryo in the Christian Tradition: A Reconsideration*,
in: *The Journal of Medical Ethics* 31(2005): 710-714.

JUSTESEN, A., KAPIGA, S.H. & VAN ASTEN, H., *Abortions in a
Hospital Setting: Hidden Realities in Dar es Salaam, Tanzania*,
in: *Studies in Family Planning* 23(1992): 325- 329.

KACZOR, C., *The Ethics of Abortion: Women's Rights, Human Life,
and the Question of Justice*, Routledge, New York/London 2011.

KAPIL AHMED, M., VAN GINNEKEN, J. & ABDUR RAZZAQUE,
*Factors Associated with Adolescent Abortion in a Rural Area of
Bangladesh*, in: *Tropical Medicine and International Health* 10,
2(2005): 198-205.

KEELING, J., BIRCH, L. & GREEN, P., *Pregnancy Counselling
Clinic: A Questionnaire Survey of Intimate Partner Abuse*, in:
Journal of Family Planning & Reproductive Health Care 30,
3(2004): 165-168.

KERO, A., HOEGBURG, U., JACOBSSON, L. & LALOS, A., *Legal
Abortion: A Painful Necessity*, in: *Social Science and Medicine*
53(2001): 1481-1490.

KIRKLIN, D., *The Role of Medical Imaging in the Abortion Debate*, in: *The Journal of Medical Ethics* 30(2004): 425-426.

KOREIN, J., *Ontogenesis of the Brain in the Human Organism: Definitions of Life and Death of the Human Being and Person*, in: EDWARDS, R.B.(ed.), *Advances in Bioethics*: *New Essays on Abortion and Bioethics*, (Volume 2), jai Press Inc., Greenwich, Connecticut/ London, England 1997, pp. 12-28.

KORITANSKY, P., *The Role of Philosophy in the Contemporary Abortion Debate*, in: *Christian Bioethics* 10(2004): 63-67.

LANCET(The), *Making Abortion Legal, Safe, and Rare*, in: *The Lancet* 370(July 28, 2007): 291.

LEE, P., *The Pro-Life Argument From Substantial Identity: A Defense*, in: *Bioethics* 18, 3(2004): 249-263.

-, *A Christian Philosopher's View of Recent Directions in the Abortion Debate*, in: *Christian Bioethics* 10(2004): 7-31.

-, *Substantial Identity and the Right to Life: A Rejoinder to Dean*, in: *Bioethics* 21, 2 (2007): 93-97.

LEGGE, J.S.(Jr.), *Abortion Policy: An Evaluation of the Consequences for Maternal and Infant Health*, State University of New York Press, Albany 1985.

LEMA, V.M., ROGO, K.O. & KAMAU, R.K., *Induced Abortion in Kenya: Its Determinants and Associated Factors*, in: *East African Medical Journal* 73(1996): 164-168.

LEVIN, B.W., *Consensus and Controversy in the Treatment of Catastrophically Ill New-borns, Report of a Survey*, in: MURRAY, T.H. & CAPLAN, A.L. (eds.), *Which Babies Shall Live? Humanistic Dimensions of the Case of Imperilled New-borns*, The Humana Press, Clifton, N.J. 1985, pp. 169-212.

LIN, L., SHI-ZHONG, W., XIAO-QING, C. & MIN-XIANG, L., *Induced Abortion Among Unmarried Adolescents in Sichuan Province, China: A Survey*, in: MUNDIGO, A. & INDRISO, C. (eds.), *Abortion in the Developing World*, Zed Books, London 1999, pp. 337-345.

LINDEMANN NELSON, J., *Illusions about Persons*, in: *The American Journal of Bioethics* 7, 1(2007): 65-66.

LIZZA, J.P., *Potentiality and Human Embryos*, in: *Bioethics* 21, 7(2007): 379-385.

LOCKE, J., *Le second traité du gouvernement civil*, Trad. De David Mazel, 2ᵉ édition, Garnier-Flammarion, Paris 1992.

LOVERING, R.P., *Does a Normal Fetus Really Have a Future of Value? A Reply to Marquis*, in: *Bioethics* 19, 2(2005): 131-145.

LUKER, K., *Abortion and the Meaning of Life*, in: CALLAHAN, S. & CALLAHAN, S. (eds.), *Abortion: Understanding Differences*, Plenum Press, New York/ London 1984, pp. 25-45.

-, *Abortion and the Politics of Motherhood*, University of California Press, Berkeley 1984.

LUSTING, B.A., *The Church and the World: Are There Theological Resources for a Common Conversation?*, in: *Christian Bioethics* 13(2007): 225-244.

MACHUNGO, F., ZANCONATO, G. & BERGSTRÖM, S., *Socio-economic Background, Individual Cost and Hospital Care Expenditure in Cases of Illegal Abortion in Maputo*, in: *Health and Social Care in the Community* 5(1997): 71-76.

-, *Reproductive Characteristics and Post-Abortion Health Consequences in Women Undergoing Illegal and Legal Abortion in Maputo*, in: *Social Science and Medicine* 45(1997): 1607-1613.

MACKLER, A., *Introduction to Jewish and Catholic Bioethics*, Georgetown University Press, Washington, D.C. 2003.

MADEBO, T. & TSADIC, T., *A Six Month Prospective Study on Different Aspects of Abortion*, in: *Ethiopian Medical Journal* 31(1993): 165-172.

MAGUIRE, D.C., *Sacred Choices: The Right to Contraception and Abortion in Ten World Religions*, Fortress Press, Minneapolis 2001.

MAIGUASHCA, B., *Theorizing Knowledge from Women's Political Practices: The Case of the Women's Reproductive Rights Movement*, in: *International Feminist Journal of Politics* 7, 2(June 2005): 207-232.

MARQUIS, D., *Why Abortion is Immoral*, in: *The Journal of Philosophy* 86(1989): 183-202.

MARWICK, C., *Mother Accused of Murder after Refusing Caesarean Section*, in: *British Medical Journal* 328(March 20, 2004): 663.

MAXIME, *De variis difficillimis locis sanctorum Dyonisii et Gregorii seu ambiguorum liber*, in : MIGNE, J.P., *Patrologia Graeca*, Volumes 90 et 91.

MCCARTHY, B., *Fertility and Faith: The Ethics of Human Fertilization*, Inter-Varsity Press, Leicester 1997.

MCCARTNEY, J.J., *Unborn Persons: Pope John Paul II and the Abortion Debate*, Peter Lang, New York/ Bern/ Frankfurt am Main/ Paris 1987.

MCCRANN, D.J. & SCHIFRIN, B.S., *Heart Rate Patterns of the Hydrocephalic Fetus*, in: *American Journal of Obstetrics and Gynecology* 117(1973): 69-74.

McINTOSH, R., MERRITT, K.K., RICHARDS, M.R., SAMUELS, M.R. & BELLOWS, M.T., *The Incidence of Congenital Malformation: A Study of 5.964 Pregnancies*, in: *Pedriatrics* 14(1954): 505-521.

MEALEY, J.(Jr.), GILMON, R.L. & BUBB, M.P., *The Prognosis of Hydrocephalus Overt at Birth*, in: *Journal of Neurosurgery* 39(1973): 348-55.

MEYERS, C., *Personhood: Empirical Thing or Rational Concept?*, in: *The American Journal of Bioethics* 7, 1(2007): 63-65.

MICHAELS, M.W., *Persons, Privacy, and Samaritanism*, in: GARFIELD, J.L. & HENNESSEY, P.(eds.), *Abortion: Moral and Legal Perspectives*, The University of Massachusetts Press, Amherst 1984, pp. 213-226.

MILLER, J.M. (Jr.), *Maternal and Neonatal Morbidity and Mortality in Cesarean Section*, in: *Obstetrics and Gynaecology Clinics of North America* 15, 4(1988): 629-38.

MILLIEZ, J., *L'Euthanasie du fœtus. Médecine ou eugénisme ?*, Éditions Odile Jacob, Paris 1999.

MORGENTALER, H., *Abortion Has Led to a Decrease in Crime*, in: WILLIAMS, M.E.(ed.), *Abortion: Opposing Viewpoints*, Greenhaven Press, San Diego, California 2002, pp. 153-156.

MORHE, E.S.K., MORHE, R.A.S. & DANSO, K.A., *Attitudes of Doctors Toward Establishing Safe Abortion Units in Ghana*, in: *International Journal of Gynecology and Obstetrics* 98(2007): 70-74.

MORI, M., *Genetic Selection and the Status of the Embryo*, in: *Bioethics* 7, 2/3(1993): 141- 148.

MPANGILE, G.S., LESHABARI, M.T. & KIHWELE, D.J., *Factors Associated with Induced Abortion in Public Hospitals in Dar es Salaam, Tanzania*, in: *Reproductive Health Matters* 2(1993): 21-31.

MULKAY, M., *The Embryo Research Debate – Science and the Politics of Reproduction*, Cambridge University Press, Melbourne 1997.

MUNDIGO, A. & INDRISO, C. (eds.), *Abortion in the Developing World*, Zed Books, London 1999.

MUNTHE, C., *The Argument from Transfer*, in: *Bioethics* 10, 1(1996): 27-42.

MURRAY, T.H. & CAPLAN, A.L. (eds.), *Which Babies Shall Live? Humanistic Dimensions of the Case of Imperiled Newborns*, The Humana Press, Clifton, N.J. 1985.

NAZIRI, D., *Man's Involvement in the Experience of Abortion and the Dynamics of the Couple's Relationship: A Clinical Study*, in: *The European Journal of Contraception and Reproductive Care* 12, 2(June 2007): 168-174.

NEW YORK TIME du 15 juillet 2007.

NGWENA, C., *An Appraisal of Abortion Laws in Southern Africa from a Reproductive Health Rights Perspective*, in: *Journal of Law, Medicine & Ethics* 25(2004): 708- 717.

NICOLAS, M.-J., *The Meaning of the Immaculate Conception in the Perspectives of St. Thomas*, in : O'CONNOR, E.D. (ed.), *The Dogma of the Immaculate Conception*, University of Notre Dame Press, Notre Dame 1958, p. 333.

NOONAN, J.T. (Jr.), *An Almost Absolute Value in History*, in: NOONAN, J. (ed.), *The Morality of Abortion: Legal and Historical Perspectives*, Harvard University Press, Cambridge 1970, pp. 1-59.

-, *The Morality of Abortion: Legal and Historical Perspectives*, Harvard University Press, Cambridge 1970.

-, *How To Argue about Abortion*, in: BEAUCHAMP, T.L. & WALTERS L. (eds.), *Contemporary Issues in Bioethics*, Dickenson Publishing Co, Encino, Calif. 1978, p. 214.

NYBERG, D.A., MACK, L.A., HIRSCH, J., PAGON, R.O. & SHEPARD, T.H., *Fetal Hydrocephalus: Sonographic Detection and Clinical Significance of Associated Anomalies*, in: *Radiology* 163(1987): 187-91.

O'CONNOR, E.D. (ed.), *The Dogma of the Immaculate Conception*, University of Notre Dame Press, Notre Dame 1958.

OGUNNIYI, S.O. & FALEYIMU, B.L., *Trends in Maternal Deaths in Ilesa, Nigeria 1977- 88*, in: *West African Journal of Medicine* 10(1991): 400-404.

PARENS, E. & ASCH, A., *Prenatal Testing and Disability Rights*, Georgetown University Press, Washington 2000.

PATTERSON, M.J., HILL, R.P. & MALOY, K., *Abortion in America: A Consumer-based Perspective*, in: *Journal of Consumer Research* 21(1995) : 677-694.

PERRING, C., *Against Scientism, for Personhood*, in: *The American Journal of Bioethics* 7, 1(2007): 67-68.

PHILLIPS, S.P., *Violence and Abortions: What's a Doctor to Do?*, in: *Canadian Medical Association Journal* 172, 5(2005): 653-654.

PIE IX, *La Bulle « Ineffabilis Deus », du 8 décembre 1854*, in : *Enchiridion Symbolorum Definitionum et Declarationum de Rebus Fidei et Morum*, par. 2803.

POLK, D.P. (ed.), *What's a Christian to Do?*, Chalise Press, St. Louis, MO. 1991, pp. 113-136.

PRITCHARD, J.A. & MACDONALD, P.C., *Williams Obstetrics*, 16th ed. Appleton-Century-Crofts, New York 1976, pp. 1082-83.

PRITCHARD, J.A., MCDONALD, P.C. & GANT, N.F., *Williams Obstetrics*, 17th ed., Appleton-Century-Crofts, Norwalk 1985.

QUELQUEJEU, B., *La volonté de procréer*, in : *Lumière et Vie* 21, 109(1972) : 67.

RASCH, V., & SILBERSCHMIDT, M., *Adolescent Girls with Illegally Induced Abortion in Dar es Salaam: The Discrepancy Between Sexual Behaviour and Lack of Access to Contraception*, in: *Reproductive Health Matters* (2000).

RASCH, V., MUHAMMAD, H., URASSA, E. & BERGSTRÖM, S., *The Problem of Illegally Induced Abortion: Results from a Hospital-based Study Conducted at District Level in Dar es Salaam*, in: *Tropical Medicine and International Health* 5, 7(2000): 495-502.

-, *Self-Reports of Induced Abortion: An Empathic Setting Can Improve Quality of Data*, in: *American Journal of Public Health* (2000).

REIMAN, J., *Abortion and the Ways We Value Human Life*, Rowman & Littlefield Publishers Inc., Lanham, Maryland 1999.

-, *The Pro-Life Argument From Substantial Identity and the Pro-Choice Argument From Asymmetric Value: A Reply to Patrick Lee*, in: *Bioethics* 21, 6(2007): 329- 341.

RICHARDS, D.A.J., *Constitutional Privacy, Religious Disestablishment, and the Abortion Decisions*, in: GARFIELD, J.L. & HENNESSEY, P., *Abortion: Moral and Legal Perspectives*, The University of Massachusetts Press, Amherst 1984, pp.148-174.

RICHTER, I., *Katholizismus und Eugenik in der Weimarer Republik und im Dritten Reich: Zwischen Sittlichkeitsreform und Rassenhygiene*, Ferdinand Schöningh, Paderborn/ Müchen/ Wien/ Zürich 2001.

RIPLOGLE, J., *Abortion Debate Heats Up in Latina America*, in: *The Lancet* 370(July 28, 2007): 305-306.

RISPLER-CHAIM, V., *Islamic Medical Ethics in the Twentieth Century*, E.J. Brill, Leiden 1993.

ROBILLARD, D., *Faut-il stériliser les handicapés mentaux?*, in: *The Canadian Medical Association Journal* 120(March 17, 1979): 756-757.

ROGERS, W., BALLANTYNE, A. & DRAPER, H., *Is Sex-Selective Abortion Morally Justified and Should it Be Prohibited?*, in: *Bioethics* 21, 9(2007): 520-524.

ROGO, K.O., *Induced Abortion in Sub-Saharan Africa*, in: *East African Medical Journal* 70(1993): 386-395.

ROSKIES, A.L., *The Illusion of Personhood*, in: *The American Journal of Bioethics* 7, 1 (2007): 55-57.

ROSSIER, C., *Abortion: An Open Secret? Abortion and Social Network Involvement in Burkina Faso*, in: *Sociétés Contemporaines* 15, 30(2007): 230-238.

RUBIN, G.L., PETERSON, H.D., ROCHAT, R.W., MCCARTHY, B.J. & TERRY, T.S., *Maternal Death After Cesarean Section in Georgia*, in: *American Journal of Obstetrics and Gynecology* 139(1981): 681-85.

RUBIN, R.C., HOCHWALD, G. et al., *The Effect of Severe Hydrocephalus on Size and Number of Brain Cells*, in: *Developmental Medicine and Child Neurology* 14, Suppl. 27(1972): 117-20.

SASS, H.M., *Brain Life and Brain Death: A Proposal for Normative Agreement*, in: *The Journal of Medicine and Philosophy* 14(1989): 45-59.

SAVULESCU, J., *Abortion, Embryo Destruction and the Future of Value Argument*, in: *The Journal of Medical Ethics* 28(2002): 133-135.

SCHWARTZ, L., PREECE, P.E., HENDRY, R.A., *Medical Ethics – A Case-Based Approach*, Saunders, Elsevier Science Limited, Edinburgh 2002.

SCOTT, R., *Rights, Duties and the Body – Law and Ethics of the Maternal-Fetal Conflict*, Hart Publishing, Oxford – Portland Oregon 2002.

SERVAIS, L., JACQUES, D., LEACH, R., CONOD, L., HOYOIS, P., DAN, B. & ROUSSAUX, J.P., *Contraception of Women with Intellectual Disability: Prevalence and Determinants*, in: *Journal of Intellectual Disability Research* 46, 2(2002): 108- 119.

SHAPIRO, D. & TAMBASHE, B.O., *The Impact of Women's Employment and Education on Contraceptive Use and Abortion in Kinshasa, Zaïre*, in: *Studies in Family Planning* 25(1994): 96-110.

SHAW, A.B., *Two Challenges to the Double Effect Doctrine: Euthanasia and Abortion*, in: *The Journal of Medical Ethics* 28(2002): 102-104.

SHAW, A. et al., *Ethical Issues in Paediatric Surgery: A National Survey of Pediatricians and Paediatric Surgeons*, in: *Paediatrics* 60(1977): 588-599.

SHRAGE, L., *Moral Dilemmas of Feminism: Prostitution, Adultery, and Abortion*, Routledge New York/ London 1994.

SILVER, L., *Remaking Eden: How Genetic Engineering and Cloning Will Transform the American Family*, Avon Books, New York 1998.

SIMS, P., *Abortion as a Public Health Problem in Zambia*, in: *Journal of Public Health Medicine* 18(1996): 232-233.

SINGH, S., *Adolescent Child Bearing in Developing Countries: A Global Review*, in: *Studies in Family Planning* 29(1998): 117-148.

SJOSTRAND, M., QUIST, V., JACOBSON, A., BERGSTRÖM, S. & ROGO, K.O., *Socio- economic Client Characteristics and Consequences of Abortions in Nairobi*, in: *East African Medical Journal* 72(1995): 325-332.

SMITH, A., *Beyond Pro-Choice Versus Pro-Life: Women of Color and Reproductive Justice*, in: *NWSA Journal* 17, 1(Spring 2005): 119-140.

SMITH, A.L. (Jr.), *Personhood: Beginnings and Endings*, in: *Christian Bioethics* 6, 1(2000): 3-14.

SMITH, C.R., *The Bible Doctrine of Man*, Epworth, London 1951.

SMITH, T.C., *Abortion: A Biblical Perspective – A Baptist View*, in: BROACH, C.U. (ed.), *Seminar on Abortion: The Proceedings of a Dialogue Between Catholics and Baptists*, The Ecumenical Institute, Charlotte, NC. 1975.

SOLINGER, R., *Beggars and Choosers*, Hill and Wang, New York 2001.

SOLINGER, R. (ed.), *Abortion Wars: A Half Century of Struggle, 1950-2000*, University of California Press, Berkeley/ Los Angeles/ London 1998.

SODERBERG, H., ANDERSSON, C., JANZON, L. & SLOSBERG, N.-O., *Continued Pregnancy among Abortion Applicants. A Study of Women Having a Change of Mind*, in: *Act Obsetrica Gynecologica Scandinavia* 76(1997): 942-947.

SPRIGGS, M. & SAVULESCU, J., *The Perruche Judgment and the "Right not to be born"*, in: *The Journal of Medical Ethics* 28(2002): 63-64.

STEINBOCK, B., *Life Before Birth – The Moral and Legal Status of Embryos and Fetuses*, Oxford University Press, New York.

STRETTON, D., *The Deprivation Argument Against Abortion*, in: *Bioethics* 18, 2(2004): 144-180.

-, *Essential Property and the Right to Life: A Response to Lee*, in: *Bioethics* 18, 3(2004): 264-282.

STRICKBERGER, M.W., *Genetics*, Macmillan Co., New York 1968.

STRONG, C., *Delivering Hydrocephalic Fetuses*, in: *Bioethics* 5, 1(1991): 1-22.

SUMNER, L.W., *Abortion and Moral Theory*, Princeton University Press, Princeton, N.J. 1981.

TAI-HWAN, K., HEE, J.K. & SUNG-NAM, C., *Sexuality, Contraception and Abortion Among Unmarried Adolescents and Young Adults: The Case of Korea*, in: MUNDIGO, A. & INDRISO, C. (eds.), *Abortion in the Developing World*, Zed Books, London 1999, pp. 346-367.

TARNESBY, H.P., *Abortion Explained*, Sphere Books Limited, London 1969.

TERTULLIEN, *De anima*, BRILL (ed.), Collection, Vigiliae Christianae, Rome, Leyde, Boston 2010.

THOMAS D'AQUIN, *Somme théologique*, Édition de la Revue des Jeunes, Paris, Tournai, Rome, 1925-

THOMSON, J.J., *A Defense of Abortion*, in: *Philosophy and Public Affairs* (1971): 47-66.

TOOLEY, M., *Abortion and Infanticide*, in: *Philosophy and Public Affairs* 2(1972): 1

-, *Abortion and Infanticide*, Clarendon Press, Oxford 1983.

TORNBOM, M., INGELHAMMAR, E., LILJA, H., MOLLER, A. & SVANBERG, B., *Evaluation of Stated Motives for Legal Abortion*, in: *Journal of Psychosomatic Obstetrics and Gynecology* 15(1994): 27-33.

TORRES, A. & FORREST, J. D., *Why do Women Have Abortion ?*, in : *Family Planning Perspectives* 20(1988) : 169-176.

UNITED NATIONS, *Population and Development, Program of Action Adopted at the International Conference on Population and Development, Cairo, 5-13 September 1994*, United Nations, Department for Economic and Social Information and Policy Analysis, New York 1994.

UNITED NATIONS, Department of Public Information, *Platform for Action and the Beijing Declaration. Fourth World Conference on Women, Beijing, China 4-15*, UN, New York 1995.

UNUIGBE, J.A. et al., *Abortion Related Morbidity and Mortality in Benin City 1973- 85*, in: *Nigeria International Journal of Gynecology and Obstetrics* 26(1988): 435-439.

URASSA, E., MASSAWE, S., LINDMARK, G. & NYSTROM, L., *Maternal Mortality in Tanzania – Medical Causes are Interrelated with Socio-economic and Cultural Factors*, in: *South African Medical Journal* 86(1996): 436-444.

VINTZILEOS, A.M., CAMPBELL, W.A., WEINBAUM, P.J. & NOCHIMSON, D.J., *Perinatal Management and Outcome of Fetal Ventriculomegaly*, in: *Obstetrics and Gynecology* 69(1987): 5-11.

WALLACE, K., *Moral Reform, Moral Disagreement, and Abortion*, in: *Metaphilosophy* 38, 4(2007): 380-403.

WALTERS, J.W., *Proximate Personhood as a Standard for Making Difficult Treatment Decision: Imperilled New-borns as a Case Study*, in: *Bioethics* 6, 1(1992): 12-22.

WALTERS, J.W. & ASHWAL, S., *Organ Prolongation in Anencephalic Infants: Ethical and Medical Issues*, in: *Hastings Center Report* 18(1988): 19-27.

WANJALLA, S.H. et al., *Mortality Due to Abortion at the Kenyatta National Hospital 1974- 83. Abortion: Medical Progress and Social Implications*. Proceedings of CIBA Foundation Symposium 115, London 1985.

WARBURTON, D., BYRNE, J. & CANKI, N., *Chromosome Anomalies and Prenatal Development: An Atlas*, Oxford University Press, New York/ Oxford 1991.

WARREN, M.A., *On the Moral and Legal Status of Abortion*, in: *Monist* 57(1973): 43-61.

-, *On the Moral and Legal Status of Abortion*, in: HUNT, R. & ARRAS, J.(eds.), *Ethical Issues in Modern Medicine*, Mayfield Publishing Company, Palo Alto, CA. 1977, pp 159-178.

-, *On the Moral and Legal Status of Abortion*, in: BEAUCHAMP, T.L. & LEROY WALTERS (eds.), *Contemporary Issues in Bioethics*, Dickenson Publishing Company, Inc., Encino, California 1978, pp. 217-228.

-, *On the Moral and Legal Status of Abortion*, in: BAIRD, R.M. & ROSENBAUM, S.E.(eds.), *The Ethics of Abortion: Pro-Life! vs. Pro-Choice!*, Prometheus Books, Buffalo, New York 1989, pp. 75-82.

-, *Moral Status – Obligations to Persons and Other Living Things*, Clarendon Press, Oxford 1997.

WATT, H., *Life and Death in Healthcare Ethics – A Short Introduction*, Routledge, London 2000.

WEDDINGTON, S.R., *The Woman's Right of Privacy*, in: BATCHELOR, E. (Jr.) (ed.), *Abortion: The Moral Issues*, The Pilgrim Press, New York 1982, p. 16.

WEINDLING, P., *The Survival of Eugenics in 20th-Century Germany*, in: *American Journal of Human Genetics* 52(1993): 643-649.

WEIR, R., *Selective Non-Treatment of Handicapped Newborns*, Oxford University Press, New York 1984.

WELLER, R.O. & SHULMAN, K., *Infantile Hydrocephalus: Clinical, Histological, and Ultrastructural Study of Brain Damage*, in: *Journal of Neurosurgery* 36(1972): 255- 65.

WEN, J., CAI, Q.Y., DENG, F. & LI, Y.P., *Manuel versus Electric Vacuum Aspiration for First-Trimester Abortion: A Systematic Review*, in: *British Journal of Obstetrics and Gynaecology* 115(2008): 5-13.

WENNBERG, R.N., *Life in the Balance: Exploring the Abortion Controversy*, William B. Eerdmans Publishing Company, Grand Rapids, MI. 1985.

WERTHEIMER, R., *Understanding the Abortion Argument*, in: *Philosophy and Public Affairs* (1971): 67-95.

WHITTLE, M., *Ultrasonographic "Soft Markers" of Fetal Chromosomal Defects – Detecting them May Do More Harm than Good*, in: *British Medical Journal* 314(March 29, 1997): 918.

WHO, *Abortion. A Tabulation of Available Data on the Frequency and Mortality of Unsafe Abortion*, 2nd Edition, WHO, Geneva 1994.

-, *Adolescent Health and Development: The Key to the Future*, WHO, Geneva 1995.

-, *Unsafe Abortion: Global and Regional Estimates of Incidence of Mortality Due to Unsafe Abortion with a Listing of Available Country Data*, WHO, Geneva 1997.

-, *Maternal Mortality. A Global Fact Book*, WHO, Geneva 1997.

-, WHO 2003.

WIKLER, D., *Abortion, Privacy, and Personhood: From Roe v. Wade to the Human Life Statute*, in: GARFIELD, J.L. & HENNESSEY, P. (eds.), *Abortion: Moral and Legal Perspectives*, The University Of Massachusetts Press, Amherst 1984, pp. 238-259.

WILLIAMS, M.E.(ed.), *Abortion: Opposing Viewpoints*, Greenhaven Press, San Diego, California 2002.

WILLIAMSON, R.A., SCHAUBERGER, C.W., VARNER, M.W. & ASCHENBRENER, C.A., *Heterogeneity of Prenatal Onset Hydrocephalus: Management and Counseling Implications*, in: *American Journal of Medical Genetics* 17(1984): 497-508.

WILSON, P.K., *Confronting "Hereditary" Disease: Eugenic Attempts to Eliminate Tuberculosis in Progressive Era America*, in: *Journal of Medical Humanities* 27, 1(Spring 2006): 19-37.

WILSON-KASTNER, P. BLAIR, B. & SIMMONS, P.D., *Abortion: A Prochoice Perspective*, in: JERSILD, P.T. & JOHNSON, D.A. (eds.), *Moral Issues and Christian Response*, Holt, Rinehart, & Winston, Inc., New York 1988.

WOODS, J., *Engineered Death: Abortion, Suicide, Euthanasia and Senecide*, University of Ottawa Press, Ottawa, Canada 1978.

ZAHRA MEGHANI, *Is Personhood an Illusion?*, in: *The American Journal of Bioethics* 7, 1(2007): 62-63.

ZILBERBERG, J., *Sex-Selective Abortion for Social Reasons: Is it ever Morally Justifiable? Sex Selection and Restricting Abortion and Sex Determination*, in: *Bioethics* 21, 9 (2007): 517-519.

B. La sterilization

AMSTRONG, C., *Thousands of Women Sterilized in Sweden Without Consent*, in: *British Medical Journal* 7108(1997): 563.

BAILL, C.I., CULLINS, V.E. & SANGEETA PATI, *Counselling Issues in Tubal Sterilization*, In: *American Family Physician* 67, 6(March 15, 2003): 1287-1294.

BARROS, F.C., VAUGHAN, J.P., VICTORA, C.G. & HUTTLY, S.R.A., *Epidemic of Caesarean Sections in Brazil*, in: *The Lancet* 338(1991): 167-169.

BAUR, E., FISCHER, E. & LENZ, F., *Menschliche Erblehre*, 4e Edition, Vol.1, Lehmann, München 1936.

BENN, P. & LUPTON, M., *Sterilisation of Young, Competent, and Childless Adults*, in: *British Medical Journal* 330(June 4, 2005): 1323-1325.

BESSA, G.L. H. (de), *Medicalization, Reproductive Agency, and the Desire for Surgical Sterilization among Low-Income Women*, in: *Medical Anthropology* 25(2006): 221-263.

BIDDISS, M., *Disease and Dictatorship: The Case of Hitler's Reich*, in: *Journal of the Royal Society of Medicine* 90(June 1997): 343-344.

BOCK, G., *Zwangssterilisation im Nationalsozialismus: Studien zur Rassenpolitik und Frauenpolitik*, Westdeutscher Verlag, Opladen 1986.

BULLEN, R.J., POGGE VON STRANDMANN, H. & POLONSKY, A.(eds.), *Ideas in Politics: Aspects of European History, 1880-1950*, Croom Helm, London 1984.

CHAKRABORTI, D., *Sterilization and the Mentally Handicapped*, in: *British Medical Journal* 294(1987): 794.

COMHAIRE, F.H., *Male Contraception: Hormonal, Mechanical and Other*, in: *Human Reproduction* 9, 4(1999): 586-590.

CONCILE VATICAN II, *Constitution Pastorale « Gaudium et spes »*, in: http://www.vatican.va/archive/hist_councils/ii_vatican_council/documents/vat-ii_cons_19651207_gaudium-et-spes_fr.html

DASSOW, P. & BENNETT, J.M., *Vasectomy: An Update*, in: *American Family Physician* 74, 12(December 15, 2006): 2069-2074.

DICKENS, B., *No Contraceptive Sterilization of the Mentally Retarded: The Dawn of « Eve »*, in: Canadian Medical Association Journal 137(July 1, 1987): 65-67.

DIECKMANN, K.P., *Vasectomy and Testicular Cancer*, in: *European Journal of Cancer* 30A, 7(1994): 1040-1041.

DOROZYNSKI, A., *France to investigate illegal Sterilization of Mentally Ill Patients*, in: *British Medical Journal* 7110(1997): 697.

DYER, C., *Sterilization of Mentally Handicapped Woman*, in: *British Medical Journal 294* (March 28, 1987): 825.

ERIAN, J., EL-TOUKHY, T., CHANDAKAS, S., HILL, N.C.W. & THEODORIDIS, T., *Laparoscopic Laser Sterilisation: An Alternative Option*, in: *Journal of Obstetrics and Gynaecology* 25, 7(October 2005): 681-684.

FAUDES, A. & CECATTI, J.G., *Which Policy for Caesarean Sections in Brazil? An Analysis of Trends and Consequences*, in: *Health Policy and Planning* 8, 1(1993): 33-42.

FILSHIE, M.G., *Sterilisation*, in: *Obstetrician and Gynaecologist* 1(1999): 26-32.

GIAMI, A. & LERIDON, H. (eds.), *Les enjeux de la stérilisation*, Institut national de la santé et de la recherche médicale (Inserm), Paris 2000.

GIOVANNUCCI, E., TOSTESON, T.D., SPEIZER, F.E. et al., *A Retrospective Cohort Study of Vasectomy and Prostate Cancer in US Men*, in: *JAMA* 269(1993): 878-882.

GIOVANNUCCI, E., ASCHERIO, A., RIMM, E.B. et al., *A Prospective Cohort Study of Vasectomy and Prostate Cancer in US Men*, in: *JAMA* 269(1993): 873-877.

GRAU, G., *Homosexualität in der NS-Zeit. Dokumente einer Diskriminierung und Verfolgung*, Fischer Taschenbuch, Farnkfurt/Main 1993.

HAUGAARD, J.J. & REPUCCI, N.D., *The Sexual Abuse of Children*, Jossey-Bass, San Francisco, CA. 1989.

HOHMANN, J.S., *Robert Ritter und die Erben der Kriminalbiologie. "Zigeunerforschung" im Nationalsozialismus*, Peter Lang, Frankfurt am Main 1991.

HUNTER DE BESSA, G., *Medicalization, Reproductive Agency, and the Desire for Surgical Sterilization Among Low-Income Women*, in: *Medical Anthropology* 25(2006): 221-263.

IWANEC, D., *The Emotionally Abused and Neglected Child*, John Wiley and Sons, Chichester 1995.

JACOBI, H., CHROUST, P. & HAMANN, M., *Äskulap & Hakenkreuz. Zur Geschichte der Medizinischen Fakultät in Giessen zwischen 1933 und 1945*, Mabuse, Frankfurt am Main 1989.

JEAN-PAUL II, *Evangelium vitae*, in: http://www.vatican.va/edocs/FRA0204/_INDEX.HTM

JURGENSEN, N., GIWERCMAN, A., HASEN, S.W., SKAKKEBAEK, N.E., *Testicular Cancer After Vasectomy: Origin from Carcinoma in situ of the Testis*, in: *European Journal of Cancer* 29A, 7(1993) : 1062-1064.

KAUPEN-HAAS, H. (ed.), *Der Griff nach der Bevölkerung. Aktualität und Kontinuität nazistischer Bevölkerungspolitik*, Greno, Nördlingen 1986.

KILLICK, S., *La stérilisation féminine*, in : GIAMI, A. & LERIDON, H. (eds.), *Les enjeux de la stérilisation*, Institut national de la santé et de la recherche médicale (Inserm), Paris 2000, pp. 213-224.

LYNGE, E., KNUDSEN, L.B., MULLER, H., *Vasectomy and Testicular Cancer: Epidemiological Evidence of Association*, in: *European Journal of Cancer* 29A, 7(1993) : 1064-1066.

MAGNUSSEN, K., *Rassen- und bevölkerungspolitisches Rüstzeug. Statistik, Gesetzgebung und Kriegsaufgaben*, 3. Auflage, JF Lehmann, München 1943.

MASSIN, B., *Stérilisation eugénique et contrôle médico-étatique des naissances en Allemagne nazie (1933 – 1945): la mise en pratique de l'Utopie biomédicale*, in: GIAMI, A. & LERIDON, H. (eds.), *Les enjeux de la sterilisation*, Institut national de la santé et de la recherche médicale (Inserm), Paris 2000, pp.63-122.

MCLEAN, S.A.M(ed.), *Contemporary Issues in Law, Medicine and Ethics*, Brookfield, Vermont 1966.

NOAKES, J., *Nazism and Eugenics: The Background to the Nazi Sterilization Law of 14 July 1933*, in: BULLEN, R.J., POGGE VON STRANDMANN, H. & POLONSKY, A.(eds.), *Ideas in Politics: Aspects of European History, 1880-1950*, Croom Helm, London 1984, pp. 75-94.

ONBEKEND, *Stérilisation: l'avis du Comité de Bioéthique*, in : *La libre Belgique* du 28/10/1998.

PETERSEN, K., *Private Decision and Public Scrutiny: Sterilization and Minors in Australia and England*, in : MCLEAN, S.A.M(ed.), *Contemporary Issues in Law, Medicine and Ethics*, Brookfield, Vermont 1966, pp. 57-77.

PETERSON, H.B., XIA, Z., HUGHES, J.M., et al., *The Risk of Ectopic Pregnancy After Tubal Sterilization, US Collaborative Review of Sterilization Working Group*, in: *The New England Journal of Medicine* 336, 11(1997) : 762-767.

PHAM, H.H. & LERNER, B.H., *In the Patient's Best Interest? Revisiting Sexual Autonomy and Sterilization of the Developmentally Disabled*, in: *Western Journal of Medicine* 175(2001): 280-283.

POMMERIN, *Sterilisierung der Rheinlandbastarde. Das Schicksal einer farbigen deutschen Minderheit 1918-1937*, Droste, Düsseldorf 1979.

POTTER, J.E., BERQUO, E., IGNEZ, H.O.P., ONDINA FACHEL, HOPKINS, K., SOUZA, M.R. & DE CARVALHO FORMIZA, M.C., *Unwanted Caesarean Sections Among Public and Private Patients in Brazil: Prospective Study*, in: *British Medical Journal* 323(2001): 1155-1158.

REILLY, P.R., *The Surgical Solution: A History of Involuntary Sterilization in the United States*, Johns Hopkins University Press, Baltimore, MD 1991.

ROBILLARD, D., *Faut-il stériliser les handicapés mentaux?*, in: *The Canadian Medical Association Journal* 120(March 17, 1979): 756-757.

ROSEMBERG, L., PALMER, J.R., ZAUBER, A.G. et al., *The Relation of Vasectomy to the Risk of Cancer*, in: *American Journal of Epidemiology* 140, 5(1994): 431-438.

ROTH, K.H. (ed.), *Erfassung zur Vernichtung: von der Sozialhygiene zum "Gesetz über Sterbehilfe"*, Verlagsgesellschaft Gesundheit, West-Berlin 1984.

SERVAIS, L., JACQUES, D., LEACH, R., CONOD, L., HOYOIS, P., DAN, B. & ROUSSAUX, J.P., *Contraception of Women with Intellectual Disability : Prevalence and Determinants*, in : *Journal of Intellectual Disability Research* 46, 2(October 2005) : 108-119.

SIEMEN, H.L., *Das Grauen ist vorprogrammiert. Psychiatrie zwischen Faschismus und Atomkrieg*, Focus, Giessen 1982.

SOKAL, D.C., ZIPPER, J. & KING, T., *Transcervical Quinacrine Sterilization : Clinical Experience*, in: *International Journal of Gynecology and Obstetrics* 51(suppl.1) (1995) : S57-S59.

STUART, G.S., CASTAÑO, P.M., SHEFFIELD, J.S., McELWEE, B., McINTIRE, D.D. & WENDEL, G.D., *Postpartum Sterilization Choices Made by HIV-Infected Women*, In: *Infectious Diseases in Obstetrics and Gynecology* 13, 4(December 2005): 217-222.

THOMAS D'AQUIN, *Somme théologique*, Édition de la Revue des Jeunes, Paris, Tournai, Rome, 1925-

TSEPOV, D., ORGAN, A., EVANS, T. & FOX, R., *Sterilization Counselling: A Role for the Gynaecology* 27, 1(2007): 51-55.

TULANDI, T., *Tubal Sterilization*, in: *The New England Journal of Medicine* 336, 11 (1997): 796-797.

UMA KRISHNAMOORTHY, ZAKLAMA, M.S. & GURRAN, S., *Sterilization at Caesarean Section – an Audit from a District General Hospital*, in: *Journal of Obstetrics and Gynecology* 23, 5(September 2003): 500-502.

UNITED NATIONS, *Department for Economic and Social Information and Policy Analysis, Population Division*, World Contraceptive Use 1994.

-, *World Population Monitoring*, United Nations, New York 2002.

WEINGART, P., KROLL, J. & BAYERTZ, K., *Rasse, Blut und Gene. Geschichte der Eugenik und Rassenhygiene in Deutschland*, Suhrkamp, Frankfurt/Main 1988.

WILSON, E.W., *The Evolution of Methods for Female Sterilization*, in: *International Journal of Gynecology and Obstetrics* 51(suppl.1) (1995): S3-S13.

WILSON, P.K., *Confronting « Hereditary » Disease: Eugenic Attempts to Eliminate Tuberculosis in Progressive Era America*, in: *Journal of Medical Humanities* 27, 1(Spring 2006): 19-37.

WIND, T. & SILVERN, L., *Type and Extent of Child Abuse as Predictors of Adult Functioning*, in: *Journal of Family Violence* 7 (1992) : 261-281.

YUMUS, D. & SARKAR, P.K., *Compliance with the RCOG's Guidelines on Medical Record Keeping in Female Sterilizations: A Complete Audit Cycle*, in: *Journal of Obstetrics and Gynecology* 27, 1(2007): 48-50.

ZIMMERMANN, M., *Rassenutopie und Genozid. Die nationalsozialistische "Lösung der Zigeunerfrage"*, H. Christians, Hamburg 1996.